季刊 考古学 第12号

特集　縄文時代のものと文化の交流

◉口絵（カラー） 同じ顔の土偶

非日常的性格をもつ木の葉交浅鉢形土器

特殊な機能をもつ壺の移動

玉の製作と移動

（モノクロ） サヌカイトの製作址

黒曜石の産地と供給

土器製塩の遺跡

縄文時代の丸木舟

石器時代の「交易」————戸沢充則　**(14)**

先土器・縄文時代の生産と流通

先土器時代の石器の原料と技術————安蒜政雄　**(19)**

ナヌカイトと石器製作址————松藤和人　**(23)**

黒曜石の利用と流通————斎藤幸恵　**(27)**

石斧の大量生産————鈴木次郎　**(31)**

縄文時代の土器製塩と需給————堀越正行　**(35)**

硬玉製大珠の広大な分布圏————栗島義明　**(39)**

アスファルトの流通と東北の地域圏————安孫子昭二　**(43)**

縄文土器の交流

木の葉文浅鉢形土器の行方————————小杉 康 *(47)*
持ち運ばれる土器————————————阿部芳郎 *(51)*
土器の原料土の移入は行なわれたか————瀬川裕市郎 *(55)*
同じ顔の土偶————————————————小野正文 *(59)*

流通の手段と方法

縄文の道————————————————————宮下健司 *(63)*
離島の生活と交通——————————————橋口尚武 *(67)*
物資の交流を支える基盤——————————後藤和民 *(71)*

縄文文化と海外の交流————————藤田富士夫 *(75)*

最近の発掘から
弥生前期～中期の高地性集落　京都府扇谷遺跡————田中光浩 *(79)*
奈良期にさかのぼる山岳信仰　奈良県大峯山寺————前園実知雄 *(85)*

連載講座　古墳時代史
11. 反乱伝承と古墳(2)————————————石野博信 *(87)*

講座　考古学と周辺科学　8
民俗学・民具学————————————————立平 進 *(93)*

書評————————*(98)*
論文展望————————*(101)*
文献解題————————*(103)*
学界動向————————*(107)*

表紙デザイン／目次構成／カット
／サンクリエイト

同じ顔の土偶
― 釈迦堂遺跡群の土偶 ―

勝坂式土偶は山梨県のような中部高地で
よく発達し、造形的にも優れ、形態的に
も多様である。基本的な形態は、両手を
水平に広げた有脚立像形土偶である。後
頭部の玉抱き三叉文、幅広い臀部と「対
称弧刻文」とをメルクマールとする。そ
の製作法にも特徴がある。ただし、勝坂
式土偶の分布は扁在的である。

　構　成／小野正文
　写真提供／山梨県埋蔵文化財センター

曽利式期の〝同じ顔の土偶〟

勝坂式土偶の対称弧刻文

勝坂式土偶後頭部の玉抱き三叉文

勝坂式土偶の分割塊製作法

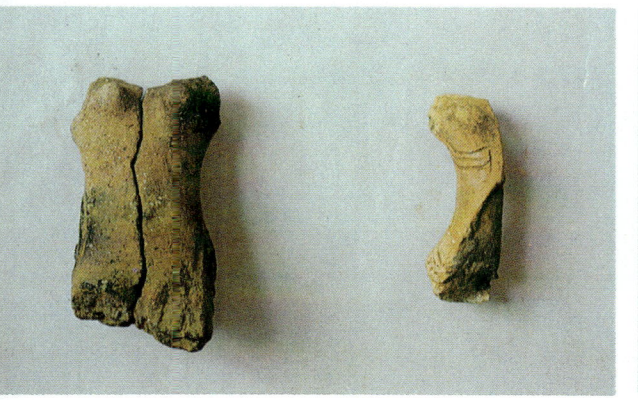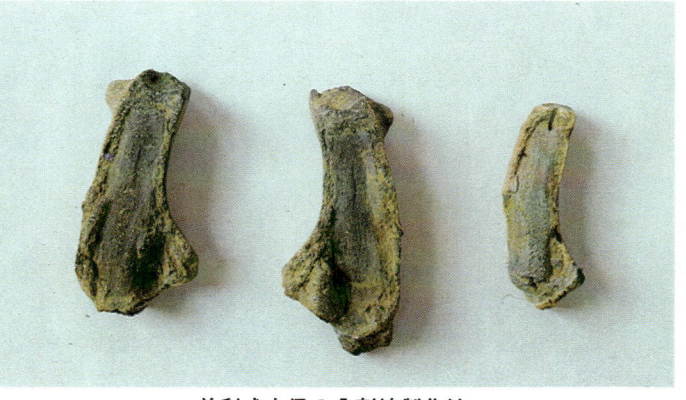

曽利式土偶　　　　　　　　　　　　　曽利式土偶の分割塊製作法

17号土壙出土土器

2号土壙出土土器

非日常的性格をもつ木の葉文浅鉢形土器

縄文時代前期の諸磯式期に，さまざまな形の浅鉢が作られるなかで，その特異な形態と赤漆・黒漆で彩られた文様とで一際目立つ第 n 種木の葉文浅鉢形土器。その出土状況もまた注目されるものであり，そこにある種の儀礼行為が浮かび上がる。さらに交換財としても卓越していたこの浅鉢に，「威信財」としての役割が読みとれる。

構　成/小杉　康

17号土壙出土土器

長野・丸山遺跡（牟礼村教育委員会提供）

第7号住居址浅鉢など出土状況

埼玉・東光寺裏遺跡（埼玉県教育委員会提供）

第1号住居址浅鉢出土状況

岐阜・糠塚遺跡（高山市教育委員会提供）

特殊な機能をもつ壺の移動

縄文時代後期前葉に切断壺形土器とよばれる特殊な土器が東北地方北半から広範な地域にもち運ばれた。いくつかの土器型式の分布圏を遠く越えた地域にもち運ばれるこの土器の動態の背景には，当該期の発達した形態の地域間交流の存在が予測される。

構　成/阿部芳郎

青森・泉山遺跡
（青森県埋蔵文化財
調査センター提供）

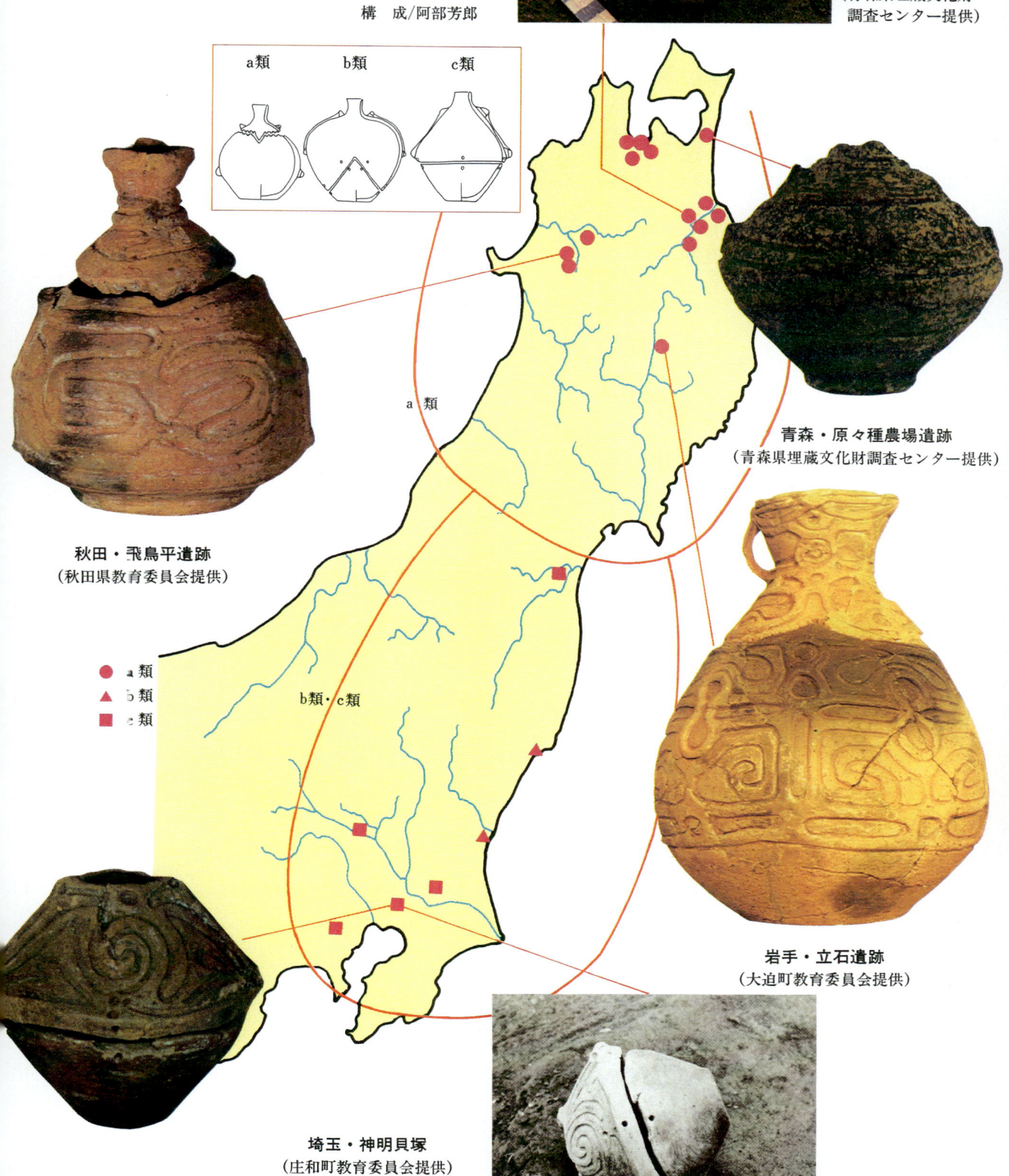

a類　　b類　　c類

a 類

● a類
▲ b類
■ c類

b類・c類

秋田・飛鳥平遺跡
（秋田県教育委員会提供）

青森・原々種農場遺跡
（青森県埋蔵文化財調査センター提供）

岩手・立石遺跡
（大迫町教育委員会提供）

埼玉・神明貝塚
（庄和町教育委員会提供）

玉の製作と移動

北陸の縄文時代遺跡の特色の一つに玉作がある。まず、早期末葉〜前期初頭に富山湾をめぐる地域に玦状耳飾の製作遺跡が出現する。中期には、ヒスイ原産地である新潟県の姫川周辺地で硬玉製大珠の製作が行なわれる。また、後期〜晩期には丸玉・勾玉などが盛んに作られる。当地での玉作文化の盛行は、早期末以来の技術的伝統と恵まれた原石の産出にある。これらの遺跡で作られた玉類は広く周辺地に流布し、飾玉文化圏を形成している。

構 成／藤田富士夫

富山県本江・広野新遺跡の丸玉・勾玉・垂玉など完成品、未成品
（縄文後期）（広田昭俊氏保管）

富山県出土の硬玉製大珠（縄文中期）
（左：平村下梨出土　右：大山町稗田出土）

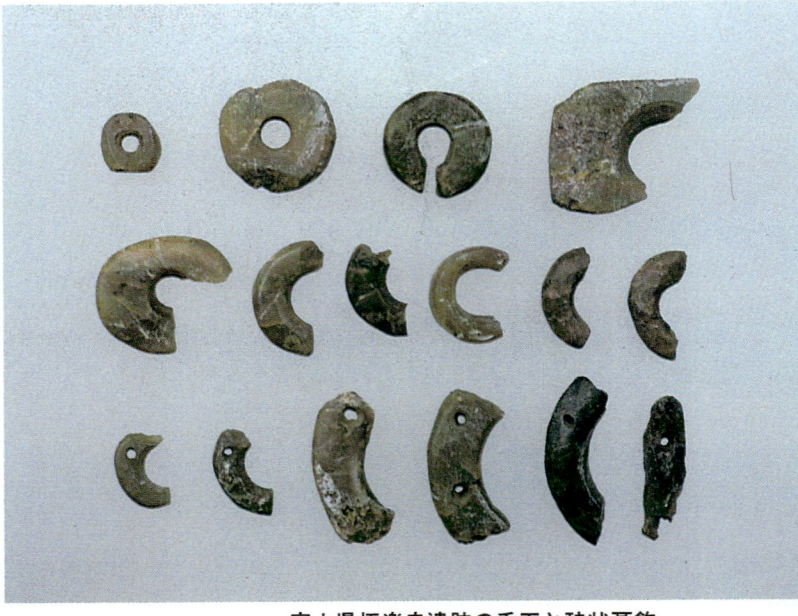

富山県極楽寺遺跡の垂玉と玦状耳飾
（縄文早期末葉〜前期初頭）

長野県梨久保遺跡
のコハク出土状態
（縄文後期）
（岡谷市教育委員会提供）
コハクの原産地は、千葉県銚子市や岩手県久慈市などで知られている。

極楽寺遺跡出土
の硬玉製勾玉
（縄文晩期）

サヌカイトの製作址

近畿地方最大のサヌカイト原産地二上山北麓では、同志社大学旧石器文化談話会による踏査以来、60ヵ所をこえる先土器〜弥生時代の石器製作址、サヌカイト採掘坑、土坑群などが発見されている。これらの遺跡は、サヌカイト原産地における資源開発、土地利用の実態を究明するうえで貴重なデータを提供した。

構　成／松藤和人
写真提供／奈良県立橿原考古学研究所
　　　　　旧石器文化談話会

羽曳野市石万尾（株山）第1地点遺跡
採石で生じた崖面に多数のサヌカイト採掘坑が観察される

石万尾第1地点遺跡サヌカイト溶岩の露頭

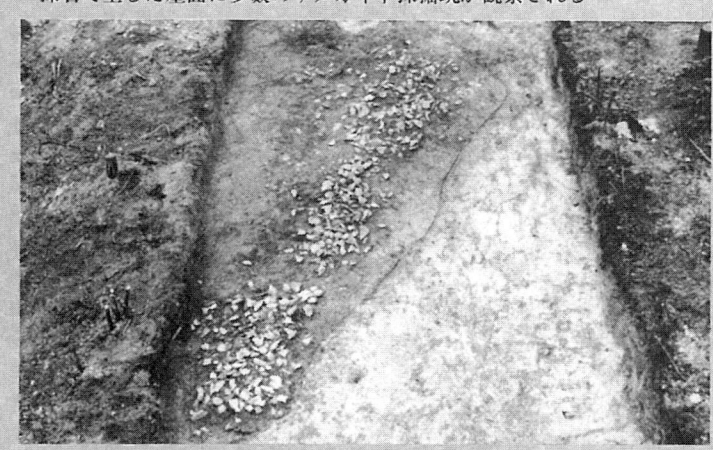

香芝町清風荘第3地点遺跡
石器製作址におけるサヌカイト剝片の出土状態（弥生時代？）

太子町穴虫峠遺跡　春日山の崖錐上にのこされた先土器時代の石器製作場

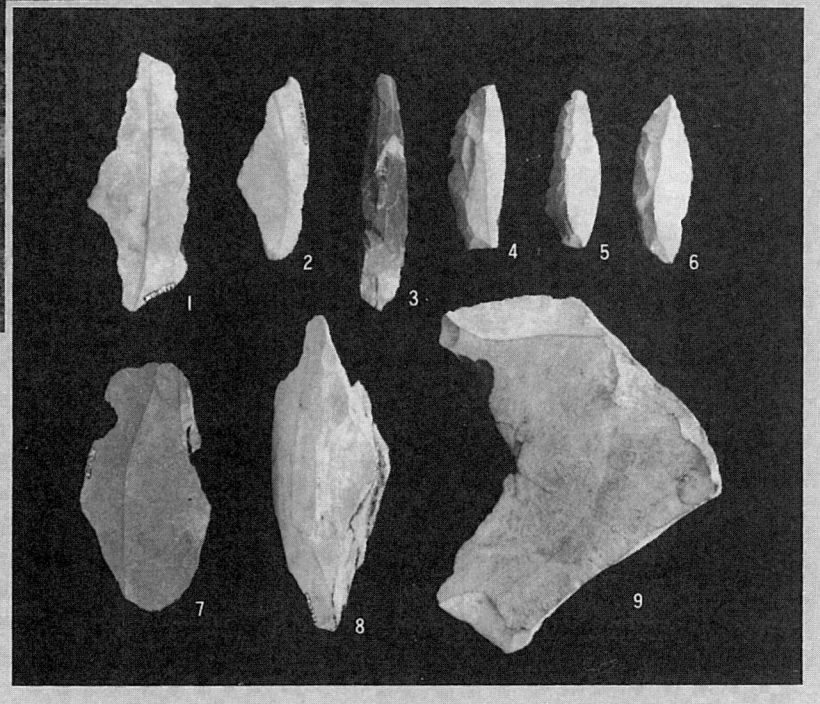

奈良県桜ヶ丘第1地点遺跡出土の瀬戸内技法関係遺物
　1・2翼状剝片　3〜6ナイフ形石器　7・8翼状剝片石核　9盤状剝片石核
　（3のみチャート、他はサヌカイト）

黒曜石の産地と供給

信州地方では和田峠、霧ヶ峰、八ヶ岳などに良質な黒曜石の原産地が知られている。これらの石材は、100km以上の道のりを経て関東地方にまで持ち運ばれ、石器の材料として活用されていた。原産地周辺の原石貯蔵例は遠方への搬出物資としての価値の高まりを、また黒曜石製の石器の形や量の豊富さは、先土器・縄文時代における石器の材料として非常に優れたものであったことを示すであろう。

構　成／斎藤幸恵
写真提供／尖石考古館・中村龍雄氏
　　　　　長野県埋蔵文化財センター
　　　　　明治大学考古学博物館

長野県冷山遠景

冷山転石露出の状態（北八ヶ岳系の黒曜石を産出する）

下諏訪町星ヶ塔黒曜石露頭断面

黒曜石原石集積場所（岡谷市大洞遺跡、縄文中期初頭）

諏訪市八島遺跡出土の石器

土器製塩の遺跡
―茨城県法堂遺跡―

関東地方でいわゆる製塩土器が出土する遺跡は多いが、実際に土器製塩が行なわれた可能性のある遺跡は、霞ヶ浦と利根川に沿った数遺跡しか知られていない。それも多くは製塩土器が集中的に出土し、それとともに焼土や灰の堆積が見られるといったもので、法堂遺跡のように、製塩址と考えられる遺構の発見されたものは珍しい。

法堂遺跡遠景（遠方は霞ヶ浦）

製塩址とみられる遺構

製塩土器の出土状態

製塩二器（縄文晩期）

構　成／戸沢充則
写真提供／明治大学
　　　考古学博物館

中里遺跡全景

縄文時代の丸木舟
―東京都中里遺跡―

東京都北区中里遺跡は、荒川に面した沖積低地に所在する遺跡である。丸木舟は、縄文時代中期初頭の遺物が出土する砂層内より舟首を東に向け、わずかに東へ傾斜した形で単独で発見された。全長579㎝で、舟尾部分の破損を除いては、ほぼ完全な形を保っている。使用材はムクノキで、舟首と右舷中央部に抉り込みがある。

構　成／早川　泉

写真提供／東北新幹線中里遺跡調査会

南からみた舟の全景

舟尾からみた全景

舟の検出状況

季刊 考古学

特集

縄文時代のものと文化の交流

石器時代の「交易」

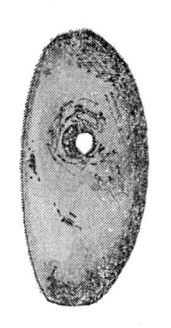

明治大学教授　戸沢充則
（とざわ・みつのり）

縄文時代の「交易」は生業＝生産や，それを基盤とした社会の仕組みの関係でとらえようという考え方が次第に定着しつつある

1 「交易」問題を研究する視点

縄文時代の社会において，人びとの生活に必要な物資がどのように動いたか，またそのことを含めて，もっと幅広い意味をもった文化がどのように伝播し，また交流していたかという問題は，きわめて重要な課題であるとともに，考古学研究の上では非常にむずかしい宿題でもある。

日本考古学史上，石器時代のいわゆる「交易」問題を本格的にとりあげて，はじめて総括的な論文を書いたのは，よく知られているように八幡一郎氏である。1938（昭和13）年，すなわち今から約40年近くも前に書かれた論文「先史時代の交易」（『人類学・先史学講座』雄山閣）の中で，この問題を研究するに当っての態度を，八幡氏は次のように述べている。

「……縄文式文化にせよ弥生式文化にせよ，決して単一同質の文化を指すのではない。縄文式文化は年代的に大別すれば3期ないし4期に分かたれるのであり，細別すれば20以上の小期に分かつことができる。また同一期をとって考えてみても，幾十という地方文化が散在するのである。されば特定の問題を考えるにも，かかる事情に精通せねばならぬ。厳密にいえば同一時期における個々の地方文化圏の関係を知ることが当面の課題となる。交易を考えるにしても一文化圏にいくつの交易圏があるのか，交易圏即文化圏なのか，交易圏が他文化領域にまで及んでいるか等を吟味し，漸次全文化における交易物資の消長，交易圏の移動，交易技術の変遷等を再構成する必要があ

る。さればわれわれが今交易の問題だけを解決することは不可能であって，あらゆる問題を有機的に，かつ同時併行的に考究する態度こそ正しいのである」。

やや長い引用をさせていただいたが，これが，わが日本考古学における「交易」問題に関して，最初で体系的な研究の基礎をおいた八幡一郎氏の論文に示された，以後の研究への展望であった点を，強く印象に残したかったからである。

以来40年，幾多の研究者が黒曜石やサヌカイトを扱い，硬玉や琥珀にふれ，舟の便や塩の道などに想いをはせて，縄文時代の「交易」の実態に迫ろうとした。一つの現象として，特定の物資が特定の原産地からどのように分布しているかを知ることは容易である。とくに最近では化学分析技術の進歩によって，かなり正確に産地同定がなされるようになり，時間的にもまた空間的にもよりきめ細かい分布図が描かれている。しかし八幡氏が40年前に展望を示し，また期待もした「交易」問題の解決は，現状ではほとんど大きな進展を見ていないといわざるを得ない。

その理由は明白である。先に引用した八幡氏の論文が鋭く指摘するように「われわれが今交易の問題だけを解決することは不可能であって，あらゆる問題を有機的にかつ同時併行的に考究する態度こそ正しい」のであり，「物資の流通は同時に文化の流通を伴い，また文化の流通しているところには物資の流通をみる」（八幡氏前出論文）。それゆえ「交易を考えるにしても一文化圏内にいくつかの交易圏があるのか，交易圏即文化圏なのか，交

易圏が他文化領域にまで及んでいるか等を吟味」（同前）するという視点が必要であったにもかかわらず、それが十分に実践されなかったからである。

2 「交易」とはなにか

「交易」とはなんであろうか。その言葉の意味するものは経済学上の、また歴史の上でどのような内容をもつのだろうかといったとまどいは、考古学研究者の一人として、少なくとも筆者にはあった。

従来、「交易」の問題に触れた研究者の論文の中には、縄文時代にはすでにある程度（ないしはかなりの程度）の「交易」が存在したから、縄文社会はかなり発達した段階の経済組織をもっていたと評価されたり、逆に縄文社会は狩漁撈と採集の、経済的には未発達な段階であるから、「交易」の存在に疑わしいと論ずる場合があった。

前者に「交易」の存在を前提として縄文社会を論じ、後者は縄文社会の様態を前提として「交易」の存在を否定するといった調子で、いってみれば、並行するレールの上を2つのあい異なる「縄文時代観」がつっ走っているようなものである。それだからこそ八幡一郎氏が「あらゆる問題を有機的にかつ同時併行的に研究する態度こそ正しい」（前出）と、40年前に「交易」の研究の方向を示した意味は大切なことだったのである。

しかしいずれにしても「交易」の実態が、われわれの「縄文時代観」の形成に、かなり大きなウエイトを占める問題であることは事実である。実態より言葉が先行してしまったかにみえる縄文時代の「交易」について、ごく常識的ではあるが、言葉の吟味を試みよう。

まず最も一般的な名詞として、『広辞苑』には交易を「①互いに品物を交換して商いすること。②財貨の交換貿易」と書かれている。物々交換を基本とする物資の需要供給の関係というニュアンスが強い。そういえば、たびたび引用する八幡一郎氏の論文では、縄文時代の「交易」について次のような記述がみられる。「一般にわが先史時代人は物々交換によって有無相通じておったと考えられている。少くとも縄文式文化期はその程度の交易に止まったと想像される」（前出）。

次に筆者の手元にある『大日本百科辞典』（小学館版）では、交易経済という項目で説明がある。

すなわち「商業取引というような広い意味で使われるとともに、狭義には貨幣経済に先行する直接的な物々交換をさしていう。どんな閉鎖的と考えられる未開社会でも、自然条件にもとずく地域的分業のおこなわれていないところはない。平地と山岳地、海岸部と内陸部それぞれの住民間にみられる生産物の直接間接の交換は、今でも辺境の地では一般的である。交易経済というとき、単に物と物との交換だけではなしに、むしろ交換にともなう諸関係がもつ、生活の一つの断面と考えられる。……沈黙交易も未開民の交易の一つの型である」（黒田信一郎）。

ついでに同じ百科辞典にある沈黙交易という項も見ておこう。「silent trade 相手方と直接に接触しないで物々交換をおこなう交易の一種。無言交易ともいう。未開社会で人種や民族の異なる集団間、とくに敵同士の部落や種族間で行われる。その方法は一方の集団が、一定の決められた場所に交換を希望する物品をおいて立ち去る。次に他方の集団が交換希望の物品をその場所の最初の物品のそばにおいて立ち去る。次に他方の集団が戻ってきて、交換に満足ならば第二の物品を持ち去り、不満ならば自己の物品を持ち帰る。沈黙交易の発生理由は、文化上の落差、異民族に対する呪的・宗教的畏怖、言語の不通、貨幣の欠如などがあげられる。（後略）」（大森元吉・森本三男）。

上記引用文の前者にある狭義の交易経済の説明は、一般に多くの研究者が縄文時代の「交易」の姿に想うイメージであろう。また後者の沈黙交易についても研究者の間には早くから知られており、八幡氏もすでに1938年の論文（前出）の中で、縄文時代におけるその実在性を否定するニュアンスながら、それについて触れている。

ところで、いうまでもなく「交易」とは人間の経済活動の一つである。経済学一般では「交易」をどのような概念で説明し、それを歴史的なあるいは現在的な経済・社会活動の中でどのように位置づけているかは、筆者には全く知識がない。ただ『経済学小辞典』よりと注記された古い筆者のノートには、次のような書き抜きのメモがある。

「(1) 分業がなければ交換はない。(2) 私的交換は私的生産を前提とする。(3) 交換の頻繁度、交換のひろがり、交換の仕方などは、生産の発展と編成によりきまる。だから交換はどんな種類の交換でも、直接に生産に含まれるか、或いは生産に

よって規定されている」（宮川実，生産関係の項）。

　説明するまでもなく，マルクス主義経済学の考え方である。筆者がこのメモをしたのはかなり以前のことで，それが何の目的だったかは記憶にない。しかし交換（縄文時代の研究で普通によく使われる言葉では「交易」と仮におきかえてもよかろう）がその時代・社会の生産によって規定されるという問題の設定は，その後もずっと頭の中に印象づけられてきた。

　ここで考古学の用語として「交易」を説明した辞典の例を，『世界考古学事典』（平凡社版）に見てみよう。「旧石器時代は経済活動も自己完結的であったが，農業が開始され人々が定住し始める新石器時代になると，地域的な分業が起こり，例えば平野部の農業集落と鉱山地帯との間に，農産物と石器原材などとの交易関係が発生していった。……なお，日本の石器時代では，黒曜石，サヌカイトなどの石器原材や硬玉，土器型式の地域差，あるいは貝塚の魚介類の残滓などから，当時の交易関係が論じられている」（菊池徹夫）。

　なお考古学の辞典は日本で他に数種類出版されているが，『図解考古学辞典』（創元社版）以外には，「交易」という項目はおこされていない。上記の『世界考古学事典』の記述でもうかがい知れるように，ようやく生業＝生産や，それを基盤とした社会の仕組みなどの関係で，「交易」をとらえるという考え方が次第に定着しつつあるように見える。それらについて論及したいくつかの見るべき論文もあるが，ここではそれを一つ一つとりあげて細かく評価する余裕がない。

　ただしいえることは，縄文時代についてみれば，土器製塩とその背景などに関する一部の問題以外は，なお多くが特定物資の分布論的な研究の範囲にとどまっているということである。

3 「交易」と生産と文化

　本誌の今回の特集について最初の相談を受けた時，編集部が持ち込んだ特集の表題は「縄文時代の交易」であった。「交易」をどうとらえるか，言葉の問題からして迷いがある筆者には，企画・編集の任にたえられないとお断わりした。その理由は前節までに記述したようなことである。

　それに対して編集部は，むしろそうした「迷い」の部分を生かして企画・構成したいという。かといって「迷い」を特集して多くの執筆者に原

稿をお願いするわけにはいかなかった。

　そこで，40年前，この研究のパイオニアである八幡一郎氏が指摘して，いまなお十分に果されていない重要な提案である「物資の流通は交易問題であり，文化の流通は文化圏の問題」であり，それ故「交易」の問題も「あらゆる問題を有機的に，かつ同時併行的に考究する」という研究態度を，研究の到達点の検証もふくめて，企画の中に生かすことにした。そのことは同時に，『経済学小辞典』のメモ以来頭の中に去来していた，「どんな種類の交換でも，……生産によって規定されている」といういわば一つのテーゼが，縄文時代の「交易」について，どのように実証できるかを問うことにもなると考えた。

　そのような観点から提示された本特集の構成と概要は次の通りであった。

　Ⅰ．石器時代の「交易」

　縄文時代の「交易」というようなことがよくいわれる。ある特定の物資や遺物が一定の分布圏をもつ現象を，直ちに「交易」という概念に結びつけて説明してしまってよいかどうか。生産と流通（交換）を包括的にとらえて，「交易」といわれるものの実態を見直すという点が，本特集の目的であることを総論として記述する。

　Ⅱ．先土器・縄文時代の生産と流通

　（1）　先土器時代の石器の原料と技術

　石器の原料の性質が石器の製作の特徴や，石器の型式・形状のちがいにどうあらわれるか。また異なった石器・石材のひろがりにどんな問題が指摘できるか。

　（2）　サヌカイトと石器製作址

　西日本の先土器・縄文時代の石器を特徴づけるサヌカイト製石器と，原産地に近いいくつかの石器製作遺跡の実態を紹介し，それが存在する背景や石器の流通などにふれる。

　（3）　黒曜石の利用と流通

　研究の歴史も古く，資料も豊富な黒曜石について，産地からの流通の状態（量・動き・方法）などを具体的に示す。

　（4）　石斧の大量生産

　最近調査例の増えてきた石斧の製作遺跡について，製作過程を示す資料などとともに紹介し，その供給圏や背景などを考える。

　（5）　縄文時代の土器製塩と需給

　縄文後晩期の関東地方の土器製塩を，「分業」

あるいは「専業」とのかかわりでどうとらえるか，その需要供給の関係にどんな社会的背景を想定することができるか。

（6）　硬玉製大珠の広大な分布圏

縄文時代の玉作りの，とくにその生産の組織に関心をもち，広範な流通の意味を，他の文化・経済要素との比較で考える。

（7）　アスファルトの流通と東北の地域圏

アスファルトの産地とその流通の範囲を明らかにし，それが他の考古資料による地域圏（分布圏）とどのような関係をもつか。

Ⅲ．縄文土器の交流

（1）　木の葉文浅鉢形土器の行方

地域をこえて交流する土器（土器型式），その間で行なわれる土器文様の交換や融合の過程で，一つの土器型式の生成・変化のメカニズム，さらに交換のシステムをとらえる。そしてそれが，人あるいは物の交流とどのように結びつくかを予測する。

（2）　持ち運ばれる土器

ある時期に特定の土器がかなりの距離を持ち運ばれた例がある。その実例をとりあげ，なぜそれが持ち運ばれたか，その土器がもった役割は何だったか。

（3）　土器の原料土の移入は行なわれたか

作られた土器や，文様の移動・交流だけではなく，土器を作る生地として，粘土が運ばれた形跡がある。それを事例的に紹介し，従来の胎土分析の成果などにもふれる。

（4）　同じ顔の土偶

土偶の分布は土器とはちがった特徴がある。その具体的な事例を紹介し，その広範なひろがりと，著しい共通性を指摘する中で，縄文時代の精神的な側面での交流の姿を追う。

Ⅳ．流通の手段と方法

（1）　縄文の道

海上・水上での舟航を別とすれば，縄文人の主要な交通手段は歩くことだったはずである。だとすれば，その道を考古学的にどのようにとらえたらよいか。

（2）　離島の生活と交通

伊豆諸島など島の縄文人の生活・文化の特色をあげ，本土とのかかわりの中で，舟の利用など交通手段とそのあり方を考える。

（3）　物質の交流を支える基盤

実際に物を運んだのは誰か。そしてその人と人，集団と集団との間には，どんな社会的関係があって，そこでどのような交流・交換が行なわれたか。交流の基盤となった社会の構成と，交流の仕組みなどを示す。

Ⅴ．縄文文化と海外の交流

縄文文化は島国で全く孤立した文化ではない。少なくともその基層を作ったものの多くは，東アジア全域のさまざまな文物と直接・間接の関係をもつ。照葉樹林文化論などにも関心をもちながら，大きな眼で縄文文化と対外関係について問題を提起する。

以上のような構成をもつこの特集で，縄文時代の「交易」に一つの結論を求めようなどとは考えられない。おそらく各執筆者の間でも，認識や見解の差はあり，与えられたテーマの一つ一つについても，学界全体としての研究水準の高低や資料の過不足がある。

しかしこの特集が総体として，縄文時代を主とした石器時代の「交易」の問題に関して，生産も文化も含めた，縄文文化全体の構造の中で，問題の所在を知ろうとした意図をもったものであることは，理解されるものと期待したい。

4　若干の文献解題的研究史

縄文時代を主とした石器時代の物資の分布や交流に関する文献はきわめて多い。とくに黒曜石や硬玉等々，特定の物資については，個別資料の報告やさまざまな角度からする研究は枚挙にいとまがないほどといってよい。そうした個別事例的な文献以外に，「交易」を主題として書かれた学史的な論文のいくつかを列挙して簡単な紹介をしておきたい。

※

坪井正五郎「石器時代人民の交通貿易」（『東洋学芸雑誌』18―240，1901 年）は，おそらく石器時代の「交易」問題を意識的に扱った最初の論文であろう。ここでは伊豆大島の竜ノ口遺跡の黒曜石が神津島産のものであり，伊豆諸島の島々をめぐって「交通貿易」がおこなわれたことに強い関心を示している。坪井氏がこの論文で用いた「交通貿易」という用語と，その後の「交易」という言葉の間には関連があるのだろうか。

鳥居龍蔵『諏訪史』第 1 巻（1924 年）は，長野県和田峠一帯の黒曜石原産地の実態の調査，中

部・関東地方を主とした黒曜石製石鏃の観察にも
とづいて，黒曜石の分布圏を図式化し，半径約
250 km におよぶ広い範囲に，「直接間接に此の原
料の貿易（trade）が行はれ」たことを想定した。
分布論的視点による最初の「交易」論といえる。

※

　鳥居氏とともに『諏訪史』第1巻の調査と執筆
に当った八幡一郎氏は，1938 年に「先史時代の
交易」（『人類学・先史学講座』）を書いた。「交易」
論の最初の本格的な論文としての意義などについ
ては，先に再三にわたって触れたが，その内容は
項目を並べてみただけでも，フリント/黒曜石と
瀝青石と讃岐岩/硬玉と軟玉/琥珀と土瀝青/貝殻/
銅と錫と青銅器など，特定産地と広い分布圏をも
って，「交易」を研究する素材になり得る考古資
料のすべてについて紹介し，それは研究の実情や
問題点など国内外に触れて詳しい。さらに「交
易」の性格や実態などに関しては，近隣交易と遠
路流通/運搬技術/交易技術/ホアーズの問題とい
う項を設けて，「交易」の問題を多面的に論じて
いる。そして最後の結語では，先に引用したよう
に「さればわれわれが今交易の問題だけを解決す
ることは不可能であって，あらゆる問題を有機的
に，かつ同時併行的に考究する態度こそ正しいの
である」と，研究の方向を正しく展望している。
　八幡氏は戦後になって 1956 年に，「先史交易の
一側面」（『北海学園大学経済論集 I』）という論文を
発表している。この論では，特定の物資の獲得手
段が，食物採集民と農耕あるいは狩漁撈民によっ
て相違すること，すなわち歴史的な段階をもつこ
と，専業あるいは分業と交易との関連性，交換あ
るいは交易にかかわる集団間の関係などについて
問題を指摘し，八幡氏自身それに深い関心のある
ことを示している点が注目される。
　黒曜石と並んで，西日本の代表的な石器原料で
あるサヌカイトについて，樋口清之氏が 1931 年
にすでにすぐれた研究の結果を発表している。
「大和二上山石器製造遺跡研究」（『上代文化』4・5）
では，二上山麓の石器製作跡のある遺跡の実態を
報告し，そこで作られた大量の石器（とくに石槍な
ど）が，近畿地方に広く流通したことを述べてい
る。そしてそうした石器の流通の社会的基盤や方
法は不明としながらも，サヌカイト原産地および
石器製作遺跡を中心とした「一の経済地理的単一
を構成すること明白な事実である」と論じた。

※

　戦後，「交易」の問題を集中的に扱った2つの
考古学講座が出版された。『新版日本考古学講座』
9 ―特論（雄山閣，1971 年）と，『縄文文化の研究』
8 ―社会・文化（雄山閣，1982 年）の二著である。
　前者では，樋口「序説―原始社会における物資
の伝播」，八幡「琥珀」，江坂輝彌「黒曜石」，寺
村光晴「玉―硬玉と碧玉の一例」，江坂「天然ア
スファルト」，国分直一「介類」，日比野丈夫「古
銭」の7論文が，「交易」という章にまとめられて
いる。全体として戦後になって飛躍的に増加した
関連資料を紹介しながら，戦前からの研究の視点
（分布論的交易論）の延長上で，それぞれの事例に
ついて論じられている。そうした中で，戦前の論
文でもそうであったが，樋口氏がいわゆる「交
易」を，物資の伝播あるいは流通という表現で論
じているのが注意をひく。
　なお，同書では「交易」の前に「交通」という
章が設けられ，大島延次郎「序説」，同「古道」，
梅宮茂「関跡」，大島「町石と一里塚」，清水潤三
「舟航」といった，「交易」・交通の手段が論じら
れている。ただし清水論文以外に縄文時代につい
ての記述はほとんどない。
　『縄文文化の研究』では，小田静夫「黒曜石」，
安藤文一「翡翠」，松下亘「琥珀」，安孫子昭二
「アスファルト」の4論文が，「交易」の章を構成
している。各論文ともそれぞれの研究史を整理
し，「黒曜石」では化学分析の成果を，「琥珀」と
「アスファルト」では多くの新資料を集成的に紹
介するなど，最近の研究や発見を意慾的にとり入
れている。「翡翠」では研究史をふまえて，硬玉
生産文化圏，第1次給付文化圏を措定し，その時
代性も加味して，硬玉製品の扱われ方に対する社
会的意義などにもふれている。しかしそうした努
力にもかかわらず，「交易」の問題は縄文社会に
ついては，なお不鮮明というはがゆさを全体に感
じさせる。

※

　弥生時代以後を含めて，原始・古代の経済活動
（分業など）と「交易」を一体として論じた，示唆
に富む論文がようやく最近目につくようになっ
た。それらについては本号の他の論文でふれられ
ている。

先土器・縄文時代の生産と流通

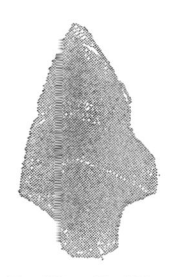

| 石器やアスファルトの産地と流通の範囲，土器製塩や玉作りのあり方はどのようだったろうか。その背景についてもふれてみる |

先土器時代の石器の原料と技術／サヌカイトと石器製作址／黒曜石の利用と流通／石斧の大量生産／縄文時代の土器製塩と需給／硬玉製大珠の広大な分布図／アスファルトの流通と東北の地域図

先土器時代の石器の原料と技術──■

明治大学助教授
安蒜政雄
（あんびる・まさお）

──南関東の石器群と石材構成──

南関東における石器製作の技術と原料の関わりは，規制と順応そして峻別と同化という対応関係によって特徴づけられる

1 石器の製作と技術

南関東地方にひろがる下総・大宮・武蔵野・相模野の各台地は，先土器時代の遺跡が密集する地帯としてよく知られている。それら数多くの遺跡から発見される石器群の出土層位を武蔵野台地の標式的な層序区分にしたがってさかのぼっていくと，表土下の第Ⅲ層（立川ローム層最上部＝約1万年前）にはじまり，第Ⅵ層（姶良丹沢火山灰降下期＝約2.2万年前）をこえ，第Ⅹ層（立川ローム層下底部＝約3万年前）にまでおよんでいる。その間の石器群は，古い方から順に，第Ⅰ期（第Ⅹ～Ⅶ層）・第Ⅱ期（第Ⅵ層）・第Ⅲ期（第Ⅴ・Ⅳ層）・第Ⅳ期（第Ⅳ・Ⅲ層）・第Ⅴ期（第Ⅲ層）の5つに区分できるような，時期的な移り変わりをみせている。

さて，ナイフ形石器と槍先形尖頭器それに細石器（細刃器）は，先土器時代を特徴づける代表的な石器であり，先土器時代人の生活を支えた主要な道具であったとされる。そうした示準的な石器の時期的な変遷をおってみると，ナイフ形石器は，第Ⅰ期から第Ⅴ期の前半までという，長期にわたって継続している。そして，槍先形尖頭器は第Ⅳ期の後半に姿をみせ，細石器は第Ⅴ期になって本格的に登場する。このように，段階的な差をもって使用しはじめられるようになったナイフ形石器・槍先形尖頭器・細石器は，どのような技術によって製作されていたのだろうか。

いわゆる剥片石器の製作は普通，原料から完成品にいたる間，相互に補完的な関係にある3つの手順的な作業をふんでおこなわれている。まず原料を打ち割りやすい状態の石核へと整える石核整形の手順があり，ついで石核から剥片を打ちはがす剥片剥離の手順，そののちの剥片に加工を施して一定の形状に仕上げる細部加工の手順である。しかし，この3つの手順的な作業は，どの石器の製作についても等質で，しかも同様なかたちでおこなわれていたわけではない。

今日，ナイフ形石器に関しては刃器技法・瀬戸内技法など剥片剥離を基準として，また槍先形尖頭器では両面加工・片面加工・周辺加工など細部加工の差によって，そして細石器については湧別技法・ホロカ技法・矢出川技法など石核整形の特性にもとづいて，それぞれの製作技術的な分析と分類が試みられる場合が多い。それはすなわち，ナイフ形石器の製作においては剥片剥離が，また槍先形尖頭器の製作では細部加工が，そして細石

器の製作にあっては石核整形が，それぞれ格段に組織的で工程化された手順として存在していることによっている。

このように，ナイフ形石器・槍先形尖頭器・細石器は，同じ剥片石器とはいいながらも，互いに個性的な手順をもち，独自性のつよい技術によって製作されてきたのである。では，そうした技術的なちがいをもつ各石器が，実際どんな石材を原料にもちいて製作されていたのかを検討してみたい。技術と原料とのあいだに，何らかの対応関係をもとめることができるだろうか。

2 技術と原料の選択

下総・大宮・武蔵野・相模野の各台地は，関東平野をとりかこむ諸山地に源をもつ，利根川・荒川・多摩川・相模川などの水系によって開析されている。各河川の流域をさかのぼると，石器の原料に適した珪岩を中心とする多種多様な石材がえられる[1]。そして，長野県和田峠，神奈川県箱根，東京都神津島などには，頁岩・サヌカイトとならんで先土器時代の三大石器原料といわれる黒曜石の原産地がひかえている[2]。つまり，南関東地方の各台地に立つとき，石器の原料としては，比較的近在に珪岩類があり，相対的に遠隔の地に黒曜石が産出しているわけである。

そうした環境におかれている各台地には，大河川の各支流にそうようなかたちで，数多くの遺跡が残されている。それらの遺跡でもちいられた石器の原料を，層位別に集計してみると，第Ⅵ層をさかいとして，より下層では珪岩が多用されており，より上層では珪岩とならんで黒曜石が応分に併用された傾向がみとめられる[3]。石器の原料は，明らかに変化をきたしている。何に原因するのだろうか。

そこでまず，第Ⅵ層中に遺存する寺尾Ⅵ石器群[4]の原料をみてみよう。石器の原料は礫や岩の一部など個体というかたちをとり，この個体を単位として石器の製作がおこなわれる。そのそれぞれの個体を石材別にわけてみると，寺尾Ⅵ石器群は，黒曜石 21，珪岩 7，玄武岩 5，凝灰岩・硬砂岩・アプライト各1の計 36 個体，資料総数 1,898 点からなっている。うち，ナイフ形石器が 15 個体・163 点あり，内訳は黒曜石 11 個体・158 点，玄武岩 2 個体・3 点，珪岩 2 個体・2 点である。

寺尾Ⅵ石器群は，南関東地方先土器時代の第Ⅱ期に位置し，第Ⅰ期と同様に，ナイフ形石器を主要な組成とする石器文化である。しかし，このナイフ形石器は第Ⅰ期のそれとは異なった型式をもつ，いわゆる茂呂系の石器であることに特徴がある。ここからは，新型式のナイフ形石器，いいかえれば新しい技法が，より遠隔に産する原料とつよく結びついた現象をみてとれそうである。第Ⅵ層以降，黒曜石が珪岩とともに石器の重要な原料として併用されはじめる一つの背景といえようか。

つぎに神奈川県月見野Ⅰ石器群と同月見野Ⅱ石器群を比較してみたい[5]。両石器群は，第Ⅳ期の後半に位置し，ナイ

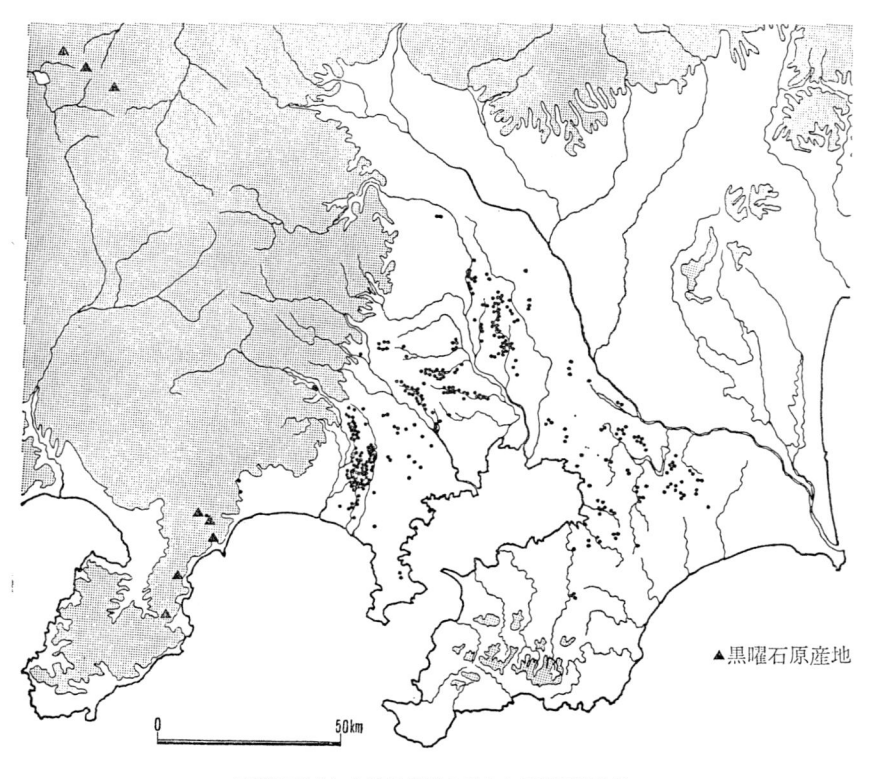

▲黒曜石原産地

0 ____ 50km

南関東地方における遺跡の分布と黒曜石原産地

フ形石器に槍先形尖頭器が伴いはじめる，いわば槍先形尖頭器出現期の石器文化である。そして，月見野Ⅰ石器群において，ナイフ形石器の原料の中心は涙灰岩であり，槍先形尖頭器はすべて黒曜石である。一方の月見野Ⅱ石器群では，ナイフ形石器の原料の中心が黒曜石であるのにたいして，槍先形尖頭器のそれは安山岩である。すなわち，ナイフ形石器と槍先形尖頭器とでは，原料となった石材がはっきりと使い分けられている。ここからは，ナイフ形石器に槍先形尖頭器が伴いはじめる時期，いいかえれば，既存の技術に新しい技術が加わるとき，双方の技術は互いに原料を峻別した現象を抽出できるのではないだろうか。

　こうしてみてくると，石器の製作が原料を規制し，その規制のもとで原料が選択されていたという，技術と原料とのあいだの対応関係が明らかにされてくる。しかし，このような技術と原料との対応は，先土器時代をとおして，変わることなくつづいたのだろうか。埼玉県砂川石器群[6]と月見野ⅣA中石器群[5]に目を転じよう。

3　原料の同化と技術

　砂川石器群は，珪岩 56，黒曜石 6，砂岩・頁岩各 2 の計 66 個体，資料総数 769 点からなっている。うち，ナイフ形石器が 19 個体・46 点あり，内訳は珪岩 16 個体・43 点，黒曜石・砂岩・頁岩各 1 個体・1 点ずつである。

　砂川石器群は，第Ⅳ期の前半に属する石器文化であるが，槍先形尖頭器はなく第Ⅱ期の寺尾Ⅵ石器群と同様，茂呂系のナイフ形石器によって特徴づけられている。そして，砂川石器群と寺尾Ⅵ石器群は，両者に共通するナイフ形石器の石材として，黒曜石と珪岩をもっている。にもかかわらず，寺尾Ⅵ石器群では黒曜石が，砂川石器群では珪岩が，それぞれ圧倒的に多い。極めて対照的な原料のもちい方である。珪岩が近在でえられる原料であることから，これは，第Ⅱ期において黒曜石とつよく結ばれていた茂呂系ナイフ形石器の製作技法が，時期をくだるにつれ次第に原料を在地化させていった，その過程を物語る現象とも考えられる。

　さて，月見野ⅣA中石器群では槍先形尖頭器が主体であり，これにナイフ形石器が伴っている。槍先形尖頭器とナイフ形石器の原料の中心は黒曜石である。この月見野ⅣA中石器群は第Ⅴ期に属

し，月見野Ⅰ・Ⅱ両石器群に後続する編年的な位置が与えられる。

　さきにみたように，月見野Ⅰ・Ⅱ両石器群には，ナイフ形石器と槍先形尖頭器のあいだで石材の使い分けが観察された。しかし，月見野ⅣA中石器群の槍先形尖頭器・ナイフ形石器間では，そうした原料の峻別現象をみとめることがむずかしい。これは，はじめ異なった原料をもちいておこなわれていたナイフ形石器の製作と槍先形尖頭器の製作とが，その双方の原料を共通化しだした現象であろうか。

　こうして，寺尾Ⅵ石器群・砂川石器群間からは，特定のナイフ形石器の製作技法が限定された石材とつよく結びつくという技術の規制とともに，その石材が在地化していくという技術の順応とがうかがえる。また，月見野Ⅰ・Ⅱ両石器群と月見野ⅣA中石器群とからは，共伴する異なった石器の製作が石材の使い分けとして反映されるような原料の峻別とともに，双方の技術が同種の石材をもちいはじめるような原料の同化とがみとめられる。

　すなわち，南関東地方における石器製作の技術と原料とのかかわりは，規制と順応そして峻別と同化という，二面性をもった対応関係によって特徴づけられるのではないだろうか。しかし，こうした対応関係が，第Ⅵ層以降，ともに主要な原料として黒曜石と珪岩の併用をもたらせたすべての要因であったといえるだろうか。ここでは，他の要因をさぐる手掛りとして，石器の原料が個々の遺跡において，どのようなかたちで消費され補充されていたのかを検討してみたいと考える。

4　原料の消費と補充

　遺跡は石器の製作がおこなわれた作業の場であり，移動により移し変えられた生活の場でもある。そして遺跡には普通，残核・剥片・砕片類といった原料の残滓とともに，道具として加工された石器類すなわち完成品としての製品が残されている。その反面，未使用の状態の原料が遺跡にそのまま遺棄されている例となると，特殊な性格をもつ遺跡をのぞいてはごく稀である。そうした意味で，原料は遺跡において，そのすべてが加工され製品と化しているかにみえる。そうだろうか。原料を個体ごとに，つまり個体別資料をとおして観察してみよう。

遺跡に遺存する個体別資料は，石器製作にともなう作業内容のちがいにもとづいて，3つに類別されている。類型A＝残核・剥片・砕片類をもつもの，類型B＝剥片・砕片類をもつもの，類型C＝残核・剥片・砕片類をもたないもの，の三者である。そして，類型Bには石核の遺跡外への運び出し，また類型Cには石器のみの遺跡内への持ち込み，さらに類型A・B両者については石核の持ち込みと石器の運び出しという，類型的な差が生まれた原因が分析されている[6]。

この3類型を原料という観点からみなおすと，類型Bは持ち込まれた原料の部分的な消費と消費途上にある原料の運び出しとを，類型Aは持ち込まれた消費途上にある原料の完全消費を，それぞれ意味することになるだろう。なお，いうまでもなく製品として持ち込まれた類型Cは，かつて消費された原料の存在を示してはいるが，それ自身は原料ではない。それでは一体，原料の消費量には，一遺跡あたりどのくらいであったろうか。いま，砂川石器群をとりあげて，遺跡における原料消費の具体例をみておこう。

砂川石器群は66個の個体からなり，類型Aに10個体，類型Bに18個体，類型Cに38個体が区分される。すなわち，類型A・Bあわせて28個体の原料がもちいられ，うち類型A＝10個体は完全に消費され，のこる類型B＝18個体が部分的に消費されたわけである。仮りに，類型Bの消費率を5割と見込むと，都合9個体分の完全消費に相当する。つまり，遺跡では，はじめに用意された原料のおよそ3分の2にあたる個体数が消費により失なわれたことになる。したがって，3分の1にへった原料をもとにもどすためには，移動をともなう生活のいずれかの過程で，新たに相当量の原料を補充する必要がある。

つぎに，各石器群の原料がどんな石材によって構成されているかを注目したい。すでにみたように，第Ⅱ期の寺尾Ⅵ石器群の原料は遠隔の地に産地をもつ石材を中心とし，第Ⅳ期前半の砂川石器群のそれは近在に産する石材を主体とする，極めて対照的な石材構成をとっている。遠隔産地系・近在産地系ともいえる[3]，この南関東地方における典型的な二つの石材構成は，技術の適応＝原料の在地化という時期的な経緯のなかでのみ生まれたちがいなのだろうか。わずかながらではあるが，寺尾Ⅵ石器群に近在産地系の石材が，そして

砂川石器群に遠隔産地系の石材が，それぞれみうけられることは，何を意味しているのだろうか。両石器群がより以前の生活址において，全く対照的な石材構成をとった，その名残りではないか。

実際，第Ⅳ期後半の月見野Ⅰ・Ⅱ両石器群におけるナイフ形石器の原料をみれば明らかなように，石材構成のちがいは同時期的にもみとめられるのである。すなわち，遠隔産地系の石材構成と近在産地系の石材構成とは，相互に，原料の消費とその補充の結果的な現象としてとらえることができる。つまり，個々の遺跡においては，原料を消費し補充する過程で，遠隔産地系の石材構成と近在産地系の石材構成とが繰り返されていた可能性がつよい。あるいは，移動生活の周期と石材構成の組み換えとが軌を一にしていたのかもしれない。そのうえ，月見野Ⅰ・Ⅱ両石器群においては，ナイフ形石器・槍先形尖頭器間の石材の使い分けが加わっている。そこでは石材構成を二重にもち，しかもそれらを別々に組み換えるという，明らかに制禦されたかたちでの原料の消費と補充とがおこなわれているのである。

南関東地方の第Ⅱ期（第Ⅵ層）をさかいとして，盛んにもちいられるようになった遠隔産地系石材の代表例が，黒曜石である。以降，黒曜石は近在産地系の石材と併用され，個々の遺跡の石材構成は双方を中心に周期的な組み換えを繰り返してきた。こうした石材構成のあり方は，その背景の一つに技術と原料の対応関係をもちながらも，すでに遠隔産地系石材を安定した状態で供給しうるような，先土器時代の社会的な骨組みが存在していたことを如実に示しているものと考えられる。

註
1) 新井重三「石器に使用した石材の岩石学的研究」加曽利貝塚博物館研究資料，4，1983
2) 鈴木正男「フィッション・トラック」日本の旧石器文化，2，1980
3) 稲田孝司「旧石器時代武蔵野台地における石器石材の選択と入手過程」考古学研究，30—4，1984
4) 神奈川県教育委員会『寺尾遺跡』神奈川県埋蔵文化財調査報告，18，1980
5) 月見野遺跡群調査団『概報月見野遺跡群』明治大学考古学研究室，1969
   戸沢充則・安蒜政雄「神奈川県月見野遺跡群」探訪先土器の遺跡，1983
6) 砂川遺跡調査団『砂川先土器時代遺跡―埼玉県所沢市砂川遺跡の第2次調査―』所沢市教育委員会，1974

サヌカイトと石器製作址

―原産地二上山北麓の遺跡群―

同志社大学講師
松藤和人
（まつふじ・かずと）

サヌカイトの原産地，二上山麓遺跡群では完成された石器が
少なく，石器の消費は別の遺跡でなされたことが推定される

特定の産出地をもつ石材の探索と利用は，人類史における最古の資源開発を物語るものであろう。それは，今日のエネルギー資源の開発にも匹敵するほど重要な活動であったと考えられる。

日本の考古学では従来から黒曜石，サヌカイトなど特定の原産地をもつ石器の分布にもとづき，縄文・弥生時代の交通・「交易」（圏）の問題が議論されてきた。しかし，黒曜石，サヌカイト原産地での考古学的調査は一部の研究者をのぞいて強い関心を集めず，その結果ベース・キャンプ遺跡と原産地のワーク・キャンプあるいはアトリエ遺跡との間でデータの蓄積に不均等を生じているのが実情である。

その一方，近年の理化学的方法にもとづく原産地推定技術の進展には目を見にらせるものがある。しかしながら，原産地の特定の時期の遺跡とベース・キャンプ遺跡との関係を考古学的方法を通じて論議するうえでは，現在用いられている理化学的方法にに限界がある。

筆者らは，近畿地方で最大のサヌカイト原産地である二上山北麓（にじょうざん）の調査に関与して以来，この地にのこされた遺跡の性格を究明するうえで，サヌカイトの分布と遺跡立地との関係，遺跡および遺跡群構造の理解に際して実態把握につとめてきた。これは，いわばサヌカイト原産地における資源開発・利用の変遷を歴史的に解明するうえでの基礎作業にあたるものである。ここでは，二上山北麓遺跡群におけるこれまでの研究成果のいくつかを紹介し，それから派生する若干の問題点を指摘することにしたい。

1 サヌカイトの分布と遺跡の立地

サヌカイトは，新第三紀中新世中期（約1,500万年前〜1,000万年前）に，第1瀬戸内期の淡水域に生じた瀬戸内系火山活動に伴う特徴的な火山岩の一種で，貝殻状断口をみせる黒色緻密なガラス質の安山岩である[1]。サヌカイト（Sanukite, 讃岐岩）とは E. Weinschenk によって命名されたもので，ガラス質石基に斜方輝石（古銅輝石〜紫蘇輝石）をもっているのが特徴とされる[2]。なお，サヌカイトという用語は厳密には四国讃岐地方に産

図1 二上山北麓のサヌカイト分布（網部）と主要遺跡

出するものに限って適用されるべきであろうが，考古学上は黒色を呈し貝殻状断口をもつガラス質安山岩を包括したかたちで慣習的に用いている。

二上山地域ではサヌカイトの露頭として春日山，株山（石万尾），石マクリ，雄岳などが知られている。羽曳野市株山の採石によって生じた露頭面の観察によれば，地表下数メートルのゾーンに限ってサヌカイトを生成しており，これは溶岩の急冷化現象に伴って生じたものであろう。その下位は非ガラス質の安山岩に連続移化している。これらのサヌカイトは二上山の火山活動の後半期に噴出したもので，いずれも溶岩としての産状をみせ，このほかに羽曳野市上ノ太子付近の高・低位段丘堆積物，春日山南斜面の崖錐性堆積物，香芝町関屋盆地周辺の大阪層群礫層（瑞宝園粘土・礫互層）中などにも再堆積した転礫として産出する[3]。

二上山北麓では，これまでの分布調査で 66 カ所の遺跡および遺物散布地が知られており，それらは先土器時代から弥生時代にわたって形成されたものである。ただし縄文・弥生時代に至っては所属時期を推定するうえで時間尺度となる土器の出土例がきわめて乏しく，現在まで石万尾第1地点，桜ヶ丘第1地点，鶴峯荘第4地点などで微量の土器片が検出されているにすぎない。また，古くは樋口清之氏によって1号遺跡（現滝ヶ谷遺跡）で弥生土器片の採集が報じられている。

遺跡の立地には地形に応じていくつかの類型が看取される。サヌカイト溶岩の露頭を有する山頂部，崖錐性斜面，大阪層群からなる開析の著しい丘陵上，段丘上など，遺跡立地の多様さが指摘される。こうした遺跡の立地は，大局的にサヌカイト礫の分布域と重複するか，きわめて近接する傾向が知られる。通常のキャンプ地としては不適当な山頂部や急斜な崖錐上の遺跡は，サヌカイトの採取と石器製作に大きな比重がかけられたことを推察させる。その一方で，飛鳥川，竹田川，前川流域の段丘・丘陵上に立地する若干の遺跡にあっては，比較的水の便にも恵まれ，遺跡形成に別の要因も加味されたのかもしれない。この点，遺跡の内容にたち入った検討が要請される。

2 サヌカイトの獲得

二上山北麓で現在まで確認されている採掘，石器製作址に伴う遺構としては，サヌカイトの採取を目的にほぼ垂直に深く穿たれた竪坑，多様な形態を呈する浅い皿状の土坑，サヌカイト片の埋設坑などが知られている。しかし，石器製作に伴う簡単な小屋掛け，住居址などの構築物や採掘に用いた土掘り具などの直接的な証拠はまだ検出されていない。ヨーロッパの新石器時代のフリント採掘坑では鹿角製の土掘り具や肩甲骨製のシャベルなども出土しているが，わが国ではまだ知られていない。今後，竪坑の壁面にのこされた掘削具の痕跡を注意深く観察しなければならない。

採掘用の竪坑は，サヌカイト溶岩層またはサヌカイト礫を多量に包含する大阪層群に向けて，旧地表面からほぼ垂直に約 2〜3m 掘り下げてサヌカイトを掘り出した土坑で，株山遺跡などで検出されている。

帝塚山大学考古学研究室によって調査された株山遺跡[4]の竪坑群は，山頂部の地下にあるサヌカイト溶岩を採掘するため2mをこえる竪坑を穿っている。その下部はオーバーハングする例もあって，また下底がサヌカイト溶岩層に達していることからみても，これらの遺構が採掘を目的として形成されたことは明らかである。それらの大きさは，ひとひとりが坑内で作業するには充分な規模である。このような竪坑は，採石で生じた露頭面の観察によれば，互いに接するように密集して掘られ，なかには重複するものもある。

さらに地表面と坑内には厖大な量の剝片・砕片・残核が散乱あるいは包含されている。地表面からは少量の先土器時代の石器（ナイフ形石器，翼状剝片，同石核，縦長剝片など）も採集されてはいるが[5]，それに比べて風化度の弱い資料が圧倒的に多く，後者は竪坑内にも多量に包含されている。こうした遺構の一つからは縄文早期の無文土器とみられる破片が断面採集されており，竪坑の形成された時期の一端をおおよそ推定できる。また地表面からは弥生時代の石槍の未製品とみられるものも採集されており，この時代にも採掘がおこなわれたものかもしれない。

香芝町シル谷第1地点遺跡は，大阪層群からなる丘陵上に立地し，昭和 56 年橿原考古学研究所によって発掘調査が実施され，大小7基の土坑が検出された[6]。本遺跡ではサヌカイト礫を包含する礫層（瑞宝園粘土・礫互層）が地表面近くに露出するせいもあって，深さ1.5mをこえる採掘坑はない。なかには深さ約 20〜30cm の浅い皿状の土坑も知られ，坑底がサヌカイト礫の包含層に達

しておらず，採掘坑との認定が困難なものもある。本遺跡では風化度の弱いサヌカイト製石槍未製品・楔形石器，チャート製敲石，花崗岩製台石，多量のサヌカイト製剝片・砕片の出土を見た。調査者は，風化度・出土遺物の検討から，これらの遺物が縄文時代以降おそらく弥生時代にのこされた可能性をほのめかしている。

また香芝町田尻峠第2地点遺跡では，大阪層群（瑞宝園粗土・礫互層）からなる丘陵上で5基の土坑が散在して検出されている[7]。土坑そのものは小規模で，径約1〜2.9m，深さ約30〜110cmを測り，土坑の内外から多量の槍先形尖頭器未製品・剝片・砕片・敲石などが出土している。本遺跡は，サヌカイトの採掘とともに槍先形尖頭器を集中的に製作した石器製作址で，その未製品の形態，弱い風化度から弥生時代の石槍を想起させる。なお，本遺跡でも先土器時代の石器および土器片の出土は報じられていない。本遺跡の出土例に酷似する狭長な槍先形尖頭器未製品を多量に出土する遺跡として太子町中谷遺跡が著名で，これまで118点以上の未製品が採集されている。この遺跡でも特定の石器だけを集中的に製作しており，田尻峠第2地点遺跡の状況とよく似ている点が注目される。

このほか，桜ヶ丘第1地点遺跡の第1次調査では，少量の先土器時代の石器，押圧縄文土器片とともに石器製作の際に生じた多量の剝片・砕片・石核などを一括埋棄したと思われる円形土坑（土坑1）が検出されている[8]。定型的な石器をほとんど含まず，遺物組成はいたって特異である。これらは先土器時代の石器と比較して風化度に明瞭な差異が認められ，整然とした剝片剝離技術は見い出しがたい。古森・麻柄氏はこの土坑から出土した遺物に完成品としての石器が含まれていないことから，本遺跡では原石の採取と素材剝片の生産までをおこない，最終的な仕上げ加工はベース・キャンプでおこなったものと推定した。

ところで，石万尾第2地点遺跡では遺跡上で粗割りした剝片・石核を何らかの意図で埋設したピット群が知られている。露頭面での観察によれば径1m前後，深さ1〜1.5mをみせ，ピット内は石器の素材となりうる剝片で満たされており，埋土よりも石片が圧倒的に多い。同様な遺構は二上山北麓では他に例を見ず，きわめて特異な性格をもつピット群と思われる。出土遺物には先土器時

代の石器を見ず，剝片にもシステマチックな技術を認めることができない。石器素材剝片を一時的に埋設したともみられる土坑をわれわれは埋設坑とよび，他の土坑と区別している。今後，この種の土坑の性格が詳しく検討されねばならない。

これまで二上山北麓で知られている事実によれば，先土器時代にまで確実に遡る採掘坑，埋設坑を指摘することは困難である。おそらく先土器時代人たちは，地表面もしくは水流に洗い出され河床などに露呈したサヌカイトを随時採取し，石器製作に供したものであろう。しかし，彼らがのこした石器が二上山北麓の地域で広範に発見されている事実に照らせば，先土器時代人はこの地のサヌカイトの分布にかなりなまでに精通していたものと思われる。これは，飛鳥川，竹田川，前川などの流域にとどまらず，標高250m余の石万尾（株山）をはじめとして，地獄谷，今池，穴虫峠遺跡など山頂・崖錐上のサヌカイト礫までも利用している事実からも裏づけられよう。

3　石器製作址に伴う石器群

この地域では，先土器時代に限ってもこれまで46ヵ所の遺跡・遺物散布地が確認されている。遺跡によって遺物の採集量に多寡はあるものの，一定量の遺物が採集された遺跡にあっては遺物組成に共通点が認められ，原産地を離れたベース・キャンプ遺跡のそれと較べてきわめて斉一性をみせる。本地域での土地利用のピークを示す国府期にあっては，ナイフ形石器，翼状剝片，同石核，盤状剝片，同石核を主体に縦長剝片，同石核，削器，楔形石器，敲石がほとんどの遺跡で採集され，強固な文化伝統の存在を窺わせる。この期の代表的な遺跡としては，鶴峯荘第1地点，桜ヶ丘第1地点，地獄谷C地点，今池，穴ケ谷などがあげられる。これらの遺跡の特色として，厖大な量の剝片，石核，砕片とともに多量の楔形石器，ハンマー・ストーン（敲石）の存在が注目される。とくに楔形石器，敲石は石器製作に直接関連した石器と推定され，消耗率の高い石器であったものとみえ，普遍的な遺物となっている。なお，敲石のなかには装備の一部として石器製作址に持ちこんだものもある。一方，完成された石器は，剝片・石核に比較して相対的に少なく，しかも製作中途で破損したり，未製品のまま放棄されたものが大半である。

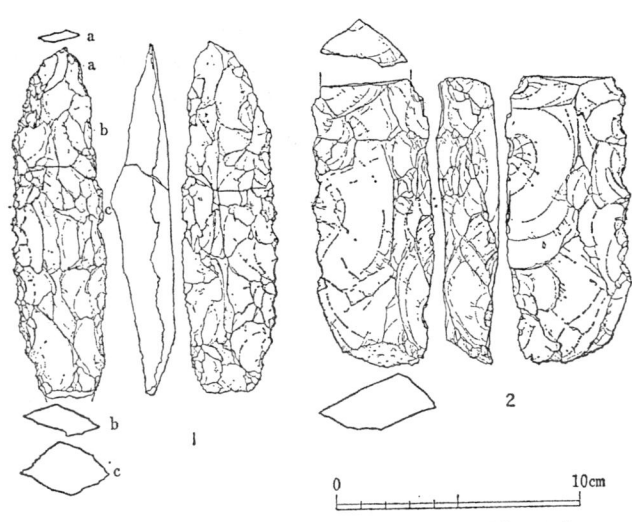

図2　田尻峠第2地点出土槍先形尖頭器未製品（佐藤 1983）

しかしながら，これらの遺跡では，原石採取のプロセスはさておき，剥片生産工程と石器としての仕上げ工程が同一遺跡上で一貫して踏襲されており，特定の工程のみを別の場所でおこなった形跡は知られていない。ただ，桜ヶ丘第1地点，鶴峯荘第1地点のように山麓に立地する一部の遺跡では，サヌカイト原礫を他の場所から入手運搬して遺跡上で集中的に石器製作をおこなった形跡が窺われる。二上山北麓の遺跡にあっては，完成された石器が概して少なく，生産された石器の消費は原産地以外のベース・キャンプをも含めて別の遺跡でなされたと考えるのが自然なように思われる。ただし，国府期にあって二上山北麓の遺跡群が製品・素材剥片・石核などの集中した供給にセンター的な役割りを果たしていたものかどうかについては，いまのところ確証が得られていない。高槻市郡家今城遺跡のようにサヌカイトの原礫もしくは石核のレベルで搬入された証拠もあって，この問題の解決には個々のベース・キャンプ遺跡での石材入手法の究明と相い俟って，原産地の遺跡群との相互検討が待たれる。

国府期以降，先土器時代における二上山北麓の土地利用の実態は不鮮明となる。システマチックな瀬戸内技法の衰退と連動した現象なのか，あるいはサヌカイトの入手様式が変化したのか興味は尽きない。

縄文時代以降，原産地での資源利用形態に大きな変化を迎えるようである。つまり，地中に包含されるサヌカイト礫を入手するため，採掘用の竪坑を盛んに穿ち，各種の土坑を頻繁に残すようになる。そして石万尾第1地点，桜ヶ丘第1地点土坑1の遺物に窺われるように，厖大な量の剥片・砕片・石核をのこしながらも，完成された石器や二次加工のある剥片を欠いたり，あるいはまたそれらの遺存度がきわめて少ない事実が指摘される。これらの遺跡では，特定の器種を集中して製作した形跡も全くといってよいほど認められない。こうした状況は，先土器時代の石器製作址の遺跡構造と比較して，いささか様相を異にしている。

一方，中谷遺跡，田尻峠第2地点では石槍の未製品がハンマー・ストーンを伴ってまとまって検出されており，特定の器種に限って集中的に製作した遺跡として報告されている。二上山北麓の数ある遺跡のなかでも，きわめて特異な様相をみせる。また，これらの遺跡では完成品は全く検出されておらず，それらは原産地以外の遺跡へ搬出された可能性が高い。土器の伴出はないものの，器面の風化度および未製品の形態が畿内地方の弥生中期を中心に盛んに製作された石槍に通じるところから，弥生時代の石槍製作址としての蓋然性が高いものと考えられる。しかし，日常生活に使用したとみられる土器，住居址，その他の石器類は全く検出されず，石槍の製作と供給に従事した専業的集団の存在を考慮するのは現状では困難である。したがって，これらの遺跡はせいぜい限定された目的に応じた小人数による，比較的短期間の石器製作址と考えるのが妥当なように思われる。

註
1)　松本徰夫「九州の火山と陥没構造」アーバンクボタ，22，1984
2)　地学団体研究会編『岩石』東海大学出版会，1981
3)　松藤和人「二上山の石器文化をめぐる諸問題」旧石器考古学，25，1982
4)　堅田　直監修『シンポジウム二上山旧石器遺跡をめぐる諸問題』帝塚山大学考古学研究室，1981
5)　古森政次・麻柄一志「大阪府羽曳野市石万尾遺跡―採掘坑を伴う石器製作址の踏査―」プレリュード，20，1977
6)　佐藤良二「香芝町シル谷第1地点遺跡発掘調査概報」奈良県遺跡調査概報　1981年度，1982
7)　佐藤良二「香芝町田尻峠第2地点遺跡発掘調査概報」奈良県遺跡調査概報　1982年度，1983
8)　橿原考古学研究所編『二上山・桜ヶ丘遺跡』奈良県教育委員会，1979

黒曜石の利用と流通

明治大学大学院
■ 斎藤幸恵
（さいとう・さちえ）

縄文時代には，遠方の黒曜石原産地との間に一定の需給関係が
みられる。ここに当時の文化交流の一面をみることができよう

1 黒曜石と「交易」

　天然ガラスの黒曜石は，高温高圧の熔岩が火山活動によって地表近くに噴出し，急激な冷却をうけて形成される。堅く，均質なこの岩石は，打ち割りによる加工がしやすく，容易に鋭い刃を得ることができる。石器時代の遺跡には，このような黒曜石で作られた石器や，石器を作る際に打ち剝がされたたくさんの石片が残されている。当時の黒曜石に対する需要は，生活必需品として非常に高いものであったと思われる。また，その出土分布もかたり広範囲に及んでいることが知られている。

　黒曜石についての研究は，近年，自然科学の分野での調査が進み，大きな成果をあげている。国内では 16 カ所の原産地が 確認 され，岩石光学法，晶子形態法，微量元素法，フィッション・トラック法などの分析によれば，利用された原産地は，時期や地域によって異なることが明らかになっている[1]。

　関東地方では，主に信州系，箱根系，神津島系の黒曜石が用いられていたことが確認されている。しかし，武蔵野台地から原産地までは，直線距離にしても 60〜100km 以上の隔りがあり，海という自然の障害もひかえている。現在のように交通網，交通機関の発達していなかった当時，原産地が遠隔地に限定されている物資の移動は，物物交換などを基本とした「交易」によるものと考えられてきた[2]。ここで遺跡における黒曜石のあり方をみとおし，それらの実態を探ってみよう。

2 黒曜石の発見と普及

　石器時代人が黒曜石を発見したのは，偶然の出来事だったと思われる。おそらく，河原などにおりて石器の材料を捜し求めた時に，他の岩石と一緒に黒曜石の転石を手にしたのであろう。こうした偶然が繰り返された後，このガラス質の石材は石器の材料として非常に優れたものであることが知れわたっていった。人々は，より良質の，より多くの黒曜石を採取することを目的とし，河原の上流へと進み，いくつかの露頭を発見するにいたった。

　関東地方では，約 2 万年前頃に黒曜石の使用が一般化する。原産地別の使用率を見ていくと，まず最初に箱根系の黒曜石が盛んに使用され，次第に信州系のもの，あるいは海を越えて神津島系のものと活用されていった[3]。約 1 万 5 千年前を境として，信州系は，全体の 85% を占めるまでになる。三者の使用率は，遺跡や時期によって変化をみせ，さらに同じ方面の原産地の中でも，信州の和田峠，霧ヶ峰産というような違いもみせている。

　先土器時代にみられる積極的な黒曜石の活用，原産地の開拓については，当時，部分的・局地的に「交易」があった可能性が説かれているほどである[4]。遠方の黒曜石を大量に採取・運搬してきた背景には，人々が何らかのかたちで協力しあうようになっていたことが考えられよう。また，そうした中で，黒曜石への要求は，より質の高いもの，目的とする石器製作にかなうものへと高まり，原産地の選択を行なうまでになっていったと思われる。

3 黒曜石の流通と文化の動き

　先土器時代に活発であった黒曜石の使用は，約 1 万年前，縄文時代「草創期」にいたって急激な減少をみる。神奈川県寺尾遺跡は，約 2 万数千年前の先土器時代から「草創期」にかけての遺物が層位的に発見されている。「草創期」の 石器としては，槍先形尖頭器をはじめとし，計 1,189 点のまとまった資料が出土している。石材は，先土器時代の石器がほとんど黒曜石製であったのに対し，「草創期」の石器は玄武岩を主な石材として使用しており，黒曜石製のものは細石刃 1 点のみであった。関東地方における 「草創期」の遺跡は，遺跡数が少ないうえに，出土する資料自体の

量も少ない状況にある。しかし，千葉県布佐・余間戸遺跡の全点黒曜石という例を除き，全体的には黒曜石の量が少ない傾向を認めることができる。

縄文時代「草創期」は，石鏃を始めとして，石器の種類や，それまで基本的に受け継がれてきた石器製作の方法自体が大きく変化した時期でもある。先土器時代の黒曜石使用が，石器製作の経験の上に活発化したと考えれば，「草創期」における黒曜石の減少も，このような変化に，一つの原因を持っていた可能性があろう。関東地方で再び黒曜石が多用されるようになってくるのは，縄文時代早期以降になってからであった。

早期から前期にかけて，各遺跡の石器に占める黒曜石の割合は，神奈川，東京，埼玉，千葉県と順次減少しており，これは，遺跡に残される製品以外の資料を含む絶対量とも一致している。原産地から離れるにしたがい黒曜石の石材使用率が少なくなる現象には，二つの原因が考えられる。一つには，原石が集団から集団へとリレー式に運ばれていく過程において，少しずつ分配されていったため，もう一つには，黒曜石による石器製作に熟練していた原産地周辺，つまり供給側の文化に対する受けとめ方にも関係があったものと思われる。

早期前半，撚糸文土器を出土する遺跡には，中部地方を中心とする押型文土器が伴う例が確認されている。いずれの場合も，数片のみが共伴しているという状況であり，両者間には，何か相容れない強固な意識も感じられる。しかし，交流の結果としては，石鏃の製作などに原産地側文化圏の影響が認められている。東京都はけうえ遺跡では，石鏃に占める黒曜石素材の比率が 88% という高い比率を示している。石鏃には，鍬形鏃といわれている抉りの深いものと，抉りのゆるやかなものとが作られており，さらに鍬形鏃のうち数点は中央部に磨研が施されている。この鍬形鏃，および局部磨製鏃の特徴は，中部地方の押型文土器文化にその根源が求められるものである。遺跡には，これらの石鏃を作った際に打ち剝がされたと思われる剝片類も出土しているが，直接，あるいは間接的に原産地側の文化の影響が石器製作に及んでいたことが認められよう。同様な事例は，福島県竹之内貝塚でも認められる。中部系の押型文土器とともに黒曜石製の石器や剝片類がまとまっ

て出土しており，やはり，黒曜石製の鍬形鏃，局部磨製の石鏃が含まれている。また石鏃の主な石材は，遺跡周辺で採集できる流紋岩が多用されているが，この在地の石材によっても数点の鍬形鏃，局部磨製鏃の模倣が行なわれており，非常に興味深い。このように，早期前半の遺跡では，原産地側の押型文土器文化との接触が，黒曜石の供給に何らかの関係をもっていたものと思われ，その度合によって差が求められそうである。

早期後半には，住居址の出現と増加により生活の定着化がみられるようになる。また，同様に，石鏃などの石器の増加も認められ，石器製作の痕跡を示すかのように，黒曜石の石核や剝片が遺構に伴って残されている。

早期初頭から前期にかけて認められた，原産地からの距離に反比例して黒曜石の石材使用率が減少していく傾向は，縄文時代中期になると，大きく変化する。この時期には，全体的に黒曜石の出土量が増加し，各地域の使用率が平均化するという現象がみられる。石器の素材として占める比率は，東京都下では前田耕地遺跡 80%，下野毛遺跡約 90% と引き続き高い比率を占めている。さらに，千葉県下の遺跡では，前期までは多くて30%を若干上まわるぐらいの比率であったが，中期にいたり，中山新田Ⅱ遺跡 41%，新木東台遺跡 74%，蕨立遺跡では石鏃全点が黒曜石製という高い比率を占めるようになり，地域間の格差が消失してしまう。縄文時代中期初頭，五領ヶ台式期の遺跡では，早くから黒曜石製の石器・剝片類が急増するとされてきた[5]。一方，「石なし県」とさえ呼称されている千葉県，下総台地においては，これに続くかのように，やや遅れて阿玉台式期にいたってその使用量が増加してきている。

これらの背景としては，黒曜石の運搬手段の発達，定住集落の確立に伴う交流の活発化があったと思われる。各々の黒曜石の原産地別割合をみてゆくと，神津島系のものが全体の 16% 以上を占めるようになる。千葉県下では，先土器時代の黒曜石が信州系を主体としていたのに対し，縄文中期の多量な石材は，ほとんどが神津島系のものによって占められるようになる。このように，中期における絶対量の増加は，神津島系の進出に大きな原因が求められる。貝塚をはじめとし，縄文人の海への進出と経験の蓄積が，海上交通を促し，比較的身近な神津島の資源を十分に活用できるよ

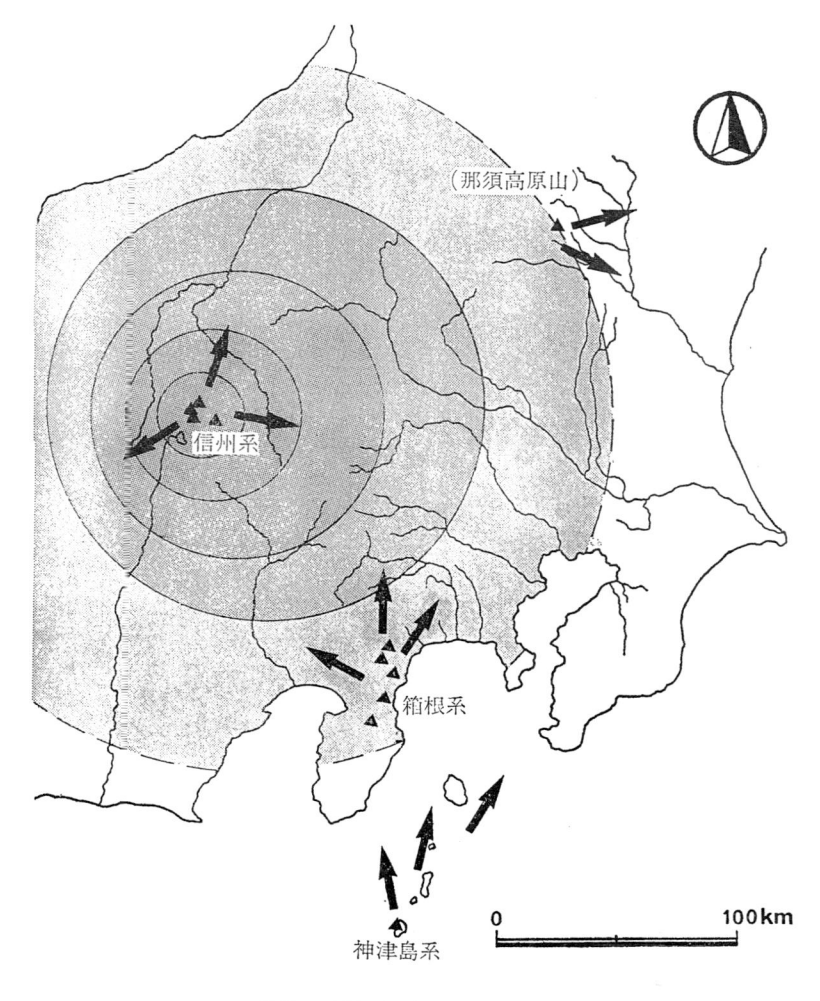

（邪須高原山）

信州系

箱根系

神津島系

0　　　　　　　　100km

黒曜石の原産地と供給率の変化想定図

後期の方が需要が高かったとされており，中期に貯蔵例が増加するという現象は黒曜石の搬出物資としての価値が高まっていたと理解されている[6]。黒曜石貯蔵例を持つ遺跡のあり方をとおして，例えば，前期では長野県阿久遺跡のように，一つのセンター的な大集落を核として流通の場が持たれたことが考えられる。そして，中期にいたっては，全体的に集落の規模が拡大し，定住化の進行とともに，一方では採掘址などの特殊な遺跡を生みながらも，より多くの集落に黒曜石の原石が集積され，人々は，村から村へ活発な往来を繰りひろげていたと思われる。

　物資の流通の活発化は，各集落，あるいは地域の生産物のゆとりによって促されるものであり，その背景としては，生活の基盤となる集落の安定性が支えとなった。消費地側の集落も，黒曜石を多量に出土するようになる五領ヶ台，阿玉台式期には，すでに数軒の住居址より構成される安定した集落が築かれていた。

　黒曜石の活発な活用と集落の発達は，中期後半にいたっても続くが，その全体的な傾向とともに，遺跡間に何らかの差が認められている。東京都下の遺跡では，複数の原産地を同時に利用している例も多いが，大まかな傾向として中部系（曽利式土器など）の文化的な要素を多く含む遺構・遺跡などでは，やはり黒曜石の出土量も多いという傾向がみられる。また，千葉県下の貝塚を伴う大型集落では，高根木戸貝塚 71％，加曽利貝塚 69％という黒曜石の石器用石材としての高い比率を示すが，同様な規模を持つ貝の花貝塚では50％と低く，黒曜石の絶対量からして大きな差がみられている。各々の集落では，生きるための基本的な生産活動に大きな差はなかったと考えられる。このように原産地の限定される物資が，遺跡によって出土のしかたに差を示すのは，物資の調達に

うになったということがいえよう。

　関東西部の人びとは，常に積極的に黒曜石の使用を続けてきた。こうした神津島系の黒曜石の増加をみながらも，箱根系，信州系の石材の入手も怠ってはいない。これは，遠方の原産地との間に，すでに一定の需給・交流の関係が定着していたということを示すものであろう。原産地周辺の遺跡と，消費地側の遺跡における黒曜石のあり方には，両者の密接な関係を見出すことができる。

　原産地周辺，信州方面では，早期後半から黒曜石の原石や，何らかの加工を行なったものを集落内の小穴に貯蔵する例がみられるようになる。このような遺跡は，とくに中期（初頭）になって増加するとともに，原産地露頭付近では，長野県星ヶ塔のように採掘址としての遺跡も確認されている。中部地方では，石鏃をはじめとする黒曜石製の小型石器に対しては，むしろ中期よりも前期，

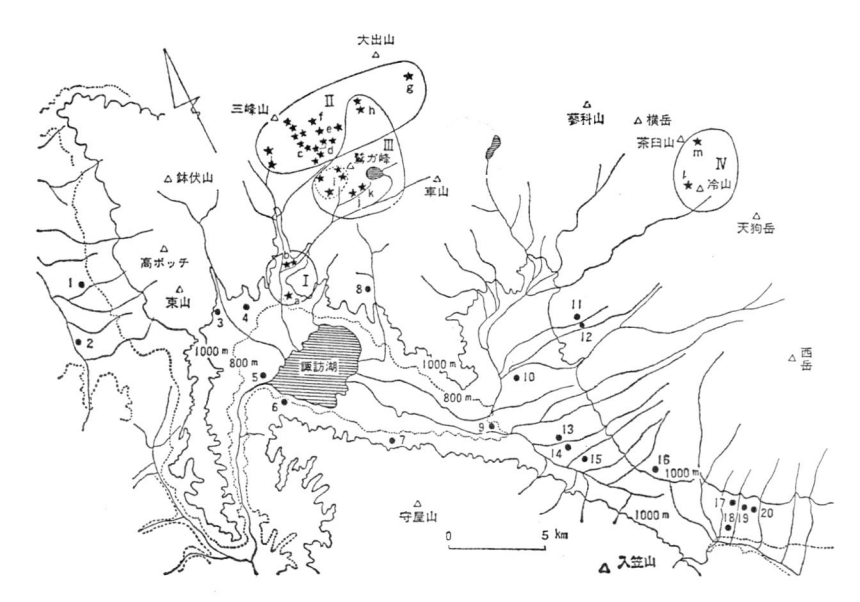

黒曜石貯蔵例をもつ遺跡の分布
（長崎 1984）
1 舅屋敷　2 中島　3 船霊社　4
梨久保　5 海戸　6 上向　7 荒神
山　8 神籠石　9 御社宮司　10 茅
野和田　11 与助尾根　12 尖石
13 阿久　14 居沢尾根　15 大石　16
徳久利　17 九兵衛尾根　18 上ノ
原　19 藤内　20 新道

おける集団間の結びつき，あるいは取り扱う物資の違いによる差を反映している可能性が強い[7]。例えば，現代社会における商品の取引関係，また，野菜市場や魚市場などの多様性が，縄文時代の中でも各々の交換物資の実態に基づいて生まれていったと考えられよう。

4 黒曜石利用の衰退

縄文時代中期における黒曜石の活発な使用は，後・晩期にいたって減少の傾向をたどっていく。

東京都なすな原遺跡では，黒曜石の石器用石材としての比率が 20％，千葉県西広貝塚では 50％ と急激な低下をみせる。このような消費地側の変化と対応するように，原産地側，中部地方でも，黒曜石の貯蔵例が減少するという変化をたどっている。

石器そのものの数量は，石鏃など晩期にいたっては，むしろ増加する傾向をもっているが，ここでは，主体となる石材が，黒曜石からチャートに変換する現象が認められる。中期末には，長野県安庭遺跡で両耳土器に収納されたチャートの原石が発見されているが，こうした例は，後・晩期の埼玉県石神貝塚でも小穴貯蔵の例がみられる。

関東地方における後・晩期（前半）は，関東独自の土器文化を展開させるとともに，次第に東北地方からの文化的な影響を受けていく。こうした中にあって，黒曜石の減少とそれにかわってチャートの増加という現象も認められるようになる。チャートは，その採取が比較的身近なところに求められることもあって，黒曜石が多用されていた時期にも，常に不足分を補完するようなかたちで使用されていた。しかし，後・晩期にいたると，石鏃なども東北地方の文化の影響を受け，赤や青灰色など色彩の多様なチャートを主要石材として，美しい石鏃が多量に製作されるようになっていった。

こうした展開・経過の中に，黒曜石といったような石器の石材の需要と供給，そしてその流通と分布の現象も，縄文時代の社会と文化の様相と深くかかわる問題だということを，改めて理解することができるのである。

註
1) 鈴木正男「黒曜石研究の現状と課題―関東・中部地方の事例を中心に―」考古学ジャーナル，244，1985
   藁科哲男・東村武信「西日本地域の黒曜石研究」考古学ジャーナル，244，1985
2) 坪井正五郎「石器時代人民の交通貿易」東洋学芸雑誌，18―240，1901
   鳥居龍蔵『諏訪史』1，1924
   八幡一郎「先史時代の交易」人類学・先史学講座，2，1938
   八幡一郎「物資の交流」図説日本文化史大系，1，1956
3) 小田静夫「黒曜石」縄文文化の研究，8，1982
4) 春成秀爾「先土器，縄文時代の画期について（1）」考古学研究，22―4，1976
5) 江坂輝彌『先史時代』II，縄文文化，考古学ノート，2，1957
6) 長崎元広「縄文の黒曜石貯蔵例と交易」中部高地の考古学，III，1984
7) 後藤和民「石器，石材研究の目的と意義」縄文時代の石器―その石材の交流に関する研究―，1983

石斧の大量生産

神奈川県立埋蔵文化財センター
■ 鈴 木 次 郎
（すずき・じろう）

縄文中期の大型石斧や打製土掘具は，尾崎遺跡のような特定
集落で大量生産され，石材の得にくい地域に供給されていた

磨製石斧は，縄文時代を通して全国的に広く分布する石器であり，縄文人が森林を切り開き，その資源を積極的に利用していたことを証明する資料といえる。また，土掘具として使われたいわゆる打製石斧（以下打製土掘具という）は，縄文時代前期以降の関東・中部を中心としてさかんに作られた石器で，主に球根類や根茎類などの植物質食糧の採集に（あるいは一部では原始農耕の農具としても）用いられ，縄文人の定住生活を支えた石器として重要な位置を占めていた。

これらの磨製石斧や打製土掘具は，その石材の確保が比較的容易な地域と，逆に困難な地域があることから，従来から地域間の交易が行なわれていたことが予測されていたが，最近の調査例の中に石斧の生産遺跡が存在することが明らかとなり，地域間での石斧の生産と供給という関係が縄文時代にすでに存在することが明らかとなった。

1 石斧の生産遺跡—神奈川県尾崎遺跡の例

尾崎遺跡は，神奈川県西部の西丹沢山中に位置し，酒匂川の上流にのぞむ小段丘上に立地する縄文時代中期の集落遺跡である。丹沢山塊は，新世代第三紀のグリーンタフ造山運動によって形成され，石斧の石材に適する各種の凝灰岩類や，それらが熱変成を受けてできた結晶片岩などが広く分布している。尾崎遺跡の 40m 下を流れる河内川には，これらの石材が河床礫として豊富に転在しており，尾崎遺跡は，磨製石斧や打製石斧の良好な石材のいわば原産地の真只中に立地しているともいえる。

尾崎遺跡は，三保ダムの建設に先だつ 1973・75 年の 2 回にわたって神奈川県教育委員会により発掘調査が行なわれた[1,2]。調査の結果，縄文時代中期の竪穴住居址 35（敷石住居址 5 を含む），配石群 3　土壙 14 などの遺構が発見され，東西約 50m，南北約 70m の規模をもつ環状集落であることが明らかにされた。そして，出土遺物としては，勝坂期～加曽利E期の土器群とともに，石斧

の生産遺跡としてひじょうに特徴的な内容をもつ石器群が発見された。

図1は，尾崎遺跡と神奈川県早川天神森遺跡[3]および東京都貫井南遺跡[4] の石器組成を比較したものである。それぞれ，上段には加工された石器，黒曜石製の剝片・砕片，黒曜石以外の剝片・砕片の数量比を，下段には加工された定形石器の中の器種単位の数量比を示している。各遺跡の石器組成は，それぞれ遺跡の性格の違いを明確に反映している。

早川天神森遺跡は，相模野台地の中央部に位置する縄文時代中期の集落遺跡であるが，相模野台地を開析して流れる目久尻川の東岸に立地し，相模川本流からは東に 4km ほどはなれている。その石器組成をみると，上段では，加工された石器 40% 強に対して剝片・砕片が半数以上を占めている。そしてそのほとんどが黒曜石を石材としており，黒曜石以外の剝片・砕片はわずか 5% とひじょうに少ない。このことは，黒曜石製の剝片・砕片の大半が全長2cm未満とひじょうに小さいことと，黒曜石製の加工された石器が石鏃をはじめ削器・石錐・楔形石器など小さな石器に限られることから，早川天神森遺跡では，石鏃などの小型の石器のみを集落内で生産し，打製土掘具や磨製石斧などはそのほとんどを集落内では生産していなかったことを示すものと理解される。また，下段の器種別の組成では，植物質食糧の採集に用いられる打製土掘具が半数近くを占め，次いで，その植物質食糧の加工・処理に用いられる石皿や磨石類（スタンプ形石器を含む）が合わせて 30% ほどみられる。そして，そのほかの石器は，石鏃 8%，磨製石斧 5% などであり，こうした内容が縄文時代中期の集落遺跡の通常の石器組成といえる。

次に，尾崎遺跡の石器組成をみると，上段では，加工された石器が約 30% と早川天神森遺跡よりやや少ないだけであるが，剝片・砕片の大半が黒曜石以外の凝灰岩類・結晶片岩を石材としている。また，下段の器種別の組成をみると，打製

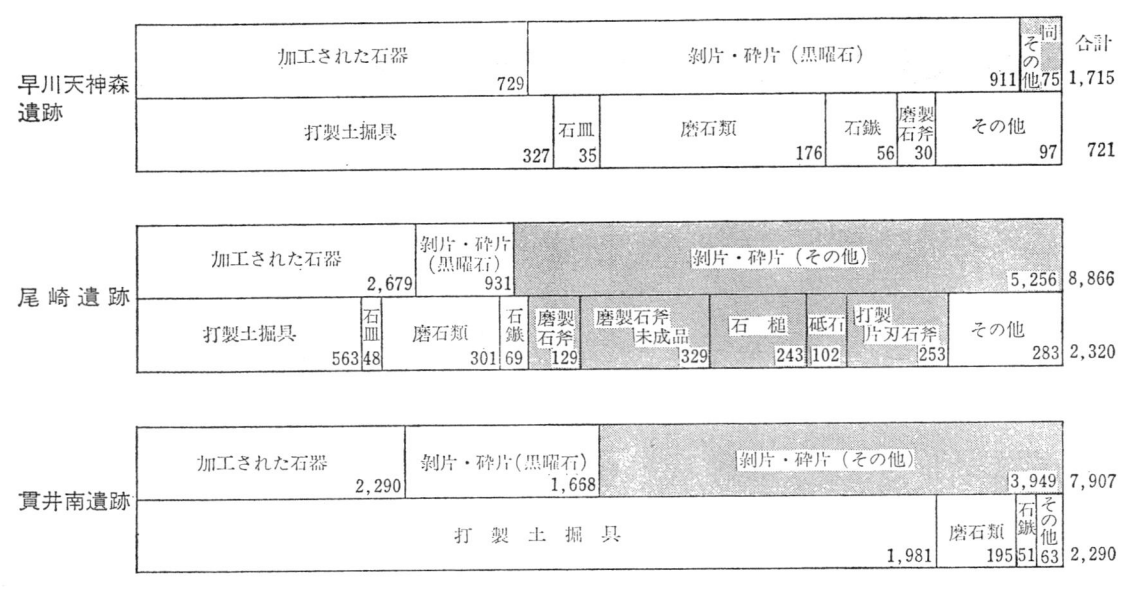

早川天神森遺跡	加工された石器 729			剝片・砕片（黒曜石） 911			同その他 75	合計 1,715
	打製土掘具 327	石皿 35	磨石類 176		石鏃 56	磨製石斧 30	その他 97	721

尾崎遺跡	加工された石器 2,679	剝片・砕片（黒曜石） 931		剝片・砕片（その他） 5,256						8,866
	打製土掘具 563	石皿 48	磨石類 301	石鏃 69	磨製石斧 129	磨製石斧未成品 329	石槌 243	砥石 102	打製片刃石斧 253	その他 283	2,320

貫井南遺跡	加工された石器 2,290	剝片・砕片（黒曜石） 1,668		剝片・砕片（その他） 3,949				7,907
	打製土掘具 1,981					磨石類 195	石鏃 51 その他 63	2,290

図 1　縄文中期集落遺跡の石器組成

土掘具 24%，石皿・磨石類 15%，石鏃 3% と早川天神森遺跡に比較してその割合が著しく少ない。これに対し，磨製石斧，同未成品，石槌，砥石，打製片刃石斧といった他の遺跡ではごく少量かあるいはほとんどみることのできない石器が全石器の約半数を占めている。このことは，凝灰岩類・結晶片岩の剝片・砕片が多量に出土していることとともに，尾崎遺跡が凝灰岩類などを石材とした石斧の生産遺跡であることを端的に示している。なお，黒曜石製の剝片・砕片や打製土掘具，石皿・磨石類，石鏃など通常の集落遺跡に多くみられる石器の割合が少ないことは，それらの石器の絶対数が少ないわけではけっしてなく，もちろん通常の集落遺跡にみられる石器群をもあわせもっているのである。

東京都貫井南遺跡は，武蔵野台地西縁に位置する縄文時代中期の集落遺跡である。遺跡は，野川に面した立川段丘上に立地し，多摩川本流からは北に約 4km はなれている。その石器組成をみると，上段では，加工された石器に比較して剝片・砕片が，中でも黒曜石以外の剝片・砕片が多く，これが全体の半数を占めている。そして，加工された定形石器の中では，唯一打製土掘具だけが極端に多く86%を占めており，そのほかの石器は磨石類8% 強，石鏃2% などがあるにすぎない。このような石器組成は平山橋遺跡[5)]，中山谷遺跡[6)]，貫井遺跡[7)] など多摩川中流域の縄文時代中期の遺跡に共通しており，これらの遺跡では集落の付近で打製土掘具を大量生産していたことが推定される。ここで打製土掘具の製作場所を特定できないのは，その製作にかかわる石槌がほとんど出土していないことと，打製土掘具の数量に比較して剝片・砕片がそれほど多くないことなどによる。

2　磨製石斧の製作工程

尾崎遺跡からは，完成品129点と未成品329点の磨製石斧が出土している。このうち定角式の磨製石斧は完成品の中の 19 点だけであり，110 点の完成品と未成品のすべては，円刃（蛤刃）で断面が楕円形をなす乳棒状石斧である。未成品（図2）は大半が製作途上に破損したものであり，破損品相互が接合して完形品となった石器も 11 例ある。尾崎遺跡では，さらに磨製石斧の製作に使用されたと考えられる石槌（ハンマーストーン）243 点と砥石102 点も出土しており（図3），これらの未成品や石槌，砥石，剝片・砕片などの観察により，磨製石斧は次の4段階の工程をへて生産されていたことが明らかにされた。

第1工程（粗割）
素材には凝灰岩の細長い河原礫を用い，礫の稜など素材の突出した部分を中心に，石槌によって打撃を加えて荒い剝離を行なう。石槌は，磨製石斧よりもさらに硬質の凝灰岩類を石材とし，片手で握れるほどの大きさの球状あるいは円盤状をなしている。

図2 尾崎遺跡出土の磨製石斧未成品（スケールは 10 cm）

第2工程（剝離調整）

同じく石槌によって細部の調整剝離を行なって形を整えるものであり，この段階で石斧の形状がほぼ決定される。これまでの第1・2工程では，大小さまざまな剝片・砕片が多量に生じるが，その一部は打製土掘具の素材として再利用されてい

る。

第3工程（敲打）

次に，同じく石槌によって器面全体に敲打調整を行なっている。この工程は，敲打によって細部の形を整えるとともに，器面全体に小さな凹凸を作ることによって最後の研磨作業の効率をはかったものと思われ，第2工程終了の段階で礫面を残している場合でも敲打調整は必ず行なっている。

第4工程（研磨）

最後に，刃部を中心に砥石を用いて研磨を行なう。乳棒状磨製石斧は，一般に刃部を集中的に研磨しており，刃部以外の胴部・基部に敲打面を広く残している場合が多い。尾崎遺跡から出土した砥石は，第1工程で生じた大型の剝片や加工途上で破損した未成品の断片などを用いたものであり，片手でもつことができるほどの大きさのもので，形は一定せず器面の一部に研磨痕が残されただけのものである。これらの砥石は，その大きさと研磨痕より，石斧の器面を滑らかにする程度の作業に用いられたもので，刃部の本格的な研磨は，石斧を

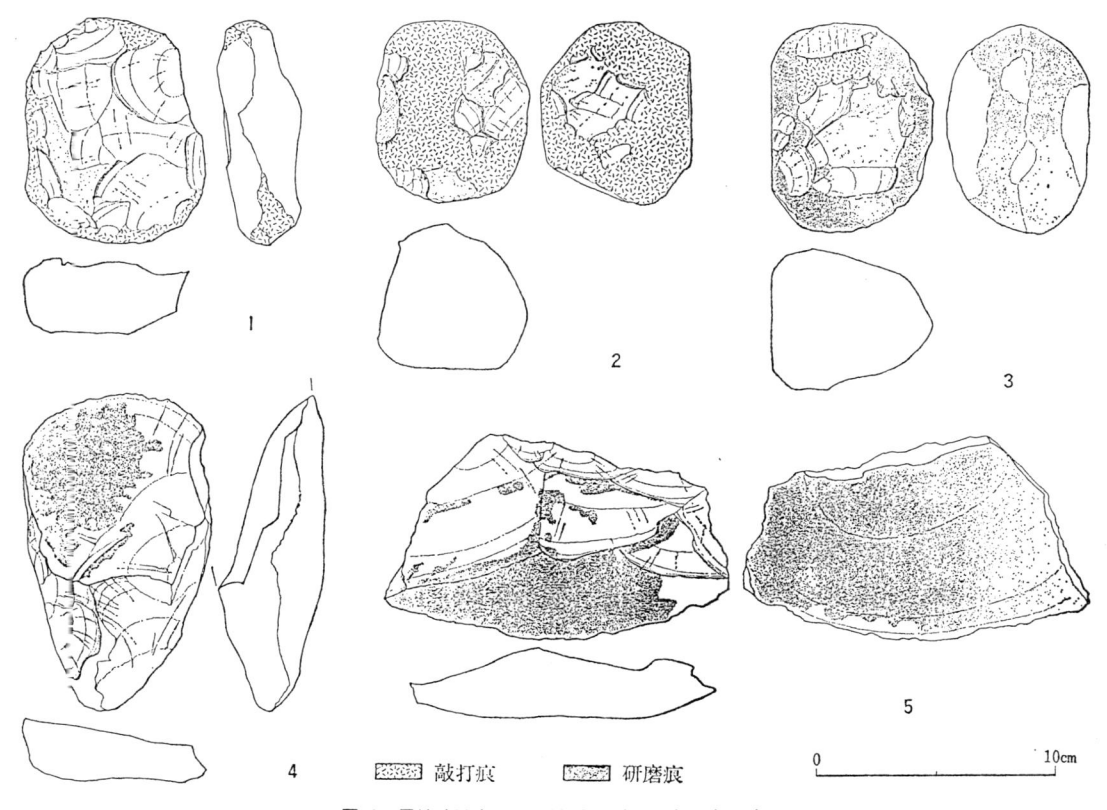

▨▨▨ 敲打痕　▨▨▨ 研磨痕

図3 尾崎遺跡出土の石槌（1〜3）と砥石（4・5）

両手でもって研磨できるほどの大きな砥石と多量の水が必要と思われるため，おそらく石斧を河原にもちこんで作業を行なったものと推定される。

3 打製片刃石斧

尾崎遺跡では，このほか直刃をもつ打製片刃石斧が 253 点出土している。この石器は，末端に礫面を残す剥片を素材とし，両側縁に集中的に調整剥離を施した撥形の石器である。刃部は，主剥離面と 30〜60° で交わる素材末端の礫面をそのまま加工することなしに残して直刃の片刃としている。大きさは，全長 6〜10 cm，最大幅（刃部幅）4〜7 cm，重量 40〜140 g のものが多く，その機能は，形態的特徴と使用痕のあり方より手斧と推定される[8,9]。打製片刃石斧の石材は，一般に磨製石斧の石材よりさらに硬質の凝灰岩類を用いており，両者の石材の違いは肉眼でも容易である。尾崎遺跡からは，黒曜石以外の剥片・砕片が 5,256 点出土しているが，乳棒状磨製石斧に用いられる石材と打製片刃石斧に用いられる石材がほぼ同じ割合で含まれ，打製片刃石斧も乳棒状磨製石斧と同様大量に生産されていたことを示している。

4 石斧の生産と供給

尾崎遺跡では，乳棒状磨製石斧と打製片刃石斧を大量に生産していたことが明らかにされた。このうち乳棒状磨製石斧については，それが縄文中期のごく一般的な石器である反面，一遺跡でこのように多量に出土する例がほとんどないことから，他の集落に供給することを前提として大量生産が行なわれたことは疑いないものと思われる。この場合，当然その供給先が問題となるわけであるが，この点については，尾崎遺跡で生産された磨製石斧の石材である凝灰岩類が丹沢一帯で広く産出するため，他の集落遺跡より出土した磨製石斧の生産地特定はひじょうに困難である。

一方，磨製石斧の生産遺跡としては，近年新たに埼玉県寺坂遺跡が調査され，御荷鉾緑色岩を石材とする多量の乳棒状磨製石斧の未成品をはじめ，石槌や砥石などの出土が報告されている[10]。この寺坂遺跡と尾崎遺跡に共通する立地条件は，それぞれ御荷鉾緑色岩や凝灰岩類といった磨製石斧の適材が遺跡付近の河原に多量に存在することである。このことは，大型石器である石斧が石材産地の集落で生産されて，他の集落に供給されて

いたことを示しており，黒曜石が原石の状態で各集落に持ちこまれ，そこで石鏃などの生産が行なわれていたことと対照的なあり方をしている。

なお，尾崎遺跡で大量生産が行なわれたもう一つの石器である直刃をもつ打製片刃石斧は，やはり乳棒状磨製石斧と同様他の集落に供給されていたことが考えられるが，他の縄文中期の遺跡での出土例がそれほど多くはなく，あるいは磨製石斧の柄などの生産のための工具としておもに尾崎遺跡内で消費する目的で生産されていたことも考えられる。

また，他の集落への供給を前提として大量生産が行なわれていた石器としては，多摩川中流域の縄文中期遺跡の打製土掘具もあげることができる。東京都貫井南遺跡などでは，加工された石器の 80〜90% が打製土掘具で占められ，しかも 1 軒の竪穴住居址から 100 点あるいは 200 点をこえる数量が出土することは，一集落内で消費するにはあまりに多すぎ，やはり他の集落に供給するために大量生産されていたと考えられる。

このように，縄文時代中期の代表的な石器である石斧や打製土掘具は，大型石器であるがゆえに，その適材の産地の特定集落で大量生産され，石材の得にくい地域に広く製品のかたちで供給されていたと考えられる。それらがどこに，どのような形で供給されたかは，今後の研究にかかっている。

註
1) 赤星直忠「神奈川県山北町尾崎遺跡調査概報」『酒匂川文化財総合調査報告書』神奈川県教育委員会，1973
2) 岡本孝之ほか『尾崎遺跡』神奈川県埋蔵文化財調査報告，13，1973
3) 岡本孝之ほか『早川天神森遺跡』神奈川県立埋蔵文化財センター調査報告，2，1983
4) 小田静夫ほか『貫井南』1974
5) 小田静夫ほか『平山橋遺跡』1974
6) 肥留間博ほか『中山谷』小金井市文化財調査報告書，1971
7) 斎藤基生ほか『貫井』小金井市文化財調査報告書，5，1978
8) 鈴木次郎「縄文時代の直刃式片刃打製石斧について」神奈川考古，2，1977
9) 鈴木次郎「打製石斧」縄文文化の研究，7，1983
10) 小林 茂・深田芳行「横瀬村寺坂遺跡の調査」第14回遺跡発掘調査報告会発表要旨，1981

縄文時代の土器製塩と需給

市立市川考古博物館
■ 堀越正行
（ほりこし・まさゆき）

縄文時代の製塩は特殊で異例のものであり，またその交換は
経済的交換ではなく，依然として社会的交換に止まっていた

1 関東地方土器製塩の特色

1959 年，近藤義郎氏は，縄文時代の関東・東北の一部遺跡で製塩土器を摘出し，翌年，製塩遺跡たる茨城県広畑貝塚の発掘調査を実施した。そして 1962 年，近藤氏は縄文時代の土器製塩に関する総括的論文[1] を著わし，縄文時代土器製塩の基礎を確立した。本稿は，その後一定の研究の深化をみた南関東地方を対象とし，与えられた課題について考えていくことをお断わりしておく。

南関東の縄文土器製塩は，近藤氏の当初の考定通り，後期末の安行1式から晩期中葉の安行3c式までの間継続して実施されていたことは，ほとんど確定的である[2]。すなわち，南関東縄文製塩の第1の特色は，時間的限定性である。また製塩遺跡は，霞ケ浦（西浦）南岸の広畑・法堂・前浦遺跡などが中心で，かつての古鬼怒湾の一部に限られている。つまり第2の特色は，空間的限定性である。この特色は，土器製塩を疑問視する論拠であったのだが，むしろ，ここにこそ南関東の縄文時代製塩を解明する糸口があったのである。

南関東の製塩土器の分布[3] は，古鬼怒湾沿岸常総台地 24 遺跡，古鬼怒湾沿岸下総台地 15 遺跡，九十九里沿岸 2 遺跡，奥～現東京湾沿岸下総台地 8 遺跡，大宮台地 9 遺跡，武蔵野台地 2 遺跡，多摩丘陵 2 遺跡で，古鬼怒湾水系の 39 遺跡に対し，奥～現東京湾水系 21 遺跡，九十九里沿岸 2 遺跡とまとめられ，製塩遺跡の存在する古鬼怒湾水系により多くの分布をみせている。この他にも，群馬県桐生市千網谷戸遺跡など，より内陸に位置する遺跡からの出土も報ぜられているが，山地部からの出土はまだ報告されていないらしい。これら製塩土器出土遺跡のほとんどは，その出土量が少なく，消費遺跡として捉えられるものである。問題は低地遺跡で，多量の製塩土器片の散布する遺跡は，塩生産遺跡であった可能性が強い。寺門義範氏の示した図[4] によれば，霞ケ浦南岸と茨城県利根町付近に計 10 個所の低地遺跡が示されている。

2 製塩の目的

「海水が煮つまると塩がえられることをたまたま発見しても，製塩がすぐさま始められるとは限らない。塩を結晶として取りだすことが，生活の中から要求されてきた時はじめて人々は偶然の発見を技術に転化させるものである」から，「この発見を技術として定着させた歴史的（＝社会的）条件」[5] が問題となる。その際，内陸部集団の生理的な塩分の欲求という理由は，製塩活動の時間的限定性からも否定的であるが，骨髄食を伴う動物食が普遍的である以上，縄文人がとくに塩分を渇望していたとは考えられない。

塩そのものが目的でないとすれば，塩による加工品をつくるための手段として製塩が実施されていたことになる。それには，「海浜部の生活技術と生活内容の分析から追求していくのが妥当」[6] である。安行期の生業に関しては，多量の石鏃と獣骨にみる狩猟の活発化，海退の進行に伴う漁撈活動の衰退傾向が指摘されている。しかし，加曽利B期のヤスを多用した漁撈活動は，奥～現東京湾沿岸では，後期安行期にも存続するが，晩期安行期には衰微するのに対し，古鬼怒湾沿岸で

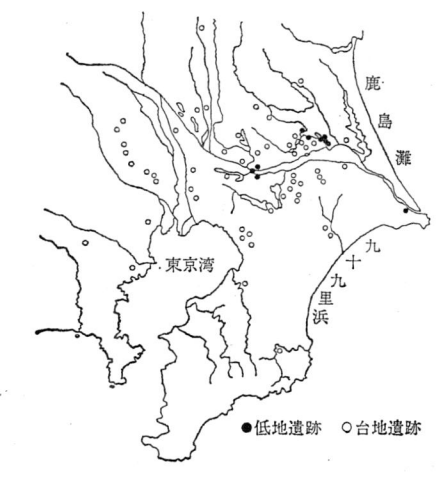

南関東の製塩土器出土遺跡（寺門 1983 原図，一部削除）

は，後期安行期を経て晩期安行期に継続されているのである。つまり，製塩を実施した古鬼怒湾沿岸の一部は，依然として貝や魚といった漁撈活動も盛んに実施していたのであり，この点で，とりわけ晩期安行期の奥〜現東京湾沿岸との懸隔が大きい。

そうであれば，「土器製塩とは，霞ヶ浦沿岸地域で縄紋式後期中葉以来，極度に専業化した漁撈活動を安定せしめようとした，まさに量的必然性によって考案された画期的な生業形態であったと推察される」として，「海産物（特に魚類）の保存，交易運搬用として生産」[7] された可能性が最も強いといえる。

魚や貝などの海産物は，沿岸部から近似環境にない他集団に供給する物資として期待されていたと思われる。しかし，生のままでは時間の経過とともに鮮度が落ち，ついには腐敗してしまうことから，魚貝類の保存加工こそ縄文人の積年の懸案であったことであろう。魚や貝の乾燥品，すなわち干物や干貝は，その一つの保存法として開発されたと考えられるが，土器をもって海水とともに魚や貝などを煮る塩煮[8] の段階を経，土器製塩によって得た塩を用いた魚などの塩蔵品をつくる段階に至ったのであろう。

土器製塩の上限問題から，「所謂『製塩土器』という形態のものはないにしても，加曽利B式期に何等かのそれに代るものが存在したことも考えられなくてはならないであろう」[9] とされた内容があったとすれば，それはこうした塩煮であった可能性が強い。安行1期に製塩という用途に特殊化した土器[10] が出現した前史には，少なくとも加曽利B式粗製土器の一部が，塩煮に使用されたことがあったのであろう。あるいは，特殊化しない土器での製塩がすでに存在していたかもしれないが，「製塩土器の祖形は加曽利B式におけるある種の無文土器のなかに求められる」[11] という意見を深める意味でも，土器製塩成立の過程を明らかにすることが求められよう。

土器製塩を魚と結びつけた鈴木正博氏[12]は，具体的にはスズキ・クロダイなどの名をあげている。製塩集団の漁撈活動の実態は，しかし全く不明のままである。今，より湾奥部に位置するが，近傍で魚種の詳細が明らかな茨城県土浦市上高津貝塚の場合をみるならば，後期全般に及ぶ貝層からは，発掘によって採取された魚類の主体は，ク

ロダイ・スズキであったが，水洗選別法によって得られた魚類は，イワシ類・ウナギ・サヨリ属・マハゼなどの小型魚が高い頻度で出現した[13] という。従来の魚骨の採集法が小型資料に対して有効でなかった点を考慮すれば，これら小型魚の多くも塩蔵の対象となっていた可能性が強い。

さてその塩蔵の効果であるが，それに関しては次のような説明がある。「塩蔵の最大の特徴は，ほとんど設備らしい設備を必要とすることなく，ただちに魚貝類を貯蔵することができることであろう。天日乾燥による貯蔵法にくらべて，短期間のうちに貯蔵効果をあげることができるし，天候の良否に左右されることもない。ただ食塩さえあれば目的を達することができる」[14]。おそらく短期間での貯蔵効果と保存性の向上などが，塩蔵品に認められたのであろう。そこに，あえて土器製塩を行なわしめた，一半の理由が存する。

3　製塩の維持

製塩活動を営んだ集団は，製塩を専業としていたかという点に関しては，大方否定的[15]である。川崎純徳氏の「製塩専業体」なる用語[16]も，その内容は通例の専業とは異なるものである。すなわち，製塩作業は，彼らの多岐に及ぶ活動のうちの1つの特定な生産活動であり，そして季節的な生産活動であったと考えられる。

消耗の激しい製塩土器の多量の製作，大量の海水の運搬，大量の燃料の確保，そして塩蔵品の材料たる魚貝類のより多くの捕獲など，製塩作業や塩蔵品の製作には，多大なるエネルギーが集中的に投入されねば実現困難である。このことは，他集団への供給のための生産に，自集団の多大なエネルギーを投入するという，一見不合理な行動がとられていたことを意味する。それが実現した背景には，そこに様々な種類に及ぶもののやりとりを軸とした親密な集団関係が，安定的かつ継続的に存在しなければならない。何故ならば，そこに予想される交換類型は，＜市場的交換＞ではなく，＜互酬性＞の原理が維持されている＜一般交換＞だからである。

さて安行社会の交易圏に関しては，次のような指摘がある。飯塚博和氏は，広範囲な集団相互の強力な結合に裏づけられた交換ルートの確立と持続という「一大交易圏」の存在を推定し，それは加曽利B式以前とは期を画する意識の違い，段階

を異にする確定的な交換関係，飛躍的な社会関係の発展である[17]と指摘する。また中山修宏氏は，地域的な生業形態の分化＝「共同体」分業の進行から，交通関係ー＜交易圏＞の存在[18]を指摘している。

　残念ながら＜交易圏＞の範囲は両氏とも具体的に述べていない。そこで安行式土器の分布と製塩土器片の分布を絡めて検討してみよう。安行式土器の時間的な分布の変遷に関する鈴木公雄氏の解説[19]を以下に要約する。加曽利B式・安行1式は関東地方全域・東海・東北地方南部にまで進出していたが，安行2式は関東以外の地方への進出はほとんど断片的となり，北関東にも十分な進出をみせていない。続く姥山2式の分布圏はさらに縮小し，茨城県南半・埼玉県東部・千葉県といった南関東東部に限定される。晩期中葉になると，茨城県南半・千葉県を中心とした南関東地方東部は前浦式土器が，埼玉県・東京都・神奈川県といった南関東中・西部には安行3c式土器が，群馬・栃木両県の山麓地帯から茨城県北半にかけては大洞 C_1 式ないし C_2 式が進出し，関東地方は三者鼎立の観がある。このように安行系土器は，時を追って，分布圏の縮小，小地域差の顕現という，内部分裂とさえ思える状態に至るという。

　常南・北総・東武という製塩土器の分布は，姥山2式土器の分布範囲とほぼ一致し，安行3b・c・d式土器分布域への浸透はわずかである。製塩が開始された頃の土器型式の広い分布が，後半に至って狭くなるということは，製塩活動を支えた地域，すなわち塩蔵品の供給圏は，常南・北総・東武（とくに大宮台地）地域であり，次第に結合度を高めていったことが窺える。それは製塩遺跡からみれば近〜中距離圏であり，関東山地など関東平野をとりまく山地以遠の遠距離圏は，社会的な結合の圏外にあったし，安行3b・c・d諸型式の主体的地域圏も同様である。すなわち，塩蔵品の保存性の向上が，時間的には賞味期間の延長を，空間的には運搬距離の伸張を実現させ，流通圏の拡大をもたらしうるにもかかわらず，社会的な結合の度合いが，その拡散を抑制させたと考えられる。

　もとより，常南・北総・東武地域をもってしても，必要な物資がすべて自給できるわけではなく，圏外地域との交流もあったのだが，製塩活動が持続しうるほどに経済的社会体制が安定的に維持されていたことは，十分考慮し，評価されねばならないだろう。

　かつて甲野勇氏は，千葉県江原台や遠部台遺跡の土器，茨城県立木貝塚の土偶，埼玉県真福寺貝塚の耳飾など，特定品目をたくさん製造した集落があった[20]ことを指摘した。製塩とセットになる塩蔵品の製造が他者のための供給のための生産であってみれば，それら塩蔵品供給圏内においてあたかも名産品の如くに他給を意識した生産が他にもあったことは，とりわけ強力な結合が想定されているだけに，十分ありうることである。中山修宏氏のいう地域的な生業形態の分化＝「共同体」分業とは，このことを指すのであろう。そして飯塚博和氏のいう期を画する確定的な交換関係とは，集落相互間の分業関係の確立をいうのであろう。

　縄文時代という採集経済社会において，このような集落相互の生産の特殊化と相互間の分業関係の確立が認められるとすれば，それは特殊で異例なものといえよう。しかしながら，そこにみる特殊化した生産物の中味は，およそ全体的な生産力の向上を促すものではなく，むしろ非生産的なものであったり，非能率な生産物が顕著であった。加えて専業生産は考えられないことから，それは社会的分業とは認められない。要するに，相互に特殊化された特産物生産による地域的分業として捉えられよう。したがって，その交換は経済的交換ではなく，依然として社会的交換に止まるものであった。つまり，特殊特産物生産は経済的行動ではなく，安定した良好な関係の維持という優れて社会的な行動に裏づけられたものであったのである。大量の労働投下によって可能な土器製塩と塩蔵品の製造という非能率な生産は，こうした＜全体＞の一部分として相対化され，期待された特殊な生産の一つとして実在したと考えられる。

4　製塩の終焉

　南関東の土器製塩が，晩期中葉をもって中止され，弥生時代に継承されないという時間的限定性と，量産した製塩遺跡は古鬼怒湾沿岸の一部しか存在しないという空間的限定性は，製塩ー塩蔵品の性格をきわ立たせている。すなわち，塩蔵品それ自体の性格が，生命維持とか主食といった領域に踏み込んだものではなかったこと，つまり，保存食品であり副食物であったことが，何らかの事

由による製造中止を容易なものとしたのである。また，環境に対する＜状況規定＞によって，製塩―塩蔵品製造を実現させたのは，安行期（あんぎょう）に至っても漁撈活動を継承した古鬼怒湾沿岸の一部集団のみであり，太平洋沿岸や東京湾沿岸の集団は，そうした＜状況規定＞を持たなかったか，採らなかったのである。

縄文後期の東京湾沿岸の大型貝塚を干貝の加工生産の場と考えるならば，それは，彼らの＜状況規定＞によって干貝が特産的に生産されたことになる。後藤和民氏は，東京湾沿岸の大型貝塚の消滅を，塩の出現による干貝の交換価値の低下，存在理由の欠如[21]に求めている。しかし，東京湾沿岸の貝塚は，堀之内１期をピークとし，加曽利Ｂ１期を境に貝層形成が不活発になり，貝塚数も急減する傾向がある。つまり，塩の出現よりも前に，貝や魚に対する依存度は大幅に低下していっているのであり，塩の出現が契機とはなっていない。むしろ，東京湾奥部の縄文人は，後期後半以降，海を見限った生活へと転換しつつあったのである。その最大の理由は，海退による水域環境の大幅な変化に求められよう。

これに対し，南関東における縄文時代土器製塩の中止という事態は，どのように説明されるであろうか。飯塚博和氏は，自然の再生産に依拠する段階にあっては，強力な相互の結合による広範な補完関係は，すぐれて緊張した関係であり，自然のそして個々の集団内部の変化に即応しえない，一つが崩壊すればすべてが崩壊するといった関係[22]をそこに想定している。また川崎純徳氏の，極度に専業化しつつあった各集落の生業形態は，自然環境などの激変に対する柔軟性を失ないつつあり，そのルート内に異変が生じた場合に一斉に消滅していく[23]という見解もこれに近い。すなわち，社会情勢の大幅な変質が，従来の地域的分業や社会的交換の体系を維持しえなくなったとする考えである。

問題はその社会情勢の大幅な変質を齎らしたインパクトの中味である。果して，晩期後半の土器や遺物にみる亀ヶ岡系の文化型の波及に由来するのか，それとも東海地方以西の文化型の影響に由来するのかといった外的要因に求められるのか，それとも海退や気候変化などといった自然的要因に求められるのか，あるいは＜全体＞を構成する集落間の亀裂など何らかの内的要因に求められる

のか，さもなくばそれらの複合要因によるものかは，依然として今後の課題として残されている。いずれにせよ，それは伝統的な関東縄文社会の崩壊を意味している。

註
1) 近藤義郎「縄文時代における土器製塩の研究」岡山大学法文学部学術紀要，15，1962
2) 川崎純徳・鈴木正博「関東地方に於ける縄紋式『土器製塩』と物流関係」日本考古学協会昭和52年度総会研究発表要旨，1977
　　ただし，安行3d式期には未見であるが，該期の貝塚には可能性を含んでいるという指摘は，十分可能性がある。
3) 鈴木正博・渡辺裕水「関東地方における所謂縄紋式『土器製塩』に関する小論」常総台地，7，1976
4) 寺門義範「製塩」縄文文化の研究，2，1983
5) 近藤義郎「石器時代の塩つくり」科学朝日，23―3，1963
6) 註3）に同じ
7) 註3）に同じ
8) 間壁葭子「食生活」日本考古学を学ぶ，2，1979
　　近藤義郎「原始・古代」日本塩業大系　原始・古代・中世，1980
　　堀越正行「搬入土器と塩煮」史館，12，1980
9) 金子浩昌・川崎純徳・寺門義範「関東地方の縄文時代製塩の研究とその現状」日本考古学協会昭和47年度大会研究発表要旨，1972
10) 註8）近藤論文に同じ
11) 川崎純徳「縄文時代の生業」茨城県史料考古資料編先土器・縄文時代，1979
12) 註2）に同じ
13) 小宮　孟「土浦市上高津貝塚産出魚貝類の同定と考察」第四紀研究，19―4，1980
14) 須山三千三「魚の塩蔵品」食の科学，6，1972
15) 註8）近藤論文に同じ
　　金子裕之「縄文時代Ⅲ（後期・晩期）」日本の美術，191，1982
16) 川崎純徳「縄文時代における交易の発生史的研究（原論）」常総台地，5，1970
17) 飯塚博和「安行期の社会について」異貌，3，1975
　　同「動的視角としての安行期の位相」異貌，5，1976
18) 中山修宏「＜安行文化＞研究ノート（Ⅰ）」異貌，4，1976
　　同「縄文晩期社理解への一視角」異貌，5，1976
19) 鈴木公雄「関東地方晩期縄文文化の概観」歴史教育，16―4，1968
20) 甲野　勇『縄文土器のはなし』1953
21) 後藤和民「縄文時代における東京湾沿岸の貝塚文化について」房総地方史の研究，1973
22) 註17）に同じ
23) 註11）に同じ

硬玉製大珠の広大な分布圏

埼玉県埋蔵文化財調査事業団
栗 島 義 明
（くりしま・よしあき）

硬玉製大珠は縄文社会の呪術的特質に由来するものであった
が故に，土器分布圏を越え広大な分布を形づくっていった

「沼名川の底なる玉　求めて得まし玉かも　拾ひて得まし玉かも　あたらしき君が老いゆらく惜しも」（『萬葉集』巻十二）と歌われたように，玉は古代人の心をゆさぶる美しさと神秘さを伝える。その玉が作られたのは『萬葉集』の時代をさらにさかのぼる，人類のずっと古い頃からであった。

いまから数千年前，縄文時代の人々にとって，最も貴重な宝の一つは硬玉（ヒスイ）で作られた玉であったと思われる。

その硬玉は以前には日本に原産地がなく，製品として中国大陸からもたらされたものであると考えられていたが，昭和 14 年に新潟県小滝川で硬玉の原石の存在が確認されてから，そこに近い長者ヶ原遺跡[1]，寺地遺跡[2] などが玉作りの遺跡として調査され，縄文時代中期にはじまった硬玉製玉類の製作と，もっとも遠くは九州にまで達するその広い分布（供給）をめぐって，先学による幾多の研究が残されている[3]。

いまそうしたこれまでの研究成果をふまえながら，硬玉製品が作りあげられていく過程を確認し，そうして作られた「宝玉」がどのようにして広い範囲に分布していったかを，縄文時代の社会的・経済的側面から再検討してみたいと思う。

1　硬玉製大珠の製作工程

硬玉製装身具，わけても大珠あるいは鰹節形大珠などともいわれる玉に限定して，その製作工程を見てみよう。

硬玉製大珠のもつ玉としての意義は，いうまでもなく深い神秘的な緑色を呈する硬玉自体の美しさにあることが第一であるが，それとともに長楕円形，とくに鰹節形ともいわれるようなその形状にもあったのであろう。その点がどのように意識されて作り出されたのだろうか。

硬玉製大珠製作の技術上の問題と関連して，すでに多くの研究者が擦切手法について論及している。その根拠として，しばしば伴出する蛇紋岩製の磨製石斧（定角式磨製石斧）に同じ手法がみられ

ること，および同様な手法の痕跡らしい擦痕が，大珠の側面にみられるということがあげられている。しかしその擦痕が果して擦切手法の痕跡という確証はない。なぜならば擦切手法とは本来，同一の原材を分割（とくに縦長で等大の素材に）し，いくつかの相似た形の道具を作り出すことを最大の特徴とするからである。

長楕円形あるいは鰹節形という形状が示すように，大珠が同一の原石を分割して作られたものとは考えにくく，実際に長者ヶ原，寺地両遺跡出土の硬玉原石は拳大のものが圧倒的多数を占め，そこにさらに細かく分割されて複数の大珠の素材を得られるほど大きなものは見受けられない。原石がまだ豊富に得られる段階では，むしろ原石収集の際，製品の形や大きさを予想して，意識的に選択・採集をしていた可能性さえある。

原石の粗加工，形状の修正に当っては，敲打の

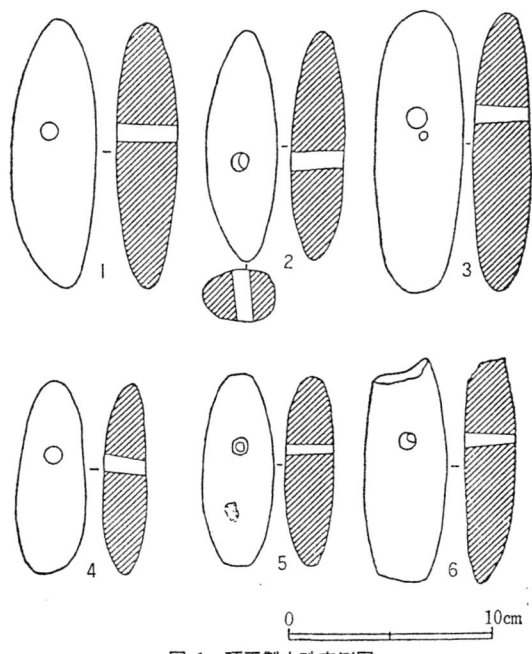

図 1　硬玉製大珠実測図
1：富山県北代　2：神奈川県藤沢市
3：山形県北村山郡　4：茨城県下馬
場　5：長野県上伊那郡　6：東京都
田端

手法が多く用いられた。長者ケ原遺跡などで多量に出土した台石とハンマーは，敲打手法の多用をうらづけ，また硬玉の岩石学上の性質からいって，規則的な剥片剝離が困難であることから，一種の台石技法（両極技法，バイポーラ・テクニック）がもっとも効果的な技法として用いられたものとみられる。

こうして原石がおおよそその大珠の形状に加工された後，研磨が施される。長者ケ原遺跡からは多くの砥石が発掘されており，その中には住居内の一定の場所に常置されて，いつでも，また長い時間をかけて，そこで研磨作業を行なったことをほうふつとさせる状態で遺存した例もある。

ところで，砥石には有溝のものとそうでない平らな面をもつものとがあり，それぞれが大珠の形状や部位に則した研磨に使いわけられていたと思われる。手に持って大珠を磨く磨石と，大型で台のように据えて使う砥石の区別もある。砂岩製の砥石に含まれる石英粒は硬玉を削り，さらに砥石から出た石の粉は研磨の反復作用の過程で，大珠の表面をなめらかにして，硬玉のもつ神秘的な色と光を浮き出させる。砂岩製砥石とともに発見される蛇紋岩製砥石は，研磨の最後の仕上げに用いられたものであろう。

大珠製作の最後の工程は穿孔である。高い硬度を持つ硬玉の穿孔には，高度な技術と長い時間を必要とした。この穿孔は一つの方向からのものが大部分で，穿孔工程の省力化，時間的な効率化のために，両方向から孔を抜くといった，いわば手抜きが認められないことは，縄文人の硬玉に対する特別な想い入れの心情を暗示しているようにも考えられる。こうした穿孔のために，どんな工具が用いられたのかは確証がないが，八幡一郎氏は「管錐」の類，とりわけ鳥の管骨あるいは竹管が，細砂などの媒材とともに用いられたのではないかと推定している[4]。

2 硬玉製大珠の分布とその特徴

一連の製作工程を経て，ごく限られた原石産地の遺跡で製作された硬玉製大珠が，どのように東日本の広範な地域に分布しているかを検討しておきたい。

図2の硬玉製品の分布図を見ると，いくつかの特徴を指摘することができる。

第一に，それは当然のこととともいえるが，硬玉原石の産出地を含む新潟県西南部，富山県東北部を中心に，とくに濃密な分布を示すことが，まず眼につく。

第二に注意されることは，原産地を離れた地域，新潟県中部，長野県の松本・諏訪・伊那盆地，さらにとんで東京都西部，千葉県北部，栃木県那須地方などにかなり濃い分布域があることである。そしてその多くは縄文中期を主として製作され，同じ時期に「流通」した硬玉製大珠であることが注意される。なぜかといえば，上にあげたような硬玉製大珠が濃い分布を示す地域は，いずれも縄文中期の文化がもっとも発達した，いわばその核となるような地域でもあるからである。

かつて硬玉製大珠の分布については，製作地を中心として，同心円的なひろがりに関心がもたれ，その広域な分布圏が注目された。もちろん「交

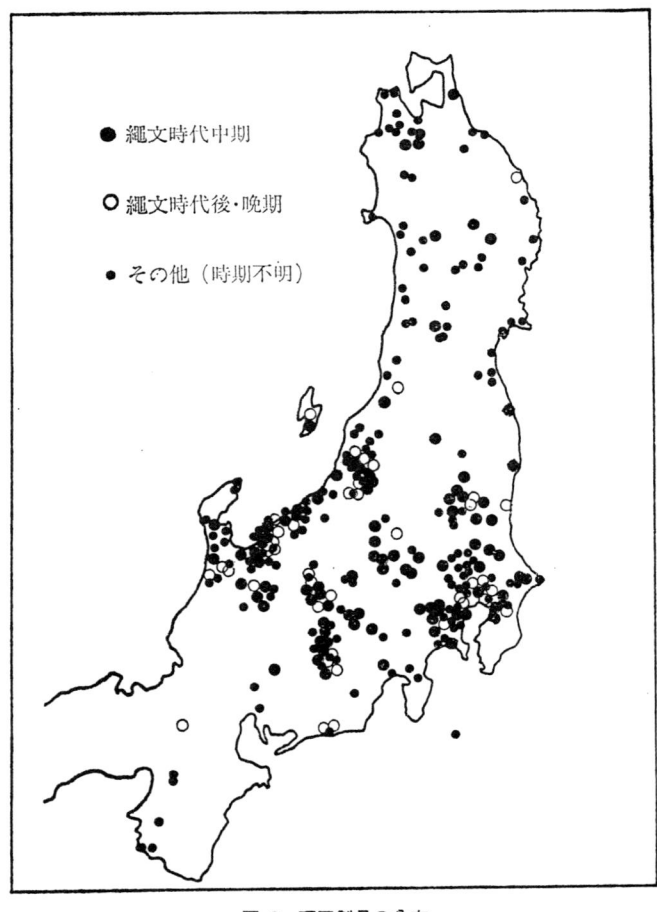

● 縄文時代中期

○ 縄文時代後・晩期

・ その他（時期不明）

図2　硬玉製品の分布

易」・「流通」の手段が未発達な縄文時代では，いわば物理的ともいえる距離の遠近による分布のちがいが生ずるのは当り前のこととして無視はできないが，同時に，いやそれ以上に，そうした一律的な同心円的分布の特徴よりも，むしろ地域的に集中する核的な分布にこそ注意を向けるべきではないかと考える。

このことは糸魚川流域で作られた硬玉製品が，そこから直接に「玉の道」を通って日本列島の各地に運ばれたのではなく，上述のような核地域のどこかに運ばれ，そこから地域内および地域周辺の遺跡に「分配」されたのであろうという推測を可能とする。

そのことに関連して，各地の個別遺跡を扱った文献の中には，そうした可能性を暗示するような記述が散見する。ここでは先にあげた核地域の一つ，長野県諏訪盆地の1つの例が目についたので，例としてあげておく。それは『岡谷市史』上巻の中にある上向（うわむき）遺跡である。それによれば上向遺跡は縄文時代の早い頃から連綿として居住が続く，この地域の中核的な集落である。そして石器の材料，あるいは玉類などの製作に適した石材を産出する古生層の山地を背後にひかえ，しかもその転礫を得やすい河原を控えた場所に立地するという遺跡である。この上向遺跡について『岡谷市史』の執筆者は次のように書いている。

「……縄文時代中期の最も有名な玉作りの遺跡には，硬玉の原産地小滝川の下流にあたる新潟県糸魚川流域の長者ヶ原遺跡がある。そういえば上向遺跡にもそこから運ばれたとみられる硬玉製大珠の発見があり，また縄文時代中期の土器の中には，諏訪地方の同時期の型式の伝統とはかけはなれ，きわめて"馬高式的"（長者ヶ原遺跡をはじめ新潟県で発達した中期の土器の型式）といわれる土器がある」と述べ，さらにここで玉作りがおこなわれ，それだからこそ遠く日本海岸地方から，硬玉製大珠やその地方の土器が運びこまれ，諏訪地方の玉類供給のセンターをなしていたのだという，上向遺跡の特殊な性格を示唆している[5]。

東日本の硬玉製大珠の分布の核地域には，そこで玉を作ったかどうかは別にしても，上向遺跡のような玉類の「分配」の中心をなす集落が存在したのではないだろうか。

3 硬玉製大珠はどんな意味をもったか

硬玉製大珠はその出現と同時に広範にわたる分布圏をもった。こうしたいわば急激な「流通」の背景には，それなりの必然性があり，それが分布する核地域，あるいは実際に存在した遺跡（集落）には，大珠を必要とする理由があったとみなければならない。

ところで遠く各地に「分配」された大珠は，それぞれの場所でどのように扱われ，どんな役割を果したのであろうか。いくつかの類例に当ってみることにしよう。

静岡県蜆塚貝塚（縄文後期）では墓壙の中に，埋葬人骨の副葬品として大珠が発見された[6]。その出土状況からみて，熟年男子の胸の部分に飾られていたことが察せられる（図3）。この貝塚からは他にも多くの埋葬人骨が発見されているが，大珠を副葬した例は本例のみで，大珠がすべての人に等しく所有されていたものでないことは明らかである。したがって大珠をもった人骨は生前，蜆塚集落の中で特別な社会的地位を有した人であったことが推察される。蜆塚以外の東日本各地で類例のある墓壙と思われる特定の土壙からの大珠出土例は，大部分がその被葬者の社会的な特別の地位の表徴であったろう。

東京都田端遺跡[7]の配石址出土例，あるいは栃木県馬頭高校遺跡[8]，長野県新切遺跡[9]，東京都恋ヶ窪遺跡[10]などにおける特定の住居址出土例も，

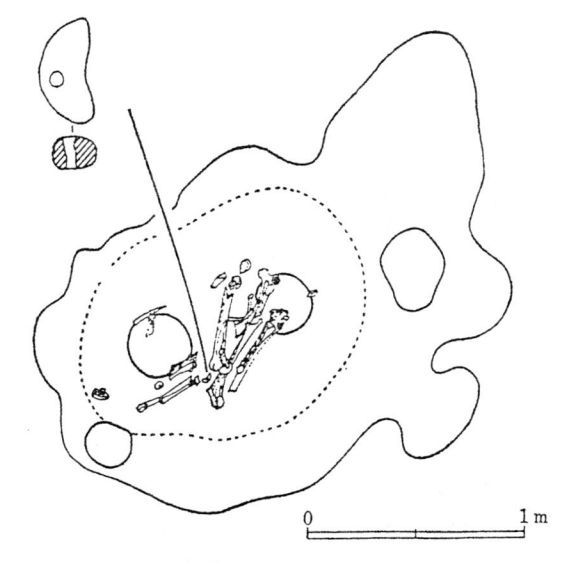

図3　蜆塚貝塚の埋葬人骨および大珠

特定個人の社会的地位あるいは役割との関連で考えるべきかも知れない。

　おそらく個人のレベルでは決して入手することのできなかったであろう大珠は，それがもたらされた集落の中で，個人の単なる装身具といった枠を越えた，一種の「権威」をもち，そしてその「権威」のよってくるところは，縄文社会における呪術の施行者としての「権威」を与えるものであったという想像はむずかしくない。しかし大珠の副葬品への転化は，大珠が伝世されるものでないことを暗示し，たとえ大珠を持つ者が呪術的権威を有していたとはいえ，その誇示が世襲的なものでなかったところに，縄文社会の特徴がある。

4　硬玉製大珠の製作と流通の社会的基盤

　今日の人類学の研究成果は，狩猟・採集社会が，おしなべて低生産性と恒常的飢餓の状態であったという観方が偏見であることを教えてくれる[11]。それによれば多くの未開の種族では，一日平均4〜5時間の実質労働によって，かなりの生産性を確保し，残りの多くの時間を娯楽や遊戯などに費やしているということである。

　多分，それと相似たような経済的基盤に立つ縄文時代の人びとは，土器やその他の生産用具，玉類その他の信仰上・非生産的な器物に，十分な余剰労働と時間を費やして，きわめて念入りに，精巧に，また多様性をもつものを生み出した。

　硬玉製大珠の製作を支えた，原石の採取→成形→研磨→穿孔といった特殊労働も，上述のような範疇の内で理解されようし，非実用的な大珠の「専業的」ともいえる製作，そしてはるか遠くの，限られた原産地でしか得られない硬玉＝ヒスイへの慾望も，ある程度の豊かさをもった縄文時代中期の経済基盤に支えられてこそ許されたのであろう。恵まれた自然環境に調和して生きていた縄文人にとっては，生産と消費は同一の地平にあり，消費を上まわる生産は不必要であって，また同時に自然の調和を損う生産は避けるべきことであった。縄文人が望むことは，安定した自然の恵みが絶えないことであり，底のない神秘な深さをたたえた硬玉の色は，彼らに彼らの願いをたくすに足る光と感じられたものにちがいない。

　硬玉製大珠の製作と，その製品を求める労働と情熱は，上のような縄文人のイデオロギー，とりわけ生産と生活の安定を願う間接的な労働志向を

示す，縄文社会の呪術的特質に由来するものであろう。それ故に土器の分布圏の範囲を超越し，自然の生態圏や経済活動などで示される「文化圏」を無視して，硬玉製大珠は東日本全域にわたる，きわめて広大な分布圏を形づくったのである。

　註
1)　藤田亮策・清水潤三『長者ヶ原』糸魚川市教育委員会，1964
2)　青木重孝・寺村光晴『寺地硬玉遺跡―第1次〜第4次調査概報』青梅町教育委員会，1969〜1973
3)　例えば，主だったものとして次の文献があげられる。
　　樋口清之「日本の硬玉問題」上代文化，18，1948
　　江坂輝彌「所謂硬玉製大珠について」銅鐸，13，1957
　　内藤　晃「硬玉文化論」考古学研究，6―3，1959
　　寺村光晴「硬玉製大珠論」上代文化，35，1965
　　安藤文一「翡翠」縄文文化の研究，8，1982
4)　八幡一郎「先史時代の交易―硬玉と軟玉―」人類学・先史学講座，2・3・5，1938
5)　戸沢充則「原始・古代の岡谷」『岡谷市史』第1巻，1973
6)　内藤　晃「特殊遺物の概述」『蜆塚遺跡』浜松市教育委員会，1957
7)　浅川利一ほか『東京都町田市田端遺跡調査概報』町田市教育委員会，1969
8)　註3)江坂報文
9)　長野県教育委員会『昭和48年度長野県中央道埋蔵文化財包蔵地発掘調査報告書―下伊那郡高森町地内（その2）』1973
10)　恋ヶ窪遺跡調査会『恋ヶ窪遺跡調査報告』I，国分寺市教育委員会，1979
11)　Richard b. lee and Irven devore : MAN THE HUNTER, Aldine Publishing Company, 1968

アスファルトの流通と東北の地域圏

東京都教育委員会
■ 安孫子昭二
（あびこ・しょうじ）

縄文時代の膠着材として特異な物資であったアスファルトは
東北地方の土器文化圏のちがいに関係なく広く瞻炙していた

1 アスファルトの使用とその変遷

　東北地方，とくに日本海側の地帯には天然アスファルトの産出地がいくつかある。縄文時代に珍重された特産物資として，東北各地を中心に広く流通した。それは石油鉱床地帯（新潟―青森）に自然産出する原油の揮発成分がとんで残った不揮発成分が濃縮され，酸化重合などを経て半固体化したものである。

　産出地は日本海側に限られているから，太平洋岸の貝塚地帯などで，漁撈用の骨角製刺突具（モリヤヤス）などに膠着材として多用されているアスファルトは，脊梁山脈を越えて運ばれてきた交換物資なのである。

　縄文時代にアスファルトは何に用いられたのであろうか。その効能性からみても終始一貫して重用されているのは石鏃であり，根挟みに着装されたままに出土した宮城県中沢目貝塚の例から，内陸部でも同様の着装法であったことが窺われる。石鏃はまた，後期後半以降，貝塚地帯では骨角製の離頭銛の先端にとりつけられて海獣やマグロなどの捕獲用とされたが，ここでもアスファルトを膠着材としている。

　石鏃と並んで類例の多いのは石匕であり，そのつまみ部の挟入の周囲に付着痕が顕著である。何故ここにアスファルトが必要なのか疑問であったが，宮城県山王遺跡で紐つきの石匕が出土するにおよび氷解した[1]。それは，石匕のつまみ部を親指と中指で固定して獲物を解体しようとする際に，その油脂などの滑り止め用として紐の存在はより効果的だったのである。

　中期末にアスファルトは表日本の貝塚地帯にもたらされ，骨角製漁撈具の，ヤスやモリの基部の膠着用とされた。その後，後期の後葉になって組合せ式釣針，離頭銛などが極度に発達するが，それらの漁撈具にアスファルトは様々な形で用いられて，亀ケ岡文化を特徴づける多彩な漁撈具の形成に役立った。

　なお，楠本政助氏は，骨角製漁撈具にかくまでアスファルトが重用されたのも，その膠着性とともに，熱に溶けやすい性状を利用すれば，骨角製漁撈具の取り外しが容易であり，用具の取り換えや補修が可能なことをあげている[2]。

　以上のような，第一次生産用具に用いられたケースを，アスファルトの第一義的な用途とすれば，第二義的な用途としては，注口土器の注口部や土偶などの剥脱部の接着・補修に用いた例をあげることができる。

　注口土器は後期に入ってから盛行し，亀ケ岡式土器に継承されるが，注口部が別つくりであるため剥脱しやすい。その剥脱部にアスファルト付着痕をしばしば見かけるが，あるいは補修されてそのままいまに残されている事例も，案外多いのではないだろうか。また，東北北半の十腰内式や亀ケ岡式に伴う土偶の，頭部や手足あるいは乳房の剥脱部補修も目立つ。岩手県大迫町の立石遺跡や小田遺跡に事例が多い。

　この他に，土偶の眼や装身具の象嵌の補強にもアスファルトは用いられたし，新潟県新発田市村尻遺跡には，有孔球状土製品の孔に付着が認められたという（田中耕作氏教示）。該土製品の用途に関しては従来諸説あった。小島俊彰氏は，主軸になる孔に棒を通し，回転運動させた紡錘車の弾み車を想定した[3]が，本例は棒状具をアスファルトで固定した痕跡であり，その想定をうらづける。

　さらに，第三義的な用途として，亀ケ岡文化の中頃に開始されたとされる籃胎漆器をあげておきたい。籃胎漆器とアスファルトの関係については，先に，清水潤三氏による『亀ケ岡遺蹟』の分析だけを取り上げたが[4]，むしろ，小林行雄氏の髹漆[5]を引くべきであった。それによれば，籃胎漆器はすでに杉山寿栄男氏の『日本原始工芸史』

43

原始編（1942）で，「籠や土器の下地にアスファルトを薄く塗ってその上に漆を施し……」と，化学分析の結果を加味して紹介されている。

この籃胎漆器は，是川，亀ヶ岡の泥炭層をはじめ沼津貝塚のように，遺存状態の恵まれた条件下に確認されてきたが，おそらく高台にある一般の遺跡，とくに拠点的な集落では必ずや保有されたことであろう。1個の籃胎漆器に塗布されて消費されるアスファルトの分量は，石鏃に費やされる何十倍いや何百倍に相当しよう。また，アスファルトと併合される漆もまた高度な特殊製法によるだけに，籃胎漆器の存在自体が極めて奢侈品であった訳である。

2　土器の分布にみる東北の地域圏

東北地方は南北に縦走する奥羽脊梁山脈によって，太平洋斜面の地域と日本海斜面の地域に大きく二分される。古代から中世にかけての版図では，後者に当る現在の山形・秋田両県が出羽国であり，前者を主とした残りの福島から青森までが，陸奥国といわれた。

しかし縄文時代には，列島を横断するように秋田・盛岡・宮古あたりを結ぶ，北緯40度の線を境にして，地域圏は南北に二分されていた。すなわち北半は円筒系土器文化圏，南半は大木系土器文化圏である。この縄文中期を典型とする東北地方の南北二大地域圏の分立は，縄文時代全体を通じてほぼ維持されていたのである。

このことについて明瞭に指摘したのは富樫泰時氏である。氏は，「円筒土器分布圏が意味するもの」という論文で，この地域に特徴的な分布を示す幾つかの要素，すなわち，①縄文早期のトランシェ様石器，②中期末から後期前葉の青龍刀形石器，③後期十腰内式土器の分布，④晩期亀ヶ岡文化に見られる西北頭位の埋葬，⑤縄文時代以降における縄文文化およびアイヌ語の分布の南限，などを検討し，結論として，円筒系土器の分布範囲には古い時代から，この地域に住んでいた人達の強い文化の伝統をもった，大集団の領域があったことを浮彫りにしたのである[6]。

東北地方一円を地域圏とすると一般に見られている，縄文晩期の亀ヶ岡系土器についても，南北の差が認められる。この点については林謙作氏が注口土器の器形のちがい，および文様の施文法やモチーフの用い方の相違などから言及[7]していい

る。筆者もそれに加えて，後期末〜晩期前半の土器型式の分析と対比から，それぞれ南北の差を指摘したことがある[8]。

大局的にみれば，上記のような亀ヶ岡系土器にみられる南北の差は，それ以前の「円筒系土器集団」と「大木系土器集団」の伝統を，それぞれの地域圏の中でひきついだものといってよい。

3　アスファルト産出地と地域圏

東北地方の縄文時代に欠かせない物資として，きわめて特徴的に利用されているアスファルトは，土器の分布に示される南北の地域圏のちがいに関係なく分布し，そして後世の東北を東西にわける奥羽脊梁山脈などの枠や障碍をこえて盛んに各地に流通した。

そうしたアスファルトの原産地と，東北地方の地域圏の関連性について，以下，具体的な資料を追って記述してみよう。

（1）　円筒系土器地域圏の産地―槻木

秋田県南秋田郡昭和町豊川槻木が，アスファルト採掘地であったことは，明治38年の藤森峯三氏による採訪[9]，その後の武藤一郎氏による調査[10]によって次第に明らかとなった。武藤氏が地元の広田萬治老からの聞き書きとして記録しているところによれば，明治40年頃の当地では，雪融けから田植の頃まで，毎日2〜300人もの人夫を使ってアスファルト採掘するまで企業化されていたらしい。その際に，俗にいう鬼殻焼（円筒上層式土器？）が出土したことから，少なくとも縄文中期後葉には，この地からアスファルトが採掘されて，周辺地域へと供給されたと考えられた。

そこで，秋田県下のアスファルト付着遺物の分布事例を探索すると，最も早いのは，男鹿半島船川港の真上にある大畑台遺跡[11]であり，ここからは中期初頭・円筒上層a式の住居跡からアスファルト塊が出土している。槻木から大畑台遺跡までは半島沿いに20kmほどで，いかにも産地直送の観がある。同時期の例は，津軽半島の突端で北海道を指呼の間にする中の平遺跡の石鏃の多くにある[12]。槻木からの距離約140km，中間地に同時期の分布が埋まれば申し分ないが，調査遺跡の事例が乏しいためかはっきりしない。それが中期も半ば以降になると，秋田県下は勿論，青森・岩手県下にも類例が急増する。このたびの聞き込みによると，北海道へも，少なくとも中期末にはもた

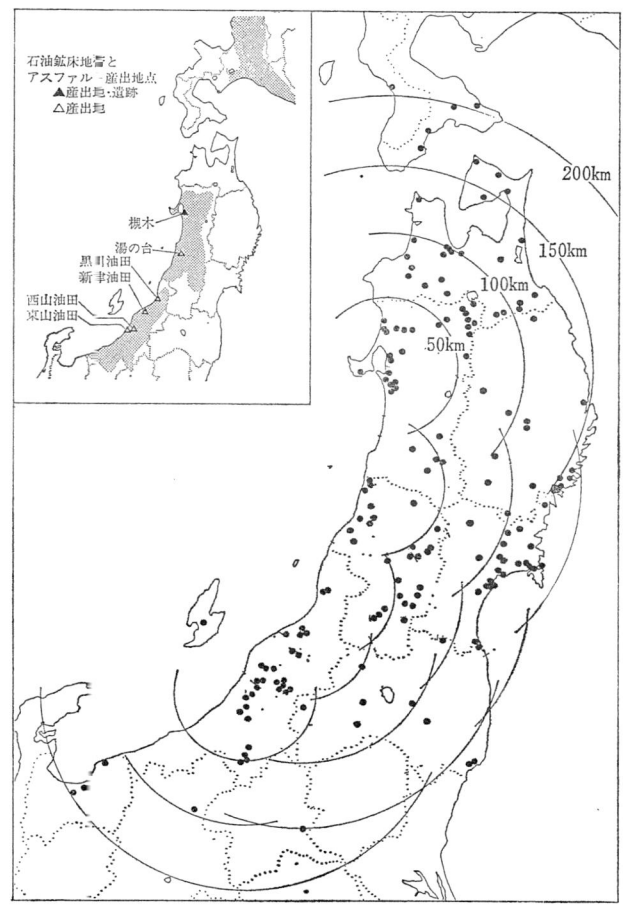

石油鉱床地層と
アスファル ‐産出地点
▲産出地・遺跡
△産出地

槻木
湯ノ台
黒川油田
新津油田
西山油田
東山油田

200km
150km
100km
50km

アスファルト付着遺物の分布

らされていることが判明した（小笠原忠彦氏教示）。

このように，秋田市郊外の槻木原産と考えられるアスファルトは，中期初頭に初めてその効能（主に石鏃の矢ばさみ膠着用）が認識され，北への指向，すなわち円筒土器圏に波及していったものと考えられる。そして，中期も後半になるとさらに膾炙し，北海道へも渡島したようである。後期になるとその需要度はさらに高まり，石鏃などの膠着材としてだけではなく，多目的に使われていく。このための採掘と供給量の安定を確保した，需給形態が確立していったものである。

（2）　大木系土器地域圏の産地—湯ノ台

鳥海山西麓に当る山形県飽海郡八幡町湯ノ台は，享保14（1729）年に，庄内藩士渋谷六兵衛により草津油田として開発され，今日に至っている。この近辺には，神矢田遺跡や神矢道などのアスファルトをふんだんに使用している遺跡がある。湯ノ台からだと北への搬出は，日本海に突き出るような鳥海山の山容が障害になるが，あるいは海沿いに迂回して秋田県下にももたらされ，槻木産ア

スファルトと共用されたかもしれない。

湯ノ台産アスファルトを使用した山形県内の最も早い例は，東方 60km にある最上郡最上町水木田遺跡の，中期前葉・大木 7b 式期の石鏃である。不確実なところでは立川町早坂台遺跡（前期大木 5 式）の石槍，遊佐町吹浦遺跡の石鏃（大木 6 式か？）があるが，これが事実とすれば，アスファルトの使用は山形側の方が早かったことになるが，はっきりしない。

水木田遺跡は脊梁山脈の西麓にある中期前葉の拠点集落であり，陸羽東線沿いの北羽前街道を通じて宮城県側へも送り出された可能性もあろう。一方，山形県内の内陸部ではこれより遅れ，大木 8a 式以降になって事例が増している。

太平洋岸の貝塚地帯で，骨角製漁撈具にアスファルトが使用されるのは中期終末からのようであり，宮城県南境貝塚，岩手県門前貝塚に事例がある。アスファルト産出地との関係を，とくに距離を重視した場合，前者は湯ノ台であろうが，後者は槻木か湯ノ台か微妙である。門前貝塚からの直線距離は湯ノ台の方が幾分近いが，槻木の豊富な産出も考慮しなければならない。また，需給の交易ルートも岩手県内の類例の増加をまたなければならないが報告書にその記載がないためはっきりしない。

（3）　新潟県のアスファルト産地

新潟県下には南北約 150km にわたって，西山・東山・新津・黒川の各油帯があり，"くそうず"に関わる草生津・臭生水・臭水油・臭水・草水・久佐宇津などのあて字あるいは地名が残されている[13]。このくそうずは，田や崖あるいは腐沢とよばれる沢などに自然湧出する原油に由来する名称であり，古く，天智天皇7（668）年に越国から燃土，燃水が発見されて献じられたという，『日本書紀』27 巻の記載がある。このように，歴史的な由来では山形・秋田よりもかなり古いが，縄文時代のアスファルト使用時期は両県下よりも遅れ，後期初頭三十稲葉式期になって開始されたようである。

当時の人々は山野をくまなく駆け巡り，それ故に，くそうずの存在を知らなかったはずもなかろうから，中期の段階にはアスファルトに関する北からの情報が何故か入手されなかったらしい。た

45

表　アスファルトの用途と活用の変遷

地域 ＼ 時期		中期 前	中期 後	後期 前	後期 後	晩期	弥生	用途・産地
用途	第一義						-----	第一次生産用具の固着
	第二義		---					破損の補修など
	第三義				---			奢侈品
東北北半（円筒）						---		秋田県昭和町槻木
東北南半（大木）		---				---		山形県八幡町湯の台
新潟（三十・稲葉）								新潟県西山町ほか

だそれとても日本海沿いには東北と越前・越後の相互交流がかなり活況を呈していたことは，能登半島にある真脇遺跡の円筒式土器や秋田県出土の北陸系土器[14]など，いろいろな遺物のあり方からも知られるところである。

後期初頭になってアスファルトの活用がはじまると，それはたちまち県下一円に普及し，後期後半から晩期にいたってさらに多用されるようになる。先の資料収集の時点では，新潟県下の情勢が福島県下へはあまり反映されていず，類例の増加が望まれていた。それがこのたびの収集により，只見から会津さらに郡山，いわきへと，かなり類例を追加した。とくに，郡山市四十内遺跡（後期後半～晩期）では，全石鏃の3.2%にあたる79点もにアスファルトの付着が認められたという[15]。四十内遺跡の後期後半土器は，いわき市寺脇貝塚の土器に共通性がつよく，それだけに寺脇貝塚にもたらされたアスファルトも，新潟―会津―郡山―いわきというルートが想定される。新潟から会津方面へは阿賀野川ルートを最優先とし，只見への峠道（八十里・六十里）が考えられるという（堀金靖氏教示）。

4　縄文文化におけるアスファルトの利用

これまでざっと見てきたように，アスファルトの使用は中期に入って開始されたが，それは主に石鏃を矢挟みに固定することにあった。この段階ではアスファルトは，爪に火をともすが如く大事に使われた。中期終末になると，太平洋岸の貝塚地帯で漁撈用の銛や錯の柄との膠着材として採り入れられ，その後の漁撈活動の発展につながった。また後期には注口土器や土偶の剥脱の補修などに，その効能を利用した多目的な使用が加わるようになる。そして遂には，晩期には奢侈品とし

ての籃胎漆器にいきつく様が観取されるのである（表参照）。そのアスファルトの使用も弥生時代になると衰微する。

そして，そこにいたる過程には，当初のアスファルトの発見から採取あるいは採掘，需要および供給という形態および供給ルートの確立，供給ルートにおける見返り物資など，いろいろの問題が内包されている。とくに，その分布が産地のある日本海側に限らず，太平洋側の貝塚地帯で骨角製漁撈具に多用されたことの意味合いや，籃胎漆器という高度で特殊な製法から考えられる専業的な工人集団のことなど，アスファルトという物資を媒体として，縄文時代の生業や社会構造に迫りうる可能性もある。しかし，これらの具体的な研究となると，いま漸く緒についたばかりであり，今後に課せられた部分の方がずっと大きいのである。

註

1)　楠本政助「先史」『矢本町史』1, 1973
2)　楠本政助「縄文時代における骨角製刺突具の機能と構造」東北考古学の諸問題, 1976
3)　小島俊彰「有孔球状土製品」縄文文化の研究, 9, 1983
4)　安孫子昭二「アスファルト」縄文文化の研究, 8, 1982
5)　小林行雄『古代の技術』塙書房, 1962
6)　富樫泰時「円筒土器文布圏が意味するもの」北奥古代文化, 6, 1974
7)　林　謙作「亀ヶ岡文化論」東北考古学の諸問題, 1976
8)　安孫子昭二「コブ付土器様式から亀ヶ岡土器様式への変遷過程」考古風土記, 5, 1980
9)　藤森峯三「秋田県下に於て土瀝青と共に発見されたる化石及び土器」東京人類学会雑誌, 234, 1905
10)　武藤一郎「土瀝青層内の石器時代遺物」秋田考古会会誌, 1—5, 1926
11)　磯村朝次郎ほか『大畑台遺跡発掘調査報告書』日本鉱業株式会社船川製油所
12)　鈴木克彦ほか『中の平遺跡発掘調査報告書』青森県教育委員会, 1974
13)　山口賢俊ほか『越後のくそうず』新潟県教育委員会, 1976
14)　富樫泰時「秋田県における北陸系の土器について」本荘市史研究, 4, 1984
　　山田芳和ほか『真脇遺跡（発掘調査概報）』能都町教育委員会, 1984
15)　鈴木雄三ほか『河内下郷遺跡群Ⅳ』郡山市教育委員会, 1984

縄文土器の交流

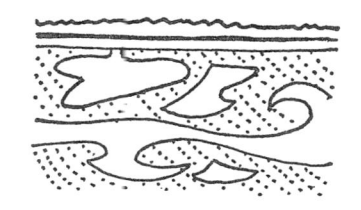

地域をこえて交流する土器・土偶や，粘土・土器が持ち運ばれる例がある。なぜ土器が運ばれるのか，ものの交流の背景をさぐる

木の葉文浅鉢形土器の行方／持ち運ばれる土器／土器の原料土の移入は行なわれたか／同じ顔の土偶

木の葉文浅鉢形土器の行方 ■
―土器の交換形態の一様相―

明治大学大学院
小杉　康
（こすぎ・やすし）

諸磯式土器圏と北白川下層II式土器圏双方に存在する木の葉文浅鉢形土器は同一カテゴリー内の交換財として認められる

考古学資料について，ある地域からその土地（遺跡）に搬入された器物，あるいはそれを模倣して，その土地で作られた模倣品の存在することは古くから注目され，考古学の研究の中では，異なる地域間の時間的な関係を知る一つの鍵になる資料として重要視された。

縄文土器の中には隣接する，あるいはかなりはなれた地域から持ち込まれた土器（搬入土器と呼んでおく）がある。その存在により搬入側と搬出側との間で，土器を媒介とした何らかの交換活動があったことが知られる。だがその交換がいかなる形態（狭義の交易や婚姻給付，戦いなど）をとっていたかは，直ちに答えることはできない。本稿では搬入土器を「交換財」としてとらえることから出発し，それが交換された背景を考える手がかりとしたい[1]。

1　木の葉文浅鉢形土器とはなにか

縄文時代前期後半の関東から中部地方には，広範囲にかつ安定した状態で，諸磯式土器圏が展開している。一方，中国・近畿から中部地方西部には北白川下層II式土器圏が拡がっている。両土器型式圏における土器型式群の併行関係は，おおむね表1に示す通りである。

この両土器型式圏の間で交換財としてとらえられる特徴的な土器に，諸磯式土器圏で作られた第n種木の葉文浅鉢と仮称する土器と，北白川下層II式土器圏でそれを模倣製作した第n種木の葉文浅鉢とがある（以下，記述の簡略化のため前者をn土器，後者をn′土器と略記する）。n土器は図1にみられるように，最近テレビの映像でときどきお目にかかる「UFO」のある種のものに似た特異な形態をした浅鉢で，木の葉文と仮に名づけた文様で飾られるものが多い。無文のものもあるが同じ分類に含めて「第n種木の葉文浅鉢形土器」と一括して扱っておく。

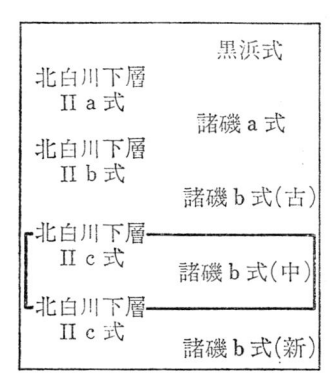

北白川下層II a 式	黒浜式
北白川下層II b 式	諸磯 a 式
北白川下層II c 式	諸磯 b 式（古）
北白川下層II c 式	諸磯 b 式（中）
北白川下層II c 式	諸磯 b 式（新）

表1　諸磯式・北白川下層II 式群の併行関係

木の葉文とは紡錘形をした木の葉の形のデザインを主調とし，その間に三角形や半円形を組み込んだ文様のことである。そのプロトタイプは諸磯 a 式土器前半の特徴的な文様である「肋骨文」から変化したもので，

浅鉢や深鉢の文様として用いられる。そして諸磯b式の古段階になると深鉢には，木の葉文の一亜型から変化した「蕨手文」が用いられる機会が多くなるが，浅鉢では依然として木の葉文が文様の主流であった。さらに諸磯b式の中段階になると，深鉢の文様は粘土紐の貼り付けによる「渦巻文」に替わり，木の葉文は浅鉢だけに限られるようになる。またこの段階の浅鉢には無文の例も増えてくるが，これらの多くは黒あるいは赤漆によって，同じような木の葉文が描かれていたと思われる。

いまここで扱うn土器は，木の葉文が浅鉢にだけ残存するようになった，諸磯b式の中段階に作られるようになったものである。

2 木の葉文浅鉢形土器の特殊性

巨視的にみれば，一つの土器型式圏内の土器のすべては，各器種ごとに同一歩調で同一方向に型式変化を遂げる。これは同じ土器型式圏内には，土器製作に関する情報の恒常的な交換システムが確保されていたことに他ならない。このことは逆にいえば，このシステムが他の土器型式圏には開かれていなかったということを意味する。

関東・中部の諸磯式土器圏でも，また中国・近畿・中部西の北白川下層Ⅱ式土器圏でも上記の例外ではないが，両土器型式圏の間には一つの共通な変化の流れも指摘できる。それは爪形文充塡平行沈線文（「連続爪形文」などといわれることもある。諸磯a式〜同b式古，北白川下層Ⅱb式）から粘土紐の貼付（諸磯b式中・新，北白川下層Ⅱc式）へ，そして半截竹管の押し引きによる刺突を加えた粘土紐の貼付（諸磯c式〜十三菩提式，北白川下層Ⅲ式〜大歳山式）への変遷である。

そのような両土器型式圏の関係をふまえながら，まず諸磯式土器圏におけるn土器のあり方を，出土状況の上で興味深い2例について注目したい。

埼玉県東光寺裏遺跡7号住居址では，n土器が深鉢形土器とともに，床面に近く倒立した状態で出土した[2]（図1―1）。そしてn土器に接して住居址北東隅寄りには焼土が認められた。こうした出土状態にこの住居址の覆土の堆積状況を考慮するならば，この住居が廃絶される時に，ある種の「廃屋儀礼」が行なわれた可能性がある[3]。

長野県丸山遺跡では，長径2m弱の2基の土壙のうち2号土壙からはn土器（図1―6）と河原石，17号土壙からは大小2個のn土器（図1―7・8）が出土している[4]。他の土壙の性格や関係を考えると，ここで一種の「葬送儀礼」が行なわれたと思われる。

以上の例のように，浅鉢形土器が儀礼の場面で使用されるのは，すでに諸磯a式の段階からであるが，その傾向が一段と強まったのは，木の葉文が浅鉢形土器にのみ用いられるようになる諸磯b式の中段階にいたってのことである。またこの段階に北白川下層Ⅱ式土器圏に搬出される土器は，この問題のn土器に限られ，深鉢形土器が交換財として登場することはほとんどなくなる（岐阜県向畑遺跡や同県峰一合遺跡などの例）。

これらのことを総合すると，諸磯b式の中段階

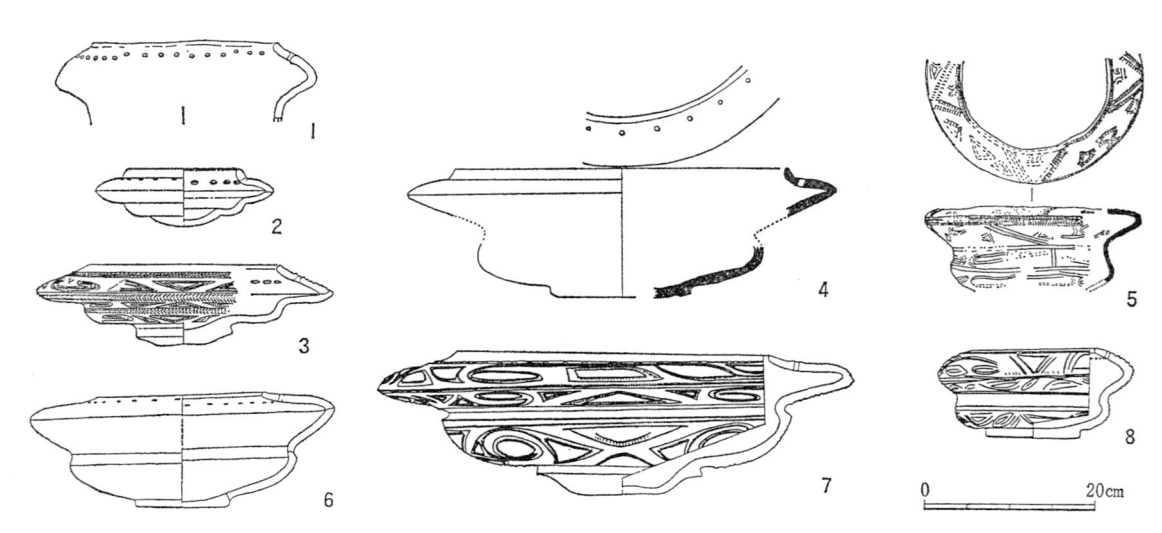

図1　第n種木の葉文浅鉢形土器（n 土器）（1〜4，6〜8）と模倣製作された土器（n′ 土器）（5）

のn土器は，日常の食物の煮炊きや貯蔵などに用いられた深鉢形土器（「生存財」という概念でくくれる）とは対照的な，シンボリックな意味，非日常的な目的をもった器物（「威信財」という概念で表現できる）としての性格が与えられていたものと考えられる。

3 搬入された木の葉文浅鉢形土器

北白川下層II式土器圏へ搬入されたn土器は，在地で製作された土器一般と何ら変わることなく，破片として包含層から出土する例が多い（福井県鳥浜貝塚，京都府北白川小倉町遺跡など）。こうした中で，岐阜県糠塚遺跡1号住居址出土の2個のn土器は，先の東光寺裏7号住居址例と共通する「廃屋儀礼」の実施を彷彿させる出土状態であった[5]。

大形のn土器（図1—3）は住居址中央の炉址の上に半分重なって正位で出土し，小形のn土器（図1—2）はその北側の焼土の固まりの上に半分重なり，底を上にした倒立の状態で出土した。そしてこの二つの土器は多量の炭混じりの黒褐色土に完全に覆われていた。

搬入されたn土器が負わされたもう一つの大きな役割に，それがもっぱら模倣製作の対象となったということである。とくに北白川下層IIc式段階の模倣製作は浅鉢に限られるようになる。これは諸磯b式の中段階に深鉢が交換財からはずされるという事実と対応している。このことは北白川下層II式土器の製作者が，諸磯式土器を模倣製作する時の情報を，搬入された諸磯式土器そのものから得ていたことを暗示している。

さて上述のような特別の取り扱いを受ける搬入されたn土器は，搬入した側の北白川下層II式土器圏においても，搬出した製作地域と同様，シンボリックで非日常的な性格をもっていたこと（威信財）が十分にうかがえる。

4 模倣された木の葉文浅鉢形土器

搬入されたn土器から模倣されたn′土器のほとんどは赤色塗布されたものであり，そこには火にかけられた痕跡は残されていない（鳥浜貝塚例など）。しかしその出土状況は他の器種の土器と同様に破片となって，包含層から出土することが最も多い。その中で北白川下層II式土器圏の最東端に位置する遺跡の一つである長野県崩越遺跡8

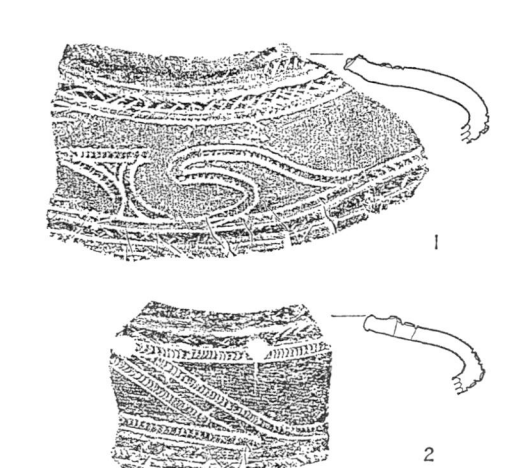

図2 諸磯式土器圏に搬入された n′ 土器
（1：長野県十二ノ后，2：同県机原，縮尺 2/5）

号住居址でのn′土器の出土状況は注目に値する。

この住居址の木炭や焼土，骨片などが含まれる覆土からは，他の器種の土器の大形破片とともに，n′土器（図1—5）と，搬入されたn土器（図1—4）とが伴って出土している[6]。このことはn土器はもとより，n′土器も「廃屋儀礼」といった場面で特殊な扱われ方をしていたことを示している。

また諸磯式土器圏の中にも少なからず発見されるn′土器（図2）は，交換財としても卓越していたようである[7]。

器物には先に触れたように，日常的な直接の生活用品である生存財と，そうでない非日常的な特殊な意味を負わされた威信財との二つのカテゴリーがあるとすると，諸磯式土器圏でのn土器がそうであったように，北白川下層II式土器圏におけるn′土器も，この二つのカテゴリーのうちの後者に相当するであろう。そしてこのことに，諸磯式土器圏から搬出されたn土器が，北白川下層II式土器圏で模倣され（n′土器），再び諸磯式土器圏に搬入されたという，いわば「里帰り」をしたということを考慮するならば，両土器型式圏の間での交換の場面でn土器とn′土器とは，同一カテゴリー内の交換財として，直接的な互換関係にあった可能性がきわめて高いものと考えられる。

5 土器型式圏の間の交換システム

以上説明してきたようなn土器とn′土器との性格，およびその交換にまつわる行為を時間の経過の中で整理すると次のようになる。

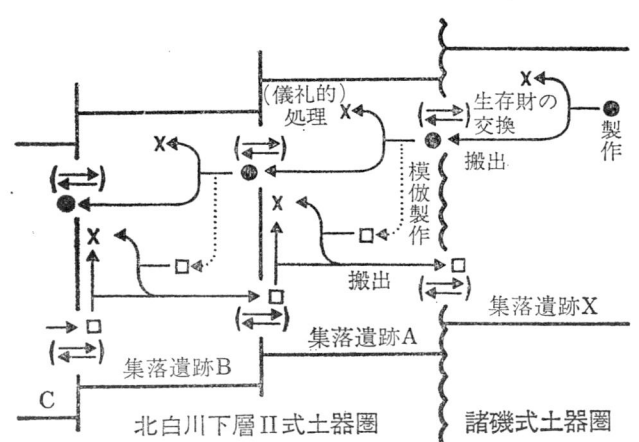

図3 全体的交換システム（●：ｎ土器，□：ｎ′土器）

＜諸磯式土器圏＞

① ｎ土器の製作

② ｎ土器の儀礼的処理

②′ ｎ土器の北白川下層Ⅱ式土器圏への搬出

＜北白川下層Ⅱ式土器圏＞

③ ｎ土器の諸磯式土器圏からの搬入

④ 搬入したｎ土器の儀礼的処理

④′ ｎ土器の模倣製作（ｎ′土器の製作）

⑤ ｎ′土器の儀礼的処理

⑤′ ｎ′土器の諸磯式土器圏への搬出

＜諸磯式土器圏＞

⑥ ｎ′土器の北白川下層Ⅱ式土器圏からの搬入

この一連の行為の中心をなすものが，②′―③，⑤′―⑥の土器の搬出・搬入の場面，すなわち威信財としての土器を媒介とする交換である。

さてここで交換を行なう当事者を土器型式圏といった漠然としたものから，個々の遺跡のレベルに移してみよう。土器型式圏の間のこの交換によって，それぞれの圏内に取り込まれたｎ土器およびｎ′土器は，さらに遺跡間のバケツリレー式の交換でつぎつぎと運ばれ，やがてある遺跡で処理されて一生を終ることになる。例えばｎ土器の一つは北白川下層Ⅱ式土器圏をはるか岡山県津雲貝塚まで運ばれている[8]。一見こうした土器の動きは，ｎ土器とｎ′土器との向い合う二方向的流れであるが，実際には搬入・搬出と模倣製作とが組み合わされた結果，両土器型式圏の間に絶えることのないｎ土器＝ｎ′土器の循環的流れが形成されていたことになる。

諸磯ｂ式中段階―北白川下層Ⅱｃ式段階の両土器型式圏の間で，また個々の遺跡の間で，威信財

としての土器を媒介とする交換を契機として，種々の生存財の交換が行なわれるという，両土器型式圏の全域におよぶ全体的交換システムが形成されていたのである（図3）。そして前者の交換が儀礼的な交換であると同時に，交換を行なう当事者の間のパートナー関係がそれによって友好的かつ安定的に保たれたこと，また後者の交換が経済的な交換であったことも十分に予測しうるのである。

本稿にはじめ与えられたテーマは，土器の型式変化はどのようにしておこるか，その変化の要因として隣接する土器型式圏，あるいは併行する土器型式群の間に行なわれたであろう，例えば土器文様などの交換・影響を明らかにして，縄文土器の型式変化の背景にある人や物の交流の内容を考えるというものであった。その点ではそうした課題に応えることはできなかったが，土器が動くその背景が何であったのかをある程度描いたということで責をふさぎたいと思う。

註

1) 搬入土器と模倣土器とをどのように認識するかなどについては，拙稿「物質的事象としての搬出・搬入，模倣製作」（駿台史学，60，1984）にその概要を書いた。

2) 横川好富ほか『上越新幹線埋蔵文化財発掘調査報告Ⅳ　伊勢塚・東光寺裏』埼玉県教育委員会，1980

3) 「廃屋儀礼」とは，住居の廃絶および廃屋に関する儀礼一般を指す。なお具体的な復原例としては，黒浜式期の茨城県原町西貝塚で試みたことがある。拙稿「住居址に関する問題―住まいの一生―」（原町西貝塚発掘調査報告書，古河市史編さん委員会，1985）

4) 高橋桂ほか『牟礼村丸山遺跡発掘調査報告書』長野県牟礼村教育委員会，1978

5) 大江命ほか『糠塚遺跡発掘調査報告書』岐阜県高山市教育委員会，1982

6) 神村透ほか『崩越遺跡』長野県王滝村教育委員会，1982

7) 図2―2机原遺跡の資料は，武藤雄六氏のご好意により報告書刊行以前に利用させていただいた。

8) 清野謙次ほか『備中津雲貝塚発掘報告，肥後轟貝塚発掘報告』京都帝国大学，1920

持ち運ばれる土器

—「切断壺形土器」の移動と地域間交流—

明治大学大学院
阿部芳郎
（あべ・よしろう）

縄文後期に東北から関東地方に分布する「切断壺形土器」は
いくつかの土器型式分布圏を包括しつつ分布を拡げていった

特定の土器がその型式の主な分布圏を遠く越えて移動する状況は，縄文時代において多くの事例をあげることができる。

縄文土器の型式学的研究のなかで異なった型式の土器の共存は，地域間における型式の年代的な対応を検証する現象として重視されるが，そうした縄文土器の移動の背景には，具体的にどのような社会の構造が反映しているのであろうか。

縄文土器の型式変化は，同じ地域内で系統的で連続的に推移する場合と，他地域の異なった型式の波及によって変化をひきおこす場合とが考えられるが，隣接して分布圏を形成する型式間において少なからず影響関係を示すのは，縄文時代においては，むしろ一般的な現象のようである。また，一つの遺跡の多くの土器の中に他地域の型式の土器が少数ながらも混在するという現象は，縄文時代においては特異な例ではない。

このような地域間にみられる土器の搬入と搬出の関係を成立させる要因は，物の流通を介して縄文時代社会の構造を解釈する際の重要な問題となろう。

同一の型式としてとりまとめられる土器そのものの製作者は，特定の工人集団がいなかったであろう縄文時代においては，自給的に土器製作を行なっていた一集落の構成員であった。そうだとするならば，それらの集団の移動の軌跡が一つの土器型式の分布圏を形成する基本的な原理の一つとなろう。しかし縄文時代の各期においてとらえられる土器型式の分布圏は，集団の移動の範囲をはるかに越えた広さと密度を示すようである。

土器型式の連続性や系統的な変化は，分布圏の形成にあたって，複数の集団が土器製作に関する共通の伝統をもってかかわっていたことを予測させる。そしてこれらの地域内では，活発な文物の交流と人間の移動が恒常的に行なわれていたものとみることができる。

このような形成原理をもつ縄文土器の型式分布圏を，遠く隔てた地域にまで持ち運ばれた土器の背後には，どのようなかたちで各地の集団がかかわりをもったのであろうか。ここでは，東日本を中心とした縄文後期前葉段階における型式群の動態を視野に入れて，広域に分布を拡げるある特定な土器のあり方に注目してみることにする。

1 土器型式の構造と動態

遠隔地域におよぶ土器の搬出と搬入の関係を明確に理解するためには，両地域間の型式の連続と年代的な対応を明らかにしておく必要があるし，また搬出の対象となった特定な土器が一つの型式を構成する他の土器と，どのような関係にあるのかということをまず明確にしておかねばならない。

一つの土器型式としてとりまとめられるいくつかの形態や文様をもつ土器群は，それぞれの器種ごとの系列的な変化の軸をもつ。またそれぞれの器種の土器には前型式の伝統的な要素とその変化の過程が，器種間の共通要素として保有されている場合が多い。ここでは，両者を型式構造のタテとヨコの関係として概要を示し，それらの中で土器の搬出・搬入の現象を解釈していくことにする。

東日本における縄文後期型式群は，東北地方では大木10式の系統上に仙台湾周辺を中心に門前Ⅰ式，そして浜通りを中心に綱取Ⅰ式が，それぞれ地域色をもって年代的な対応を示す型式として成立する。東北北半では，門前Ⅰ式と近い系統関係を有する他の型式が存在するようである。一方，北陸地方北半では，三十稲場式が成立する。また関東地方では，東北，北陸地方のこうした状況にほぼ対応して，縄文中期の加曽利EⅣ式に後続する称名寺Ⅰ式が成立するが，そこには西日本の中津系土器群の影響がみられ，錯綜した系統関係を示している[1]。

このような後期初頭の型式を基盤にして，関東地方に堀之内Ⅰ式の新段階が成立する年代に，仙

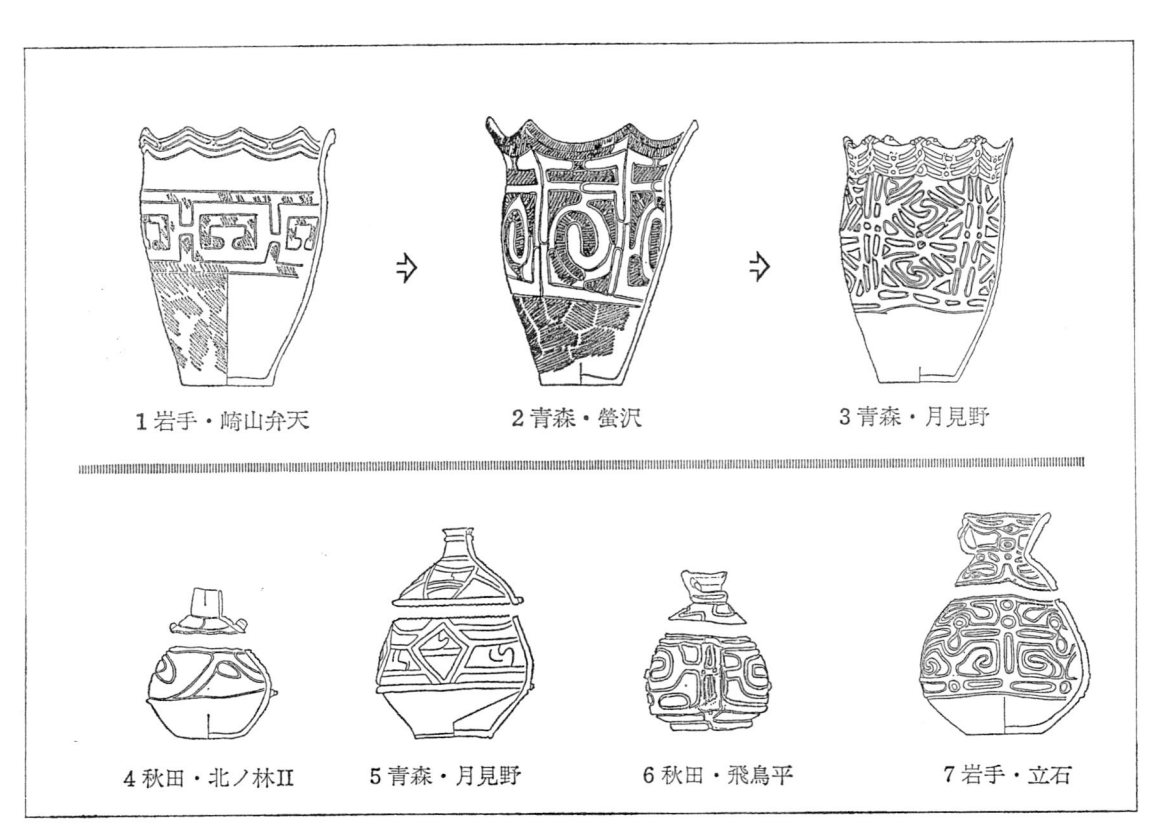

図 1　東北北半における「切断壺形土器」の変遷（縮尺：1〜3÷1/12　4〜6÷1/6　7÷1/8，原図に加筆補正）

1 岩手・崎山弁天　　**2** 青森・螢沢　　**3** 青森・月見野

4 秋田・北ノ林II　　**5** 青森・月見野　　**6** 秋田・飛鳥平　　**7** 岩手・立石

台湾周辺では宮戸Ｉｂ式が，そして浜通り周辺で綱取Ｉ式の新段階の型式がそれぞれ前段階にひきつづいて出現する。北陸北半では，南三十稲場式とされた一群の土器がこれに対応するだろう。この段階で東北北半では螢沢式が成立し，十腰内Ｉ式の母胎となる。浅鉢や大・小の壺形土器など，いままであまり多くなかった器種を卓越させる十腰内Ｉ式の要素は，螢沢式に系譜をたどることができる。

2　「切断壺形土器」の分類と編年

螢沢式の器種構成のなかでもとくに他の器種と顕著な差異を示すものに「切断壺形土器」と呼ぶべき土器がある（図 1—4〜7，口絵写真）。

土器製作の際，成形・文様施文段階の直後に，胴部を上下に２分割する特殊な技法と，きわめて小形で赤色塗彩の施されることの多いこの土器は，併行する他の地域の型式群の器種構成中に見い出すことができない。

つぎに，「切断壺形土器」と他の器種との型式学的な対応と，この土器自体の型式学的変化のようすをあとづけておく。十腰内Ｉ式の成立段階まで

での状況には，型式連続の不明解な部分が残る。螢沢式は十腰内Ｉ式に直接的に先行し，系統を同じくする土器群であるが，こまかく見るとその変遷の内容はより多様なようである[2,3]。

この段階の土器の特徴をよく示すモチーフと文様表出技法の変化の様相は，型式学的な変化を明解に示す型式構成要素の一つであるが，ここでは「切断壺形土器」の変遷と対応させてその概要を記しておく。

螢沢式の変遷の中では，モチーフを単線で表出するものと，地文に縄文を施文する技法が特徴となるが，これは宮戸Ｉｂ式の古相の一群の系統を引くものである。これらの要素は，モチーフの発達とともに複線を用いる表出と，充塡縄文技法へと変化していく。年代的に併行する宮戸Ｉｂ式の新しい段階の一群，綱取II式，南三十稲場式および関東地方の堀之内Ｉ式の新段階の一群にも共通する型式構成要素であるが，螢沢式のなかには，この他に縄文を全く使用しない一群がある。

次に型式変化の諸相と「切断壺形土器」の特徴である切断，および接合技法と形態変化などの観察から当該土器の変化の序列を示しておく（図1）。

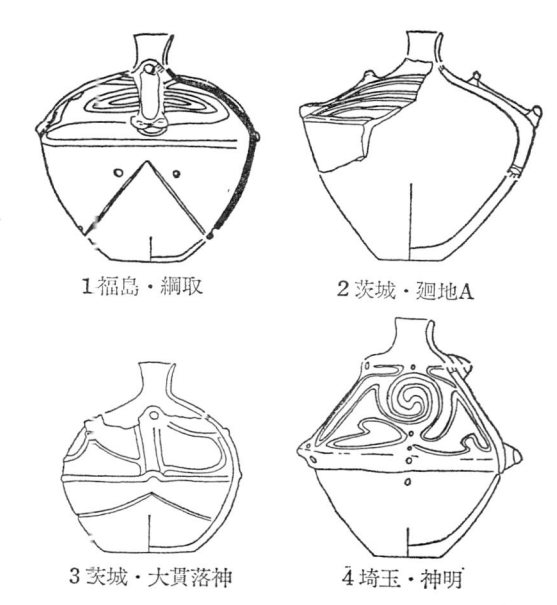

図2 東北南部，関東地方の「切断壺形土器」
（縮尺：約 1/4，原図に加筆補正）

1福島・綱取　　　2茨城・廻地A

3茨城・大貫落神　　4埼玉・神明

蛍沢式の型式分布圏内では，単線で渦巻状の文様を描く秋田県北ノ林Ⅱ遺跡例が，変遷の古段階に位置づけられるであろう。これに後続して複線表出の青森県月見野遺跡例が連続的に継起しているようである。主要モチーフ間にパネル状の区画を発達させた秋田県飛鳥平遺跡例は，より新しい段階の特徴である。さらにパネル状の区画とモチーフの多段化した岩手県立石遺跡例はより後出的な一群の存在を示すようである。これら有文の土器の他に青森県蛍沢遺跡をはじめとしたいくつかの遺跡には，無文のものが存在する。文様要素からの分類では，型式変化の序列のすべてをあとづけることはできないが，切断技法の観察から無文の一群がこれらの序列に加わることは事実であろう。そして蛍沢式の新段階から十腰内Ⅰ式に無文の壺形土器が多く存在することは，無文の「切断壺形土器」が当該系列のより新しい段階に位置づけられることを予測させる根拠となる。

東北地方北半では，「切断壺形土器」に何段階かの型式学的な連続をたどることができるが，これらはおおむね蛍沢式から十腰内Ⅰ式の成立段階までの型式変化に対応している。これらの型式変化の序列と切断・接合技法の対応から，広範に分布をひろげる「切断壺形土器」に目をむけてみよう。

北ノ林Ⅱ—月見野—飛鳥平—立石という序列の中では，北ノ林Ⅱおよび月見野の段階で胴部上半と下半に2個一対の有孔突起が付される。一方，

型式序列の後半段階である飛鳥平，立石では，有孔突起が消失の方向をとって変化し，他方で上半部に1個の把手がつく。飛鳥平は，有孔突起と上半部に把手をもつもので，これらの変化の中間段階に位置づけられることがわかる。切断は最大径部の上半で行なわれ，竹ヒゴあるいは箆状の工具を連続的に突き刺して切り離している。またその多くが接合面を一定にするために刻み痕を残し，とくに切断部に2ヵ所の凸凹部を造り出している。

このようにモチーフと文様表出技法の型式学的な変化から分類された東北北半の縄文後期土器の一群には，伝統的に切断・接合技法の存在したことが理解できる。

綱取式の分布圏である東北南部には，福島県綱取貝塚第4地点の資料がある（図2—1）。胴下半に切断部を用意し，凸凹のかみ合わせ部分が極端に大きい。胴上半に文様が集約され，一対の有孔突起を付し，切断部には6ヵ所の穿孔がみられる。これに近似した例は，茨城県廻地A地点遺跡や同県大貫落神貝塚にある（図2—2・3）。

堀之内Ⅰ式の分布圏にある埼玉県神明貝塚の一例は上・下を分離して成形したもので，水平の接合部に切断痕をもたない。接合は綱取貝塚例と同様に，4ヵ所6孔の穿孔が上・下に対応して行なわれ，また接合部が胴下半部にある点でも共通している。同例の下半部のみが大貫落神貝塚にある。

東北南部から関東地方では，それぞれ綱取Ⅱ式，堀之内Ⅰ式の新段階にこのような土器が出現することから，蛍沢式との年代的な対応を知ることができる。

「切断壺形土器」自体の系列の中では，切断・接合技法に変化をあとづけることができる。蛍沢式の分布圏の中では，切断痕を残すことが特徴の一つである（a類）。蛍沢遺跡の資料には接合部に白色粘土と赤色顔料で目張りを行なった例がある[4]。この他にも赤色顔料の塗布される例が多く，顔料を混ぜた樹脂が膠着剤として用いられた可能性がある。

綱取式の分布圏では，綱取貝塚例のように，かみ合わせの凸凹の大きな切断を行ない，各所に穿孔を行なう技法がある（b類）。また神明貝塚例は上下を分離した成形方法をとり，水平な接合面に紐通しの穿孔を行なう技法があり，堀之内Ⅰ式の分布圏内での当該土器の特色を示している（c

類）。

　「切断壺形土器」の広範にわたる分布には，以上のように型式学的にいくつかの地域差を示すことができる（口絵写真）。これらのことから予測されるのは，b類およびc類としたものが蛍沢式の分布圏から直接的に搬出されたものではないということである。

3　土器搬出の形態と交流

　このような特定な土器の移動の背景となった物流のメカニズムを次に考えてみる。それを予測するためには，移動の対象となった土器のもつ特質のみから直ちに判断することは困難が多い。明解で妥当な予測を立てるには，型式学的な分析を行ない，その結果を予測される交流の原理と体系の中で解釈することが必要である。「切断壺形土器」が，蛍沢式の分布圏内で成立し，いくつかの変遷を編むことは，搬出した地域を予測する重要な根拠となる。そしてこの土器の特徴である切断と接合技法が，a類—b類—c類という変化の序列をとり，各々の技法が各型式圏内で行なわれたことは，この土器が単純な容器あるいはその内容物を交換の対象とした容器として，遠隔地に搬出されたとする予測を否定的なものとする。おそらく隣接する綱取式の分布圏にもたらされた土器は，切断・接合技法などの違いにみられるように，模倣され，そこからさらに遠く堀之内I式の分布圏にもたらされたのであろう。

　「切断壺形土器」の型式変化は，他の器種との対応を示す文様およびその表出技法のほかに，形態変化や有孔突起，把手の変化などがあるが，これらの変化とともに切断技法が対応したかたちで接合技法にも変化を及ぼしている点は注意される。しかし切断・接合の機能を保持しながら，隣接型式の分布圏内に持ち運ばれている状況はこの土器が切断と接合に象徴される特別な機能をもった器物として集団間に伝達されたことを示すものといえる。

　いくつかの型式分布圏を包括して分布を拡げる「切断壺形土器」は，隣接する異なった土器型式の分布圏に順次搬出され，本来的な機能を逸脱しない範囲での型式変化を伴いながら，各々の地域で模倣されるという搬出形態をとる。

　各地において一見特異にみえる土器をもって，特異なるが故にそれが直接生産地から搬入された

土器であるという予測をすることには慎重でなければならない。それらの型式学的な変化のありさまや，他の器種との系統関係は，土器を介した集団間の交流の複雑な実態を暗示しているのである。

　各地にみられる特定な異系統の土器の模倣は，その土器自体のもつ象徴的な機能が厳格に守られて，集団間に伝達・受容されている場合が多いようである。後期前葉段階における「切断壺形土器」という特定な土器を介した地域間交流の形態は，当該期のいかなる社会構造に原因をもっているのか，その具体像を導き出すには，さらにいくつかの分析の過程を経なくてはならない。しかし，それらの文化現象にみられる基底的な構造は，各地の土器型式の系統とその変遷から，その輪郭をつかむことができるという予測は可能である。

　大木10式の系統上に変遷を遂げる東北各地の型式群が再び統合への様相を強めるのは，関東地方の堀之内I式新段階の影響を受ける時期であり，この段階に「切断壺形土器」が各地に分布を拡げる。「切断壺形土器」に特徴的にみられる搬出形態とその分布は，このような後期前葉における地域間交流の活性化した諸相の一端を示すものとして捉えられる。

　東北地方に出自した「切断壺形土器」というきわめて特異な土器が，その系統的な変遷をたどりながら関東地方まで南下する。そしてその段階から，関東地方で伝統的な発展を示す堀之内・加曽利B式など，縄文後期前半の土器型式が，列島を舞台としてその分布を広範に拡げる。こうした縄文後期の土器の交流は，大きな文化的・社会的変動を背景とした土器の動態を示しているものにちがいない。

　本稿の図版を作成するにあたり，使用した報告書・論文・図録などの出典は，紙面の都合上割愛させていただいた。関係諸氏のご寛容を乞う次第である。

　　註
1)　今村啓爾「称名寺式土器の研究上・下」考古学雑誌，63—1・2，1973
2)　成田滋彦「青森県の土器」縄文文化の研究，4，1981
3)　葛西　励「十腰内I式の編年的細分」北奥古代文化，11，1982
4)　葛西　励『蛍沢遺跡』青森市教育委員会，1979

土器の原料土の移入は行なわれたか――――

―静岡県愛鷹山南麓の事例をもとに―

沼津市歴史民俗資料館

瀬川裕市郎

（せがわ・ゆういちろうろう）

土器胎土の分析から愛鷹山麓の土器はその周辺の土を原料とした可能性は少なく，原料土の移入も考えなくてはならない

1 愛鷹山麓で作られた土器の量

　紺碧の駿河湾を眼下に控え，秀麗富士を背後に持つ愛鷹山は，静岡県東部を占める沼津，長泉地域にとっては象徴的な存在である。その山体はおよそ半径 21km の円錐を呈していて，山麓は多くの放射谷によって開析されている。また沼津市と長泉町の背後を形成する愛鷹山南麓では，傾斜も３度〜５度となだらかで，放射谷で細かく分断され，それぞれが比較的に狭い面積の平坦面となっている。

　こうした地形的特徴をもつ愛鷹山南麓のわずか27km² という狭い中に，約 50 カ所以上の先土器時代遺跡を始め，170 カ所の縄文時代遺跡，数百基に及ぶであろう小古墳も存在している。

　170 カ所の縄文時代遺跡を細かく見て行くと，早期 64 カ所，前期 17 カ所，中期 59 カ所，後期 26 カ所，晩期４カ所（県遺跡台帳による）となっていて，数の上では早期が圧倒している。こうした傾向は箱根西麓や伊豆中央部でも見られ，近隣諸地域と趣を異にしているようである。遺跡数で早期が圧倒していて前期で減少し，再び中期で増加し，また後期・晩期で減少するという傾向は，どちらかといえば三河附近に多いように思える。そういう意味ではこの地域の縄文時代遺跡のあり方は西日本的であるといえるだろう。

　また早期では後半の野島式期の遺跡が数的に最も多く，この時期には盛んに居住の場所を移動していた可能性が伺える。その中でも清水柳遺跡や木戸上遺跡は比較的に規模の大きな遺跡であるといえる。例えば，清水柳遺跡からは約 12,600 点の土器片が確認されている。それを重さに概算すると約 200〜250 kg となる。それをもとにして愛鷹山南麓の全縄文遺跡で作られた土器の総量を考えると，平均して清水柳遺跡の半分の量の土器

を持つとして，約21t という数値が得られる。これを量になおすとおよそ 12.2 m³ で，愛鷹山の総体積 126 km³ と比較して 0.01% に近い。かなりの土の量である。

　それでは愛鷹山の土器，とくに縄文土器はどのような粘土で作られたのだろうか。それを検討する前に，愛鷹山に堆積する土壌について簡単に目を通しておこう。

2 愛鷹山麓の地層と粘土

　愛鷹山麓の地層は大きく新期富士火山堆積物を主体とした土層，上部ローム層，中部ローム層，下部ローム層と呼ばれる地層などに区分されている。そして上部ローム層以下は古期富士山の火山堆積物を主体としている。さらに下部ローム層の上部での年代測定によれば約 49,000 年前という値が出されているので，少なくともそれらは約 50,000 年前には堆積していたものと考えられる。

　これらの土層のうち，いわゆる粘土層であると思えるものは，中部ローム層下部と下部ローム層上部に集中する２〜３の地層のみである。最上面の新期富士火山堆積物のなかの栗色土層や富士黒と呼ばれる地層は，見た目には粘性を持っているようであるが，その土壌のなかには水分が多く含まれていて，その上粘性も少なく，寝かせたり，水にひたしたり，混和材を混ぜたりしても，縄文土器の生地土（胎土）のようにはならなかった。また上部ローム層では最上部の休場層が最も縄文土器の胎土になりそうであるが，これも水分が多く粘性が少なく，焼成すると壁がコークス状になってしまい，ひび割れができやすく，容器としては使えそうにない。

　現状では縄文土器に使えそうなのは中部ローム層と下部ローム層の境あたりに層準を持つ土壌であるといえそうである。しかしその土壌も水分が

多く，やはり土器にはなりにくかった。粘着力は
あるが腰が弱く，大きなものは整形できない。約
1割程度の混和材を混ぜた粘土ヒモを 30 cm く
らいの径で曲げると折れてしまい整形できない。
それを 1 日かけてだましだましやっとの思いで整
形し，底径 6 cm，高さ 15 cm，厚さ 0.4 cm ほ
どの土器ができあがった。しかし，これ以上の大
きさのものは整形できなかった。

ここ数年の愛鷹山麓の土壌による縄文土器作り
の実験で，まがりなりにも土器らしく整形できた
のはこれがはじめてである。

3　土器になる土とならない土

そのことを明らかにするため，他地域で土器に
使われた粘土と愛鷹山の土壌とを比較してみた。

他地域の粘土には山梨県一宮町末木のものと，
千葉県成田市飯田町の関東ローム層下部の粘土を
用いることにする。そして愛鷹山の土壌には先に
かろうじて整形できた地層のものを使用した。

まずそれぞれの土壌（粘土）を 100 g ずつ用意
して，適量の水と混ぜてミキサーで撹拌した。そ
れを 63 ミクロンの網に通し土粒の大きさで二分
した。その結果，63 ミクロン以上の大きさのも
のが一宮の粘土で 48 g，成田の粘土で 11 g，愛鷹
山のもので 18 g を計り，それ以下の粒度を持つ
ものは，一宮で 56 g，成田で 92 g，愛鷹山で 54
g あった。それらには水分が含まれているので合
計すると当然 100 g を越えるはずであるが，愛鷹
山のものはその時点で 72 g しかなく，約 30 g 以
上が土壌中に含まれていた水分であったことがわ
かる。

粘土は一般に 10 ミクロン以下の粒度のもので
あるとされているので，63 ミクロンの網を通過
した粒度を持つものは，そのなかに一定量の粘土
が含まれているはずである。今はその粒度試験や
鉱物組成を分析する能力を持ち合せていないが，
実は水分の含有量は愛鷹山のものと成田のもので
はほとんど変わりがなかった。そこで，その差を
知るべく，きわめて原始的な方法で実験した。

それは 2×2×5 cm の粘土柱を作り，一定の力
を加えて紐状に延ばしてみるという方法である。
その結果，成田と一宮の粘土は直径約 1 cm でお
よそ 40 cm ほどの長さになった。しかし愛鷹山
のものは直径約 2 cm で 24 cm しか延びなかっ
た。粘着力に差があるということだろうか。また

それを曲げてみると，成田と一宮のものはかなり
自由に曲るが，愛鷹山のものは 30 cm ぐらいの円
を描くのに精一杯で，それ以下にすると折れてし
まった。粘土の「腰」の強弱の違いか。

粘土にはカオリン鉱物・雲母粘土鉱物・モンモ
リロナイト鉱物・緑泥石鉱物などが含まれている
とされている。須藤俊男によれば，「モンモリロ
ナイトのアルカリ金属，アルカリ土類金属は溶液
中のイオンと交換して，交換性イオンの性格を持
つ」。「交換性イオンを持つものは，いわば層格子
の間をのりが埋めているようなものであるから，
水とこねたかたまりに外力を加えれば，ちぎれる
ことなく形がひじょうに変りやすい。すなわち柔
粘性がある」という[1]。そうすると愛鷹山の粘土
とは，その鉱物のなかにモンモリロナイトのアル
カリ金属やアルカリ土類金属の交換性イオンの量
が異なるのかもしれない。後日，粒度試験や粘土
鉱物の分析を試み，そのへんの事情をさらに検討
してみたい。

いずれにしてもここ数年の土器作りの実験で
は，愛鷹山の土では思うように土器ができないと
いえそうである。それならば，推定で約 21t もあ
ると思える愛鷹山の土器はどこで作られたのだろ
うか。

次に増島淳の土器胎土の分析結果を使ってその
へんを検討してみたい。

4　土器の胎土の供給源

増島は土器胎土中に含まれる重鉱物の供給源が
主として周辺の河川砂に違いないと考え，それを
周辺河川の重鉱物と対比した[2]。その結果，愛鷹
山周辺の 12 遺跡の縄文中期後半の土器には，カ
ンラン石がほとんど含まれていないことをつき止
めた。

一方，愛鷹山の休場層（ローム），さらには富士
川支流の佐野川より下流および他の河川砂の重鉱
物には，カンラン石がそのほとんどに含まれてい
た。

そして増島はさらにカンラン石の焼成温度との
関係を知るべく，400 度から 1,000 度まで段階的
に加熱した。結果は，加熱以前に 22% あったカ
ンラン石が 400 度では 11.5% に減少しており，
さらに 600 度で 17.5%，800 度で 6.5% に減少
することを確認した。しかし 1,000 度では酸化被
膜が著しいためカンラン石は確認できなかったと

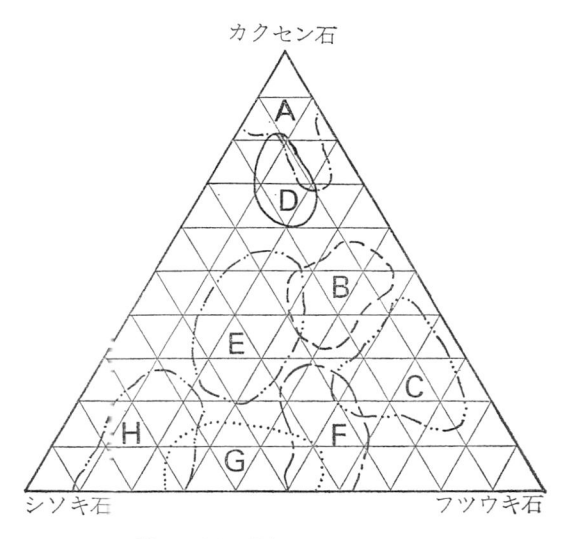

図 1 愛鷹山周辺の河川砂の鉱物組成

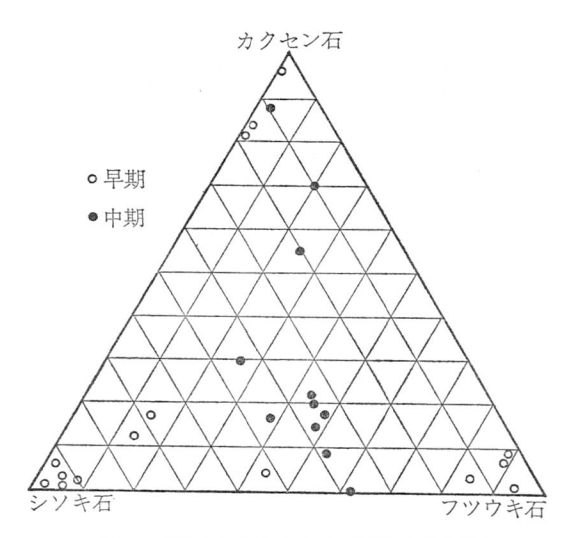

図 2 愛鷹山の土器（早期，中期）の鉱物組成

いう。

　したがって，愛鷹山周辺の土器にはカンラン石が含まれていないことから，増島は愛鷹山周辺の土器はそこでは作られていないと結論づけた。またカンラン石と焼成温度との関係から，縄文土器は800度前後で焼成されたものと推定した。しかし，もし焼成温度が1,000度を越えていれば，カンラン石は確認できないので，そのへんに一抹の不安を感ずる。

　焼成温度が1,000度を越えたという証拠は酸化角閃石の存在によって知ることができるとされている。富士市の天間沢や伊豆の上白岩遺跡のものにはそれの含まれているものも見られ，1,000度を越えたものも見られるようである。しかし，中には明らかにカンラン石の含まれているものも見られるので，土器の焼成温度については800度前後が多かったということで，一応増島の意見に従っておこう。

　かつて，土器をスライスして薄片として顕鏡したことがある。結果は土器のほとんどに石英が含まれていた。石英は愛鷹山周辺には見られず，そのことからも愛鷹山の土では土器は作られていないという可能性が指摘できる。それを今少し詳しく見てみよう。

　図1は増島の行なった愛鷹山周辺の河川砂の鉱物組成を三角ダイヤグラムにしたものである。また図2は早期と中期の土器の混和材の鉱物組成を三角ダイヤグラムにしたものである。

　図1ではA〜Hまでの8グループが確認でき，

Aが甲府盆地周辺，B・Cは富士川の中・下流域に近いところ，Dは八ヶ岳山麓を流下する小河川と釜無川の合流する地域，Eは甲府盆地内の沖積地周辺，Fは八ヶ岳山麓部周辺，Gは静岡県東部の諸河川流域，Hは多摩川を含む周辺地域とされている。

　図2の資料は縄文早期のものは沼津市清水柳遺跡，中期のそれは同じ沼津市の大芝原遺跡のものである。それを図1と対応させると，早期でAとHに集中し，中期ではD・E・Fに集中していることが読みとれる。いいかえれば，愛鷹山周辺で自然に得やすいはずの富士川中・下流域の河川砂の多い粘土は，早期と中期の土器については見られないのである。

5　作られた土器と原料土の移動

　以上見てきたように，愛鷹山麓の周辺で発見される土器は，その土地で得られる土が原料として使われなかったと思われる可能性がある。だとすれば，それらの土器はどこか別の土地で作られて運ばれて来たとみるのが，従来のごく普通の見方であった。

　縄文土器の胎土分析について，最も早くから問題意識的な追求を続け，多くの示唆に富む重要な業績を学界に提供してきた清水芳裕の言葉を，土器の移動についての代表的な見解として引用することを許されるなら，それは次のようなものである。

　「縄文土器が人の移動にともなって運ばれてい

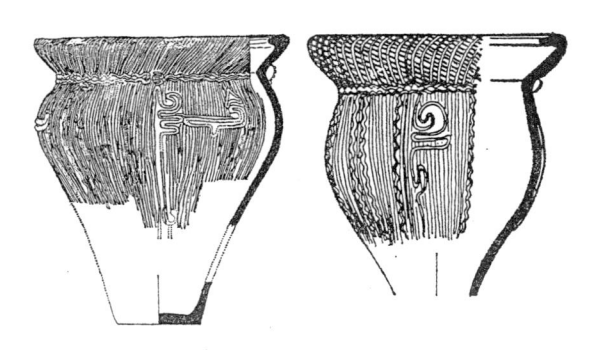

図 3　八ヶ岳山麓と愛鷹山麓出土の曽利式土器
左：長野県居沢尾根遺跡　右：静岡県中峰遺跡出土

ることが，胎土分析を通してしだいに明らかとなってきた。従来，型式学の上から移動の現象があることは多く論じられていたことであるが，土器の型式要素の模倣にもとづく結果との識別が判然としていないものが多くあった。胎土分析によってその面を解決できる可能性も大となり，集団の移動にかかわる問題を積極的に論じるための情報にもなる」[3]。そしてさらに「縄文土器は多量に岩石鉱物を含んでおり（中略），地質構造物との比較を直接行うことができ，また原材料をとくに選択していたことを考慮する必要もなく，粘土の採取地と土器の製作地をほぼ同一視することができる」（同前）。

そうした考えにしたがうならば，前節で例に示したダイヤグラムの結果から，愛鷹山南麓地方の少なくとも早期と中期の土器は，八ヶ岳山麓あるいは甲府盆地からもたらされたことになる。早期の土器の型式は野島式（関東南部を中心に発達した縄文早期後半の土器）であり，中期の土器は曽利式（八ヶ岳山麓を中心に発達した土器）である。

出自・系統・分布など不詳である野島式はしばらくおいて，曽利式は八ヶ岳南麓の「井戸尻編年」の中で設定された型式であり，長野県南部，山梨県，静岡県東部から伊豆半島の広い地域にわたって，縄文中期の文化が最後の発達期を見せた時期の土器であることからもわかるように，この土器が作られた時期は，八ヶ岳山麓地方と愛鷹山周辺地域は強いつながりがあった。

このようないわば「曽利文化圏」の中に場所を占める愛鷹山周辺の地であれば，八ヶ岳山麓に栄を誇った曽利式土器があって当然であり，それは通常，幅広い土器型式の交流，それに表徴される人間集団の交流や移動で説明されている。

しかしもし愛鷹山麓に曽利式土器を作る原料の

土がなく，それでも数型式にわたる曽利式の諸型式の土器が連続的に使われているとしたら，その上発見される土器の胎土分析の結果，大部分の土器が八ヶ岳山麓地域の原料土を用いているということになれば，型式が変るごとに，またある程度必要なだけ製品化された土器を搬入したことになり，またその都度，集団の移動や交流が活発に行なわれたという解釈を生むことになる。はたしてそうであろうか。八ヶ岳山麓と愛鷹山麓との距離は約 100km，甲府盆地との間にも約 70km という距離がある。縄文時代には時に応じて集団の移動が，ある時にはかなり大規模に行なわれたという証拠がある。しかし数 10km から 100km に及ぶ，しかも大量の土器を交流するような移動は，縄文時代の集団移動の実態とはいえるだろうか。

製品としての土器が搬入品でなく，しかもその胎土が八ヶ岳山麓産のものであるならば，同じ「曽利式文化圏」の中で，原料の粘土が愛鷹山麓の諸遺跡に移入されていた可能性を考えなければならないであろう。

土器を作るのに適した粘土のない所では，製品としての土器ではなく，原料土が移入されたこともあるという視点を，胎土分析にもとづく産地同定や土器の移動の問題の研究に加えてみてはどうだろうか。

以上述べた愛鷹山麓の土器の観察に関しては，胎土分析の上でも，また土器の型式学的比較の上でもまだ不十分である。ただ長いことこの土地で縄文土器を多く見，さらに常日頃，例えば曽利式土器などについて，他の地域にくらべていかにも大型の土器が少ないといったことへの関心から，土器の原料土の移入という問題を提起した。そして縄文時代における物資の交流，合せて土器型式の分布と地域性などの問題を今後研究していく場合の，考え方の一つとしようと思うのである。

なお，山梨の小野正文氏と千葉の庄司克氏からは粘土の提供をうけた。また，須磨満君にもご協力いただいた。文末ながらそれぞれに感謝の意を表します。

註
1)　須藤俊男「粘土鉱物」世界大百科事典，17，1967
2)　増島　淳「土器に含まれている砂粒鉱物から見た弥生式土器の作製地について」沼津市歴史民俗資料館紀要，4，1980
3)　清水芳裕「胎土分析II」縄文文化の研究，5，1983

同 じ 顔 の 土 偶

山梨県埋蔵文化財センター
■ 小 野 正 文
（おの・まさふみ）

二偶には勝坂式土偶のように属する土器型式圏を越えない狭
域型のものと，山形土偶のような広域型のものとが存在する

このタイトルを受け取った時，私の脳裏に浮ん
だのは，名古屋市大曲輪貝塚の頭部に孔を有する
前期の板状土偶と，山梨県勝沼町釈迦堂遺跡群出
土のウリ二つの顔をした中期の土偶である。前者
は北白川下層式土器に伴うもので，これと同類の
土偶が釈迦堂にあり，類似品が宮城県糠塚遺跡に
ある。本稿は前者のような同時期に広い地域に分
布する土偶を分析の対象として，精神的な交流の
痕跡を探るものである。その中で，とくに土偶が
発展した一時期である縄文中期の勝坂式土偶に焦
点をあててみたいと思う。

ここでいう勝坂式期とは広義に解釈して，中部
編年でいう狢沢式〜井戸尻式期までをいう。土偶
は人を形どったものであるから，大方は同じよう
なものになってしまう。そこで個々の要素を摘出
して，比較検討してゆかなければならない。一般
に「勝坂式土偶」の特徴は立体的な立像で，顔は
つりあがった目に特徴があると言われているが，
ここでに具体的にその型式学的な特徴を抽出し
て，分布の問題とその背後に潜む問題に迫りたい
と思う。

1 勝坂式土偶の特徴

（1） 形態の多様性

勝坂式土偶は，早・前期の土偶がほとんど板状
であったのに対して，立体的な立像となる。小林
康男氏は中期になって初現する河童型土偶は，ま
さに板状から立体的形態になって初めて可能な姿
であるといい，中期の土偶が立体的になった点を
強調している[1]。不安定な板状から，立像として
安置できる立体的な構造になったことが，中期土
偶の大きな特徴であり，土偶祭式に一つの画期が
あったと思われる。

そしてまた勝坂式土偶は単に立体的であるばか
りでなく，その種類が多いことも特徴の一つであ
る。安行式土偶における上位土偶・下位土偶[2]と
いった枠を越え，遮光器土偶における大小と粗雑
な土偶[3]といった枠をも越えた多様な形態を持っ
ている。

例えば，東京都八王子市の神谷原遺跡の第Ⅲ期
は中部編年でいう新道式期に対応し，実に土偶の
種類と数の多い時期である。中形動作形態，坂井
形態，神谷原形態，広畑形態，そして粗製小形土
偶を加えれば，5形態を数えることになる[4]。ま
た勝坂式期全般を見れば，東京都八王子市楢原遺
跡の円錐形をした土偶（楢原形態としておく），壺
をかかえた土偶で袖珍抱壺押座像（尖石形態としてお
く），これに黒駒の土偶のような大形の土偶が存
在するようである。さらに八王子市宮田遺跡の子
供を抱いた土偶のような類例の少ないものもいく
つかある。

多様な形態の土偶の中でも，広い地域で認めら
れる坂井形態，楢原形態の土偶があるのに対して，
神谷原形態の土偶は坂井形態の一変形であろう
が，現在のところ一集落でしか発見されていな
い。

ここにあげた勝坂式土偶のすべての形態を揃え
た集落はないようである。またこれらの土偶に若
干の時間差も存在しようが，勝坂式期においては
いくつかの形態の土偶が保有され，祭られていた
と思われる。勝坂式期の祭祀的遺物に地域差があ
ることはすでに指摘されているが[5]，土偶に多様
な形態があることからも，勝坂式期の土偶祭式の
実体はなかなか複雑であったと考えられる。

（2） 文様と施文具

土偶の文様と施文具はそれと同時期の土器の文
様と施文具によく一致している。土偶の文様が土
器のそれと時間的にズレるという意見もあるが，
それは土偶の最終的な遺棄および埋納と，製作時
および第一次的な使用時とを同一視したためであ
る。土偶とか顔面・獣面把手などの呪性を帯びた
物体は，後の縄文人にとっても畏怖の対象であっ
たらしく，しばしば異時期の遺物と伴出すること
がある。

勝坂式土偶の特徴は，まず後頭部に玉抱き三叉
文が隆帯で表現されることが多く，順次渦巻三叉

文などに変化していく傾向にある。典型的なのは黒駒の土偶である。後頭部が円文で左右の側頭部に三角文が施され，みごとな玉抱き三叉文となっている。顔面はなかなか型式学的特徴の少ない所である。額の渦巻文や目や口に施される三角押文，角押文が時間的な判断の材料となる。次に，大きな臀部もまた勝坂式土偶の特徴であり，したがって文様は脇腹部と下腹部に集中する。脇腹部には型式学的特徴を持った施文具で玉抱き三叉文が施されることが多い。

下腹部の文様の中でとくに注目しなければならないのは，「対称弧刻文」と呼んでいる文様である。この文様は正中線に対して対称な弧線で囲まれた中を刻んでいるのである。三叉文のように彫刻している所に一つの特徴がある。この文様は二，三の例外を除いて，勝坂式土偶のメルク・マールとなると考えられる重要な文様で，今後の分析の好材料となると思われる。

（3）　土偶の製作法

土偶の製作法がいくつかの粘土塊をつなぎ合せて，製作することは多くの先学によって語られて久しい。そして勝坂式土偶の形態は多様であり，それに対応した製作法があるが，勝坂式土偶と曽利式土偶では形態的に同じ系統に属する土偶であっても，製作法に著しい違いが認められる。図1−1は坂井形態の土偶で，2は曽利式期の有脚立像形土偶の製作法である。

土偶の製作法が個々の粘土塊をつなぎ合せて造ることは，初めから割ることを予期しているのである。これを「分割塊製作法」と呼ぶことにしている。この製作法は土偶の分割法と深くかかわっ

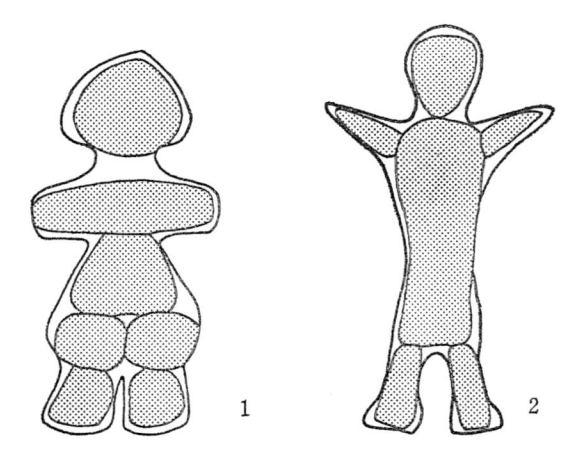

図1　分割塊製作法模式図
1：猶沢式期の土偶　2：曽利式期の土偶

ているのであり，そのことは土偶祭式と切り離せない関係にあることを物語っている。だから土偶の製作法を研究することは，その土偶のもつ系統や文化を知る手がかりとなるわけである。

（4）　土偶の出土状態

土偶の出土状態は土偶そのものの意味を知る上で欠かせない。かつて八幡一郎氏が報告した長野県茅野市広見のような特殊な出土状態は，近年発掘調査が進むにしたがって増加しているが，依然として特殊である。

中期の土偶の出土状態については，桐原健氏の研究がある[6]。長野県内では住居址覆土からの出土が多いという。これは中部高地全域の傾向として奥山和久氏によっても追認されている[7]。とくに山梨県下では釈迦堂遺跡群と勝沼町宮の上遺跡で，勝坂式期の一住居址で20点を越える土偶の出土がある。

2　勝坂式土偶の波及

勝坂式土偶を分析する必要から，形態・文様と施文具・製作法・出土状態の4項目を設定してきた。その中で勝坂式土偶のメルク・マールとなる後頭部と，脇腹部の玉抱き三叉文および下腹部の対称弧刻文を摘出し，分布図を作成すると，図2のようになる。これは従来知られている勝坂式土器の分布と変わるところがない。

分布圏外の資料については，集成が進展していない。はなはだ不満足な状況にあるが，千葉県松戸市貝の花貝塚，茨城県北茨城市八塚遺跡などに見られる。このほか福島県下でも勝坂式土器に見られるが，土偶はどうも北上しなかったようである。一方，阿玉台式土器は長野県油田遺跡，山梨県釈迦堂遺跡群などに出土しているが，阿玉台式土偶は入り込んでいない。これは阿玉台式土器文化が数えるほどしか土偶を保有していないことに起因している。ただこの時期の勝坂式土偶の中にも板状土偶もわずかながら存在しているので，何らかの関連が窺われる。

北陸地方へは河童型土偶が強い影響を与えたが，直接的な勝坂式土偶の出土は少ないように思える。著名な石川県上山田貝塚の子を背負う土偶は円錐形をしており，楢原形態に属する。文様では玉抱き三叉文，三叉文，角押文，綾杉文を用いている点から，中部地方の新道式期の土偶ではないかと思われる。この土偶は北陸地方の土偶の中

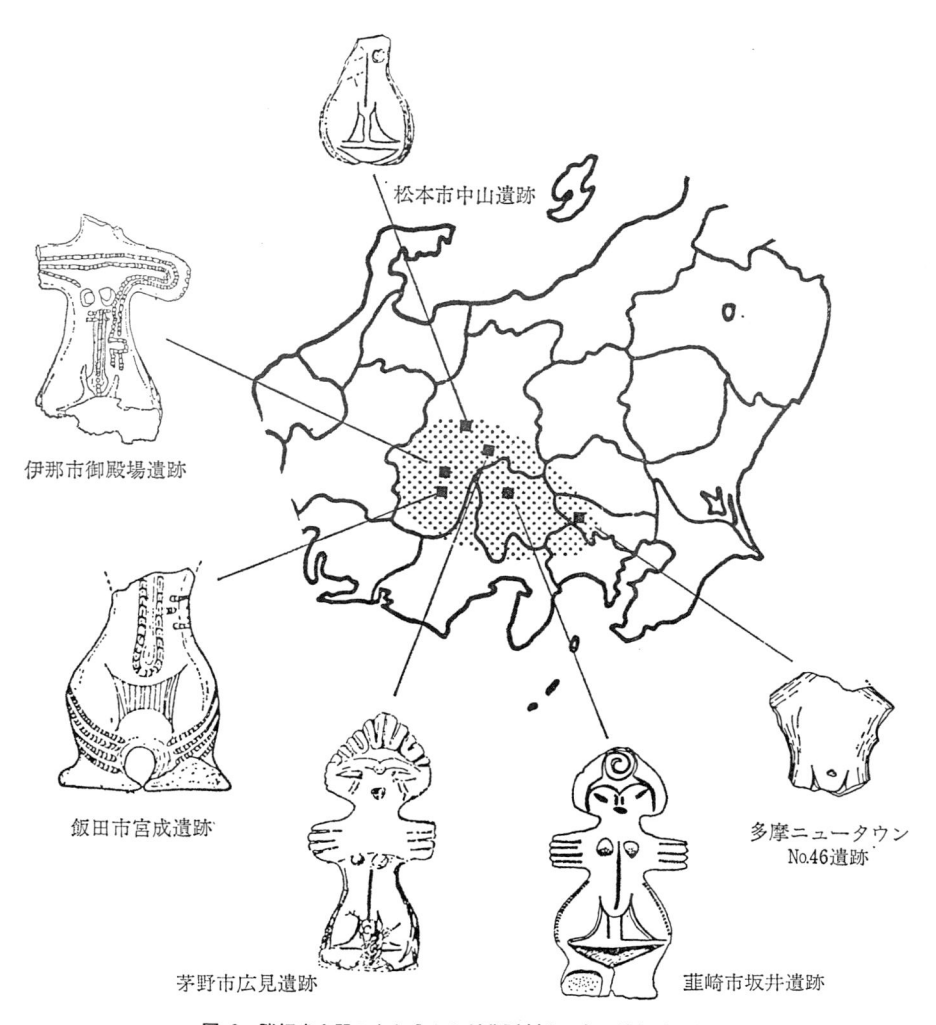

松本市中山遺跡

伊那市御殿場遺跡

飯田市宮成遺跡

茅野市広見遺跡

韮崎市坂井遺跡

多摩ニュータウン
No.46遺跡

図 2 　勝坂式土器の主な分布と対称弧刻文のある勝坂式土偶

にあっては特異なものである。これは少なくとも勝坂式土偶の情報を得て製作されたものである。

　北陸地方とは土器の面からいっても，前期末から中期の前半にかけて活発な交流があったと思われる。前期末では鍋屋町式土器，中期初頭の新保式土器，前葉の新崎式土器，上山田１式土器などがしばしば搬入され，それらの影響を受けた土器も出土している。上山田１式土器の中には，口辺部文様帯をそっくり新道式土器から借用しているものも認められる。こうした土器とは別にヒスイの交易も見逃せない。山梨県大泉村の天神遺跡では前期末の土壙からヒスイの垂飾が出土しており，前期末には確実に交流があったことを裏づけている。

　いまだ資料不足とはいえ，勝坂式土偶はその造形的な優秀さにもかかわらず，より広い地域へは伝播もしくは影響を与えることは少なかったよう

に思える。そして勝坂式土器圏外にあっても，いくつかの形態の土偶が波及しているわけではなく，ある種の形態のものしか伝わっていないのである。これは勝坂式土偶の祭祀体系全体が伝播したことにはならないのである。

　こうして見てくると，勝坂式土偶は限られた地域で発展した地域的なものであったように思われる。そして時間的にも，その後の「土偶文化」への影響も少なかったように思える。北陸地方では河童型土偶として伝統は継承されるが，中部・関東地域では，坂井形態の土偶が唐草文土器圏内において有脚尻張り土偶となり，曽利式土器圏内では両手をあげた「バンザイ土偶」とわれわれが呼んでいる土偶となり，加曽利Ｅ式土器圏では，脚を省略した胴に足の付いた立像形の十字形土偶となっているのである。

　勝坂式土偶は空間的にも時間的にも他への影響

力が少なかったように思える。時間的にはむしろ勝坂式期と加曽利E式期では断絶があったように思われる。

　勝坂式土器文化の持つ顔面土器，埋甕，三本指のモチーフ，蛇体装飾などには，地域的な遍在性があることは，すでに堀越正行氏による指摘がある。地域的な遍在性もさることながら，集落間の格差の方が著しいように思える。例えば，大枠で藤内式期に属する 多摩ニュータウン No.46 遺跡では土偶はただ1点，神谷原遺跡の第Ⅲ期では確実には3点，長野県の荒神山遺跡では多く見て3点である。これに対して山梨県釈迦堂遺跡群の塚越北A地区では，土偶68点で，22点が住居内から出土している。土偶の出土数は何を反映したものであろうか。小林達雄氏は遺跡をA〜Fのパターンに分類した上で，土偶の出土数の多い集落はより中心的な集落ではないかという見解を発表している。この各集落における土偶の許容と拒絶の問題もまた土偶の伝播を複雑にしている。

3　ま　と　め

　さて，勝坂式土偶と対照的で広域に分布し，しかも各地の「土偶文化」に影響を与えたのが加曽利B式期の山形土偶である。小野美代子氏の研究によれば，直接的な影響として，北は福島県中通り地方，岩手県の一部に入り，西に目を移せば，岐阜県向田，同中村，京都府桑飼下などに具体例があるという[9]。そしてこの土偶は中国地方を経て，九州の後期土偶まで影響を与えているのである。この九州の後期土偶については，すでに宮内克己氏の研究があり[10]，関東地方の山形土偶からの波及過程が明らかにされている。ここでは土器型式の東日本的な影響より時間的にズレて土偶が普及することが明らかにされている。

　土偶の中には，勝坂式土偶，ハート形土偶，円筒形土偶，木菟土偶などその所属する土器型式圏をほとんど逸脱しない，いわば狭域型と，「有孔土偶」，山形土偶，遮光器土偶などのような広域型の土偶があることに気づく。

　では一体こうした違いは，どこに原因があるのであろうか。勝坂式土器の分布は，これが中部高地を中心とした山間地，扇状地，盆地，丘陵といった地域に存在している。だから，そうした自然条件に適合した文化を発展させたと思われる。勝坂式土器文化の持つ土偶，顔面・獣面把手，人体

・蛇体装飾などの独自の精神的遺物は，その独自性ゆえに，縄文文化の中では，なかなか普遍化しなかったのである。

　勝坂式土偶がその造形的優秀性，形態的多様性にもかかわらず，勝坂式土器の分布圏を出て，出土することが極めて稀れであるのは，中部高地といった自然条件にあまりに適合した文化の中の土偶祭祀体系であったと思われる。数えるほどしかない分布圏以外の土偶の出土は，各土器文化圏に共通する基本的な土偶祭祀が存在したからである。

　また広域型の土偶の存在は，縄文時代の遺跡や集落の消長と何らかの関係があると思われる。「有孔土偶」は前期中葉の遺跡の増加期にあたり，中期初頭の河童型土偶は小林氏の指摘した地域より広く，東海地方から東北地方まで分布するという奥山氏の見解がある。前期と中期の間に見られる画期と一致している。また中期末に遺跡数が激減する時期に，中部高地から青森県まで頭部に角の生えたような土偶（青森県最花遺跡出土例）が分布する。堀之内式期と加曽利B式期に一つの画期があり，そこに山形土偶が分布する。晩期の初頭にまた遺跡数が増加する。それに伴って遮光器土偶が兵庫県までも分布するのである。

　土偶の広域的・狭域的分布と縄文時代の発展過程における波状的発展との間に，何らかの関連が存在したという現象面だけはとらえられそうである。

　註
1)　小林康男「縄文中期土偶の一姿相」長野県考古学会誌，46，1983
2)　鈴木正博「埼玉県高井東遺跡の土偶について」古代，72，1982
3)　林　謙作「亀ヶ岡文化論」東北考古学の諸問題，1976
4)　小野正文「土偶の分割塊製作法資料研究（1）」丘陵，11，1984
5)　堀越正行「土器型式の事象と論理」史館，1，1973
6)　桐原　健「土偶祭祀私見」信濃，30−4，1978
7)　奥山和久「中部山岳地帯における縄文中期土偶の基礎的研究」中部高地の考古学，1984
8)　小林達雄『土偶・埴輪』日本陶磁全集，3，1977
9)　小野美代子「加曽利B式期の土偶について」土曜考古，4，1981
10)　宮内克己「九州縄文時代土偶の研究」九州考古学，55，1980

流通の手段と方法

縄文人の主要な交通手段である歩くための
道はどうとらえたらよいだろうか。集団と
集団との間にはどんな関係があったろうか

縄文の道／離島の生活と交通／物資の交流を支える基盤

縄文の道

長野県史刊行会
■ 宮下健司
（みやした・けんじ）

縄文の道は単にモノの原産地に向かう一本の道のりではなく
縄文社会の構造を最も端的に表現する骨組みを示してくれる

1 縄文時代の道

モノが移動する背後には必ず人の動きがあり，運ぶ，伝えるという行為が伴う。馬や牛など荷物を背負って運ぶ家畜はなく，ましてや今の世にみられる亘輛やその他の運搬具の元になるようなものもない縄文時代では，陸上の交通についていうならば，モノはもっぱら人が歩くことによって運ばれた。

人びとが繰り返し歩くところには，自然と道ができる。古い人類の時代にはそれに加え，“けもの道”を利用することも多かったにちがいない。

縄文社会にはそのようにして生まれた道が，おそらく無数といってもよいほどたくさんはりめぐらされていたと考えられる。家と狩猟場や採集地を結ぶ道，近隣のムラ同士の往き来に使われた道，あるいは日常的な生活圏の範囲をはるかに越えて，遠くの土地につながる道などがいろいろとあったであろう。

人々がどんな道を，どのように歩き，そして何の目的で使ったかということは，それぞれの時代の社会や経済，後には政治の動きを如実に反映している。

考古学で縄文時代の道を実証的に研究すること

は現状ではきわめてむずかしい。しかし縄文の道のあるべき姿を想定しながら，遺跡の立地や，モノの動きを示す考古資料を見ることによって，縄文社会の実像に新しいイメージを加えることができないだろうか。

縄文の道についての具体的な発掘例はごくわずかしか知られていない。それも発掘の対象が集落遺跡内に限られるために，その範囲のごく断片的なものにすぎない。

長野県藤内遺跡と千葉県向台遺跡では，その遺跡内の一部に踏み固められた，帯状の道らしい部分が検出されている[1]が，それが道だという確証はない。

最近のやや確実な事例では，木道と称する遺構の発見例がある。横浜市牛久保遺跡[2]（後期）では，遺跡のある台地の下の谷底を横断するような形で，径 15〜20 cm，長さ 10 m のクヌギやクリの丸太を敷き並べたものがあり，道というより橋に近い機能をもつ。また埼玉県寿能遺跡（中期末〜後期）でも，遺跡が立地する低湿地を利用するための桟橋のような，細い丸太組の遺構が発掘されている[3]。

集落内の特殊な機能をもった遺構と，居住域とをつなぐ道の存在が想定できるケースもある。例

えば神奈川県霧ヶ丘遺跡の陥穴群への道，岩手県萪内遺跡のヤナ場，滋賀県元水茎町の丸木舟繋留地への道その他である[4]。さらに長野県与助尾根遺跡では，集落復原の操作の一環として，丘陵の縁に沿って家々を連ねられた小道，集落から尾根の奥に向かってのびる男の狩猟の道，そして畑に通う女の歩く道などがあったと想定されている[5]。

以上のように，不確実あるいは特殊な例を除けば，他はすべて想定にすぎないのであって，縄文の道についての情報は，一集落内においてさえとぎれとぎれである。ましてや本稿の主題であるムラの外へ通じ，そこで縄文時代のモノや文化が動く長く遠い道は，全く霧の中にあるというのが実情である。

2 谷筋・尾根・峠の道

さまざまな考古資料が示すように，縄文時代には思わぬほど遠くの土地にモノが動いている。新潟県糸魚川周辺のごく限られた原石産地しか知られない硬玉製の玉類が，東日本の全域から，遠くは九州の地にまで分布しているなどは，その最も顕著な例である。その原産地と出土地を直通する道の存在はとうてい考えられないにしても，玉が人びとに抱かれて通った道は必ずあったのであり，その道は玉だけでなく，もっと縄文社会の本質にかかわる文化や人が交流したはずである。

そうした道が具体的にどんな状態で，どこを通ったのであろうか。それを考える時，念頭におかねばならないのは自然の地形である。日本列島は南北に長い弧状列島で，平地が少なく山地の占める割合が高い。北アルプスの北端が日本海まで達し，その海岸が親不知の絶壁であるように，山地は海にまでせまっている。山はまた壮年期の谷の深い，斜面の急な山肌が幾重にも重なり，それは東北日本では南北，西南日本では東西方向に発達している。縄文の道もこうした自然条件に制約されて，東北日本では南北の道，西南日本では東西の道が多くつらなり，モノもその方向にそって動くものが多かったであろう。

長野県八ヶ岳山麓は，地理的にみて日本列島の中心に位置する。そしてそこはよく知られるように，縄文中期を頂点とする縄文遺跡の密集地であり，「井戸尻文化」の核をなす地域でもあった。その豊かな経済的・文化的基盤を背景として，遠隔地の多くのモノが集まり，そして良質な霧ヶ峯・八ヶ岳産の黒曜石，さらに土器型式のひろがりで表徴されるような，中期縄文文化のいくつかの文化的要素が外に流れ出ていった土地である。

そのような八ヶ岳山麓から通ずる道は，太平洋岸へ，そして日本海岸へどんなルートが想定されるだろうか。井戸尻遺跡群を起点としてたどってみよう。

自らの日常的な生活圏をこえて，長い道のりを旅することは，いまでもそうであるが古い縄文時代ではとくに，大きな不安や危険が常につきまとう。そのため地形が安定していて危険や疲労が少なく，最短距離で行けて，しかも途中で水や食料が得られ，進むべき方向が見通せるポイントが必要である。その点は昔も今も道路の最低必要条件である。

さて，井戸尻を旅立った縄文人は，尾根伝いに上って，山麓の尾根が扇の要のように集まる標高1,200 m ほどの地点に達する。そこは山麓，尾根上台地を生活空間として占有するいくつかの集団の共有の場所だったろう。そこから人びとは山麓の尾上道をトラバースするようにして野辺山高原に達する。千曲川の上流の川上の谷に入った人びとは，そこに大深山の集落を見出す。そこを中継拠点として足を止めたこともあったろう。千曲川をさかのぼる道はさらに関東山地に入って，信武の境をなす十文字峠に達する。

峠は縄文人にとって，必ずしも交通の障害ではなかった。十文字峠の北に並んで，やはり信州から関東へ抜ける峠として知られる三国峠の下 200 m ほどの場所に二本木遺跡[6]があり，縄文早期の押型文土器が発見されているなど，峠には意外と古くから縄文人の足跡を知る遺跡・遺物の存在が知られる[7]。

峠に立てば先行きの道が望められる。そうすれば危険の少ない，最短距離の道を，どの尾根に，また谷筋に求めたらよいかを知ることができた。千曲川の源流をさかのぼって達する十文字峠から，秩父側に少し下った標高1,200 m の地点には，そこがやせ尾根の上で，集落も営めない場所なのに，大深山遺跡出土のものと酷似した縄文中期の土器と，黒曜石や水晶の原石が採集されている[8]。やがて尾根伝いに荒川上流部に出て，そこを谷筋に下流に歩けば，まもなく広大な武蔵野台地の北縁にたどりつく。そこは八ヶ岳山麓に栄えた「井戸尻文化」の一角を形成する，中期縄文文

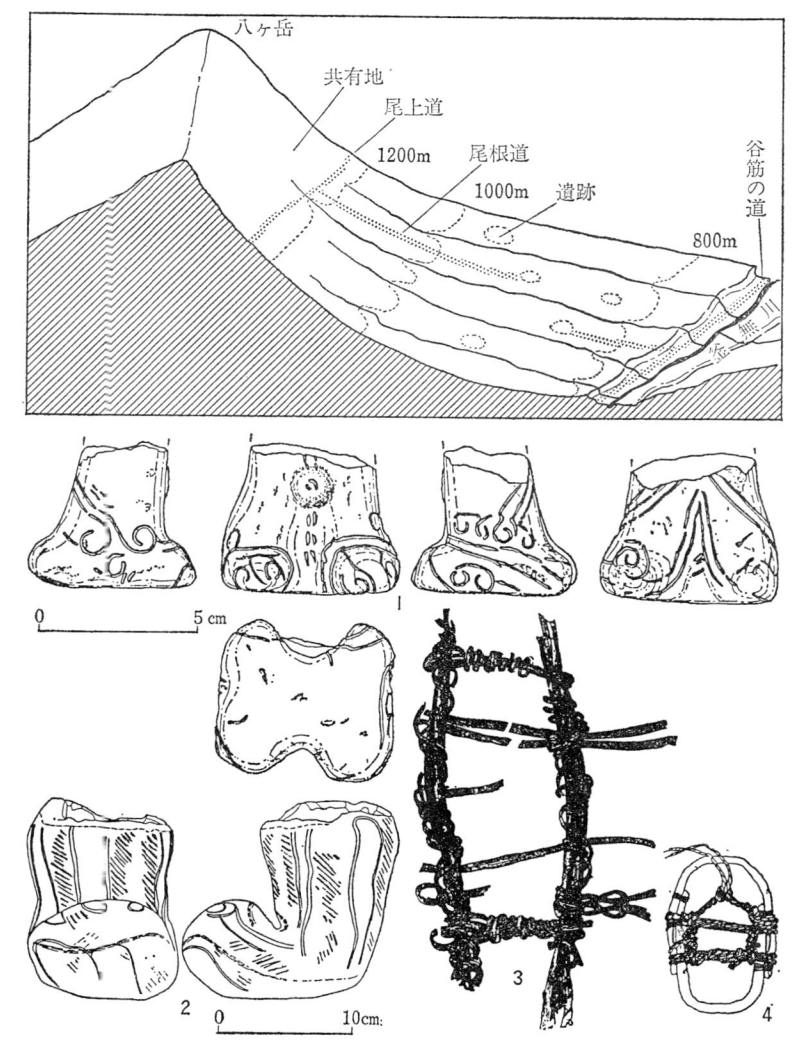

八ケ岳山麓における縄文の道のモデルと縄文時代のはきもの
1：町田市横町出土土偶足（原田 1983 より） 2：伊那市手良出土靴形土器
3：八戸市是川出土カンジキ 4：カンジキ民俗例（渡辺 1984 より）

いたのである。

3 縄文の道を行く人と道具

牛馬もなく，それよりも有効な交通手段ももたなかった縄文人の陸上交通は，人の足に頼るほかなかった。それ故，人びとが歩く時に身につけて使った道具があったとすれば，それが縄文時代の数少ない交通の手段を示す資料ということになる。

東京都横町出土の中期の土偶の足部には，幾何学的な文様が両側面に表現され，それは脚の先に緒をかけて結ぶ，皮革製のカンジキ系統の履物であろうと推定されている[9]。

晩期の青森県是川遺跡からは，木製の外枠のはずれた，葛で編んだ編物が出土しており，それは雪上歩行具のカンジキだと考えられている。

また長野県伊那市手良出土のいわゆる「靴形土器」は，シナノキの樹皮や，ヤマブドウのつるで編んだ深靴を模したもののようである。このほか脛当に使うハバキも，縄文時代には存在したようである[10]。

こうした履物が即交通の手段として，「旅行」だけに用いられたとはいえない。しかし日常の生活の場面以上に，遠くへ出かける人びとにとっては，足の備えは何らかの形で欠かせないものであったにちがいない。

モノを入れて運ぶ運搬具もいろいろとあった。以前，藤森栄一氏が尖底土器を放浪する狩猟民のリュックサックだと物語った話はよく知られているが，その仮説はともかく，ある種の土器が，その土器の作られた土地の特産品を入れて，遠隔の地に搬入されたと考えられる実例は少なくない[11]。

しかし運搬具としてより便利な容れ物は，皮革袋や籠であったろう。福井県鳥浜貝塚（前期）からはもじり編，網代編の籠が出土し，東北の晩期

化の一つの中心地であった。

井戸尻遺跡群に集落を営んだ人びとにとって，前述の千曲川を辿る道よりも，眼下に見える釜無川の谷を下流にたどる道の方が，より選びやすい道だった。釜無川を下ればそこはもう広い甲府盆地の一角であり，甲府盆地を中継点にして，富士川を下って駿河湾へ抜ける道，御坂峠や笹子峠をこえて桂川（相模川）へ達する道，柳沢峠をたどって奥多摩に入る道などいくらでもある。

その他，天竜川，信濃川（千曲川・犀川），木曽川など，日本の屋根といわれる信州へ，そしてそのまた中心に位置する八ケ岳山麓に向かう大河の源流は，どれもこれも縄文の道のルートを定めて

の遺跡でも，技術的に発達した編物の出土資料が少なくない。籃胎漆器などはその最たる工芸品であろう。

これらの運搬具は手持ち，腰に提げる，背負う，肩に担う，頭の上にのせるなどの方法が考えられるが，想像を出ない。狭く，けわしい尾根や谷筋の道をたどるには，やはり背負い運搬が最も適していたであろう。

こうして縄文人はいったいどれほどの速度で，縄文の道を歩んだのだろうか。近代のサンカは，一日で長野から千葉方面にまで旅をしたといわれる[12]。さらにニューギニア高地人は，けもの道と区別のつかないような急な登り道を，人力車の車夫を思わせるような勢いで，走るように登ったと記録されている[13]。

4 縄文人のみちのり

縄文時代にはさまざまな物資が移動し交流している。その実態はモノにより複雑で多様である。

藤則雄氏は能登半島にある曽福遺跡の資料をもとに石器の石材の動きを，A．日帰りの同一生活圏物資，B．50km 以内の近距離物資，C．50km 以上の遠距離物資の3ランクの「石器圏」にわけて理解しようとした[14]が，これをもとに縄文時代の物資の動きにあてはめると次の3ケースが想定される。

A．日帰りで食料や道具の材料が得られる同一生活圏の物資。それらの中には日常生活に必要な動・植物などの食料，土器づくりの粘土，打製石斧・石皿・凹石などの石材，動物の毛皮・骨・角・牙や植物繊維など。

B．日帰りにはやや無理で，50km 程度の範囲で入手できる近距離物資。その範囲は同一土器型式圏ほどで，磨製石斧を作るための緑泥片岩や蛇紋岩などの特殊な石材であり，これらは他の集団を経由することなく直接採取に出かけられる物資である。

C．50km 以上離れた場所から得られる遠距離物資。いくつかの土器型式圏をこえて動く物資で，縄文人の間でそのモノがもつ特異な価値が共通に認識され，必ずしも生活必需品とは考えなくてもよいものが多い。黒曜石・水晶・メノウなどの石器原料もそうであり，ヒスイ・滑石・琥珀など装身具原料，特殊な海産貝類などがあげられる。

以上のうち遠距離から得られる物資は，当然ながら原産地から遠ざかるほど分布は稀薄になり，またどこの遺跡でも見られるというものではない。これらの物資は距離的に直接採取が難しく，それにもかかわらず広範囲の縄文人が価値を共通に感じているものであるから，その流通には特別なシステムがあったにちがいない。分布の薄い地域にも特定の物資を多量に保有する遺跡があり，それらは物資流通の中継点，あるいはそのセンターであったことは十分に考えられる。

そうだとすれば縄文の道は，ただひたすらにあるモノの原産地に向かって一本の道のりではなく，原子や分子の構造が図式化されたように，いくつかの核を結ぶネットワークとしてはりめぐらされていた可能性の方がより強い。

それはしたがって，ただ単に人が歩き，モノが動く「施設」や手段としての道ではなく，縄文社会の構造を最も端的に表現する骨組みを，われわれに与えることになる。それ故縄文の道をより具体的な考古資料をもとに語れるように，その方法を積極的に模索する意義はきわめて高いのである。

註

1) 長崎元広「縄文集落研究の系譜と展望」駿台史学，50，1980
2) 横浜市埋蔵文化財調査委員会「縄文時代の"木道"発見」考古学ジャーナル，243，1985
3) 井上　肇ほか『寿納泥炭層遺跡発掘調査報告書―人工遺物・総括編』1984
4) 水野正好「縄文時代集落の領域構造をめぐって」広域遺跡保存対策調査研究報告，3，文化庁，1979
5) 水野正好「縄文時代集落研究への基礎的操作」古代文化，21―3・4，1969
6) 桜井清彦・岡田威夫「長野県川上村二本木遺跡の調査」古代，48，1967
7) 直良信夫『峠路―その古えを尋ねて』校倉書房，1961
8) 秩父市在住の小林茂氏のご教示による
9) 原田昌幸「縄文時代の＜はきもの＞」古代，74，1983
10) 渡辺　誠『縄文時代の知識』東京美術，1983
11) 間壁葭子「食生活」日本考古学を学ぶ，2，有斐閣，1983
12) 酒詰仲男「石器時代の交通について」史想，4，1956
13) 本多勝一「ニューギニア高地人」極限の民族，朝日新聞社，1967
14) 藤　則雄「能登半島穴水町曽福遺跡出土石器の石材と"石器圏"に関する研究」石川考古学研究会誌，24，1981

離島の生活と交通

都立秋川高校教諭
橋口尚武
（はしぐち・なおたけ）

神津島産の黒曜石は縄文中期には浜名湖周辺から千葉県にまで分布しており，航海に長けた縄文人の活動を裏づけている

1 伊豆諸島の最初の住民と海

伊豆諸島にもっとも古く人々が住んだ根拠を土器の上から明確に示そうとするなら，その最初の発見は三宅島の釜の尻遺跡の山形押型文土器である。筆者はかつて「……伊豆半島から三宅島の間には利島・新島・式根島・神津島の諸島があるし，内海ともいえる大島があるので，三宅島よりも古い頃の人々が渡っているはずである。……」と記したことがある[1]。

この発見に引き続き，三宅島の埋蔵文化財を整理していくなかで，西原C遺跡からも山形押型文土器が発見されて，三宅島では該期の遺跡が2カ所となった。

その後，約8年が経過して大島の下高洞遺跡[2]より，平坂式土器を包含する土層から山形押型文土器が発掘されて，伊豆諸島への人々の渡航の問題を土器の上から裏づけるのに厚みが加わった。

そして昨年，ついに神津島のせんき遺跡からも山形押型文土器が発見されるに及んで，該期の人びとの伊豆諸島での生活は普遍化していたとみてよい状況となった。

いま山形押型文土器の研究が進展しつつあるなかで，伊豆諸島の土器をどう位置づけるかが問題となるが，下高洞遺跡の出土例を除いては余りにも細片すぎるし，いずれも表採品という弱点を持っている。そして，これらの土器より古い時期の土器は伊豆諸島では未発見である。しかし，先土器時代に神津島の黒曜石が本土の各地に，かなりの量で運ばれたという証拠はある。それについては後述する。その後の縄文時代の伊豆諸島は，本土との関係を絶つことなく概ね人びとの生活が続いていた[3]。

ここで，離島研究の視点について述べておかなければならない。「海」と文化の伝播——人びとの渡航の問題である。詳細については触れられないが，相変らず「島を僻地」と位置づけて文化伝播の遅れを考慮に入れる必要があるとする観点で

ある。中央思考型ともいうべき現代的なこの視点で離島をみていいものであろうか。

筆者はそういう見解はとらない。海は荒れてばかりいるのではない。本土の縄文時代の人びとが，サケ・マスの溯上を見るよりももっと回数多く，凪（なぎ）をみるのである。四季折々の変化とそれに応じた食料採取法を知っていた縄文人は，次の機会を待つことを当然としたろう。その感覚で離島をみるとあくまでも凪を待てばよいことである。たとえ次に渡航する島が見えなくても航海は可能である。雲の動きを見れば島の位置が予測できるからである。伊豆諸島では，少なくとも10月の「ひよどり凪」のころと5月の年2回，べた凪の好天に恵まれる。この2回だけでもサケ・マスの溯上の時期よりも渡島の機会は多い。この時期に舟を操ればもっと航海は楽である。

2 離島の生活と海の幸

海と深く関わって生活した縄文時代の伊豆諸島の人々は，その痕跡を動物遺存体として残してくれている[4]。

大島	下 高 洞		カジキ・ブダイ・イルカ・ウミガメ
	鉄砲場ヤア		サザエ・レイシ・クボガイ・サメ類・ウツボ・ブリ・コブダイ・ブダイ・イシダイ・ハタ類・ウミガメ
	籠 ノ 口		サメ類・カジキ・カツオ・フエフキダイ・ハリセンボン・ウミガメ
利島	大 石 山		サメ類・クロダイ・ウミガメ類・クジラ・イルカ
新島	渡 浮 根		アオウミガメ・イルカ類・マッコウクジラ・アシカ
	田 原		ウミガメ
三宅島	友 地		ウミガメ
	西原 B		ウミガメ

主なものは以上である。これらの海産動物の捕獲方法と漁具は多様で，その技法の原型はすでに縄文時代に出現し，その後，改良されて今日にいたっていると思われる。その観点からは民俗例を

大いに参考にしてよいと考えるのである。伊豆諸島には古い生活様式が残っており，離島の文化財はその点でも貴重な存在である。その民俗例のなかから，先に上げた動物遺存体の捕獲を見るのも一考であろう。

本文では出土数の多いウミガメと，1例ではあるがウツボが出土しているのでウツボ漁の民俗例を取り上げておこう。食料資源としてのウミガメの代表的なものはアカウミガメとアオウミガメである。伊豆諸島でウミガメが出土している縄文時代の遺跡は前述の如く8遺跡である。そのうち種類が特定できるのは新島・渡浮根遺跡のアオウミガメだけである。

アカ・アオのうち伊豆諸島で産卵するのはアカウミガメだけで，大島・新島・神津島・三宅島・八丈島などに観察の例があり，利島・御蔵島にはその記録がない。産卵の時期になるとウミガメの採取が容易であるが，その他の時期になると難しくなる。

アオウミガメの産卵地の北限は現状では小笠原・種子島・屋久島あたりまでであるが，回游は伊豆諸島でも見られ，それを縄文時代の人びとが捕獲したということになるとそれなりの漁具と船が必要となるはずである。アオウミガメは今日でも食料となり，神津島では「腰巻を質に入れても喰え」といわれるほど美味とされた。冬の漁である。とくに初亀が豊漁のきざしとして喜ばれ，一番銛を打ち込んだ人がもっとも祝福された。

魚介類を主餌とするアカウミガメの肉は臭く，海藻を主餌とするアオウミガメの方が珍重されている。千葉県館山市の鉈切洞窟遺跡からはアカウミガメが出土しているので，アカ・アオともに食用にされていたと思われる。

ウツボの伊豆諸島からの出土は，大島の鉄砲場ヤア遺跡だけである。今日，伊豆諸島およびその隣接地でウツボ漁が行なわれ，食用としているのは伊豆半島の一部と神津島である。

竹製の筌を利用した主として冬場の漁で縄文時代の人びとがその時期に筌漁をしたかどうかは別として，割に採取しやすい魚であるので，食料にしたことはまず間違いあるまい。筌の中に魚の頭やはらわたを入れて海中に沈めておき，一定の時間を見計って上げさえすれば捕獲できる。ウツボの急所は尾なので棒でそこを敲けばあとが処理しやすい。

磯辺で採れる魚種（ブダイ・コブダイ）などについては釣漁もあったかも知れないが，ほとんどが置網と考えるのが妥当である。沖合でとれる魚類については，伊豆諸島では海鳥（オオミズナギドリ）との共存を考える必要がある。4月〜10月にかけて，カツオ・ブリなどが小魚を追うので，潮が盛り上るほどの小魚群（ナミラという）ができる。それをめがけて数千羽のオオミズナギドリが群舞するので，漁師はそこへ船を出せばよい。めざすカツオ・マグロはナミラの下に必ずいる。「喰いがたったとき」には間違いなく釣れるのである。

伊豆諸島において鹿角製の釣針を出土する遺跡は縄文時代後期の利島・大石山遺跡，新島の渡浮根遺跡である。離頭銛の出土は新島の渡浮根・田原の両遺跡からである。

このように海と深くかかわっていた伊豆諸島の人びとの生活をかなり復元できるようになってきた。同じように海ばかりではなく陸（山）とも密接にかかわっていた縄文時代の島人の生活も推考できるようになってきているが，重複を避けて，本項では割愛したい[5]。

3　神津島の黒曜石とその搬出

以下では伊豆諸島と本土との関係について，しばらく島から本土をみてみたいと思う。

さいわい，伊豆諸島には"縄文時代の宝島"ともいえる黒曜石の原産地・神津島があって，その黒曜石がどのあたりまで運ばれているかを見れば，往時の交通と交易の問題に言及できる。

神津島の黒曜石の本土への搬出は先土器時代からのことで，最近の理化学的分析によると東京都練馬区比丘尼橋遺跡，調布市野川遺跡，小金井市西之台遺跡，西多摩郡瑞穂町狭山遺跡，神奈川県相模原市橋本遺跡，静岡県休場遺跡，静岡県磐田市中半場遺跡などから神津島の黒曜石が発見されている。このうち分析値のもっとも古いものは橋本遺跡で22,700年BPとなっている。分析値を即座に年代として把えることは差しひかえたいが，参考までにヴィルム氷河期の汀線を海深140mとして海上保安庁水路部の海底図から等深線をひくと，図の細線ということになる。

伊豆半島の先には細長い大きな島が出現し，東京湾からは多摩川，荒川，利根川の水系を集めた古東京川が相模湾に流入することになって，今日とは相当に潮の流れもかわっていたはずである。

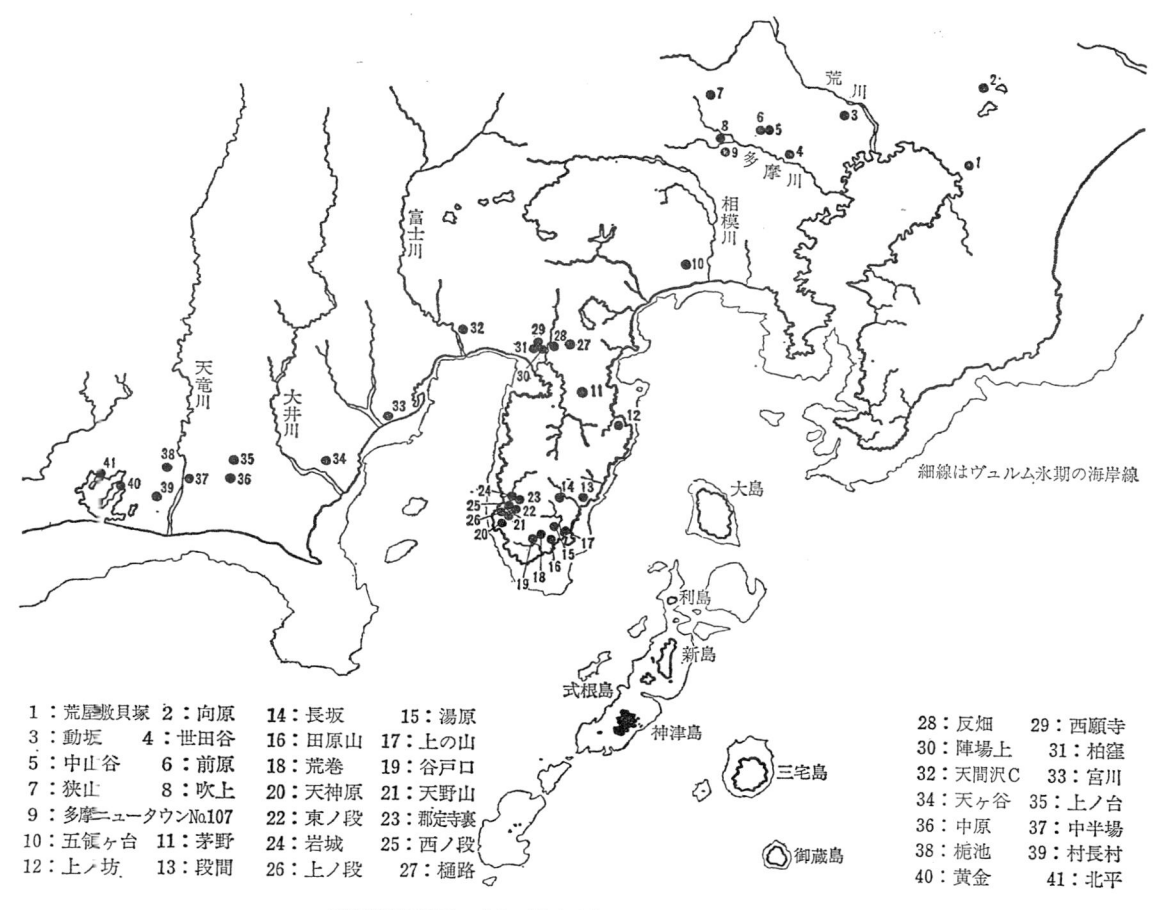

1：荒屋敷貝塚	2：向原	14：長坂	15：湯原
3：動坂	4：世田谷	16：田原山	17：上の山
5：中山谷	6：前原	18：荒巻	19：谷戸口
7：狭山	8：吹上	20：天神原	21：天野山
9：多摩ニュータウンNo.107		22：東ヶ段	23：郡定寺裏
10：五領ヶ台	11：茅野	24：岩城	25：西ノ段
12：上ノ坊	13：段間	26：上ノ段	27：樋路

28：反畑	29：西願寺
30：陣場上	31：柏窪
32：天間沢C	33：宮川
34：天ヶ谷	35：上ノ台
36：中原	37：中半場
38：梔池	39：村長村
40：黄金	41：北平

細線はヴュルム氷期の海岸線

神津島産黒曜石の分布（縄文中期）（加藤恭朗原図に加除筆）

内陸では富士山をはじめとする火山活動も盛んで，伊豆諸島のどこかで噴火がみられることもあったはずである。

この時期にすでに神津島に黒曜石が露呈していたことを知っていた先土器時代の人びとがあったということになる。今とは違って海峡は狭いとはいえ，そうたやすくは渡島できまい。たとえ渡れても大きな島になっていた陸地の神津島の砂糠崎に黒曜石の露頭を発見するまで試行錯誤がくりかえされたことであろう。筆者たちはいま，『神津島の埋蔵文化財』のまとめに入り，その中で黒曜石をめぐっての神津島の位置づけをこころみている。鈴木正男・薬科哲男・東村武信諸先学の分析結果の助けを借りて，先土器時代，縄文早前期，縄文中期，縄文後晩期の神津島産黒曜石の本土での分布図を作成した。図はそのうちの縄文中期の黒曜石の分布図である。この分布図の根底には，伊豆諸島と本土を往来した先土器時代から縄文時代の人びとの活動があるのである。

そして，神津島の黒曜石に早くから注目していたのは坪井正五郎博士である。博士は明治34年，地質学者の福地信世氏の言として，「……大島には此類の石は産しない。併し利島新島を通り越して西南の方の神津島に全く同様のものが産する」として，この「石欠けが自然に飛んで来る筈がない。してみると大島の住民が神津島へ行って之を採って来たか，神津島の住民が之を携え大島へ来たか，何れにしても両島の間に交通の開けて居た事を證するものであります。」[6]と明言しているのである。

これを今日の理化学的分析にあてはめてみると，他の伊豆諸島に運ばれた縄文時代の黒曜石がことごとく神津島産であることが判明[7]した意義を改めて重視する必要がある。このことは学史上からも重要なことなのである。もとよりこれ以前に黒曜石の理化学的分析の先駆的役割をはたした鈴木正男氏の研究があることも忘れてはならないのである。

さて，黒曜石の本土での分布を各時期毎に述べることは紙幅の関係で割愛し，縄文中期に代表させてみたい。

神津島の黒曜石は図によると伊豆半島に集中しているかのように見える。実はこれは分析した遺跡数が多いというだけのことである。また，見方によっては伊豆半島南部に神津島産黒曜石が多いのは原産地に近いだけに当然のことと思えてくる。そして，これらの遺跡の中で主な陸上げ地はどこかというところに視点が行きそうであるが，その前に分布図をみてみよう。

分布の西端は浜名湖周辺にあるが，これは静岡県内の研究者に黒曜石の分析資料の提供を願ったからの結果であって，愛知県東部に分析の範囲を伸ばすと西端はもっと西へ拡がる可能性もある。それにしても神津島から浜名湖までの直線距離は約 160km である。分布の東端は千葉県印旛郡向原遺跡，千葉市の荒屋敷貝塚でその距離は約 200km になろう。この分布図には箱根産や八ヶ岳産の黒曜石の分布は記していないが，箱根産の分布はせまく，八ヶ岳のものは伊豆半島南部にまで及んでいるらしい。

先に少しふれかけたが，神津島の黒曜石は伊豆半島のどこに陸上げされたのであろうか。筆者は神津島の黒曜石はそれぞれの時期に伊豆諸島にも運ばれ，そこから本土へ時としては製品が運ばれた可能性があることを考えたりしたことがあったが，現状では単純にそうとも言いきれない。改めて伊豆半島の段間遺跡（図 No.13）の持つ意義を考えてみなければならないからである。

段間遺跡は縄文早期末から中期，後期にかけての遺跡である。古くから研究者に注目され，今日ほぼその全容が解明されて報告書が刊行された[8]。それによると集計された黒曜石の総重量は 240kg を越え，なかには 19kg に及ぶ黒曜石塊もあって，段間遺跡にできている町立見高小学校の資料室に展示されている。

今後，伊豆半島で台地全体を剝ぐ大規模な調査が続くとすれば別だが，現状では縄文時代早期末から中期に限っていうなら，神津島産黒曜石の伊豆半島における最初の陸上げ地が段間遺跡であるといえないこともないのである。段間から伊豆半島東岸沿いに運ばれて相州に入り，東京湾に運ばれていった可能性が強い。このように段間遺跡が神津島産黒曜石の陸上げ地と考えることが許され

るなら，黒曜石の量は集計総重量 240kg の何倍にもなっていたはずである。1 回の航海でどの位の量を運んだかは知るよしもないが，19kg 以上の黒曜石塊であったことは間違いないのである。

そして，神津島産黒曜石の分布圏が粗方 200km であることの裏には，利器として細片になるまで利用しつくされ，それ以上は黒曜石が拡がりようがない実情を汲みとってもよいように思われてならないのである。

伊豆諸島に腰をすえて生活した人びとは，多分，先土器時代の人びとも，またその後の縄文時代の人びとは勿論のこと，自らも黒曜石の恩恵に浴しながら盛んに本土に積み出した。これにはどうしても航海の術に長けた専門家の集団の存在を考えないわけにはいかないのである。

その意味で先に海とかかわって生活していた伊豆諸島の縄文人について述べないわけにはいかなかったのである。本土に行ってはその地の土器を伊豆諸島に運び，あわせて，伊豆諸島には生棲しない猪を運んで，場合によっては飼育し，漁撈具の原材として鹿角を珍重した人たちが生活していた伊豆諸島であったのである。

海は人びとを隔離する役目もするが，急がなければ「文化伝播の潤滑油」の役割をもはたしているのである。

註
1) 橋口尚武「三宅島の曙」『三宅島の埋蔵文化財』所収，伊豆諸島考古学研究会，1975
2) 下高洞遺跡調査団『大島町下高洞遺跡』東京都大島町教育委員会，1983
3) 橋口尚武「伊豆諸島の考古学的民俗学的研究―予報」『日本史の黎明―八幡一郎先生頌寿記念論文集』所収，六興出版，1985
4) 金子浩昌「伊豆諸島遺跡出土の自然遺物」文化財の保護，16，東京都教育委員会，1984
5) 註 3) に同じ
6) 坪井正五郎「石器時代人民の交通貿易」東洋学芸雑誌，18―240，1901
7) 藁科哲男・東村武信「伊豆諸島遺跡出土黒曜石の分析」文化財の保護，16，東京都教育委員会，1984
8) 外岡龍二・宮本達希ほか『河津町見高段間遺跡』河津町教育委員会，1980
　　なお，図は黒曜石の原産地同定では先駆的役割をはたした先述の三氏の分析結果をもとに作成したものである。

物資の交流を支える基盤

—縄文時代の共同的社会—

千葉市教育委員会
■ 後藤和民
（ごとう・かずひと）

物資が交流しあう地域間の結合は「地域共同体」と名づけられるが，この結合関係を包括すると「文化圏」が捉えられる

従来の遺物中心主義の考古学では，黒曜石や硬玉などの原産地とその出土地の分布などから物資の交流が論ぜられながら，その主体である人間集団の存在や社会的基盤についての研究が乏しく，あたかも物資それ自体が交流しているかのごとき錯覚を与えてきた。もともと物資の交流とは，その物資を媒介とする人間と人間，集団と集団との交流であり，それはまさに社会組織の問題以外の何ものでもない。ここでは，物資の交流を支える基盤として，当時の集落と社会の様相についての予察を呈示して，今後の研究のあり方に対する一つの問題提起としたい。

1 集落の定着性

（1） 立地条件の限界性

大自然と共に生きていた縄文人にとって，いかなる地域を占居しても，その地域のみの資源や自然条件によって生活や生産の条件をすべて確保しうるものではない。だからこそ，「草創期」から早期にかけて生存条件を補完するには，それぞれに必要な物資や生活条件を求めて各地を転々と移動せざるをえなかった。

しかし少なくとも前期後半になると，居住形態が統一的になり集落が定着的になる。それと共に特殊遺物や特殊遺構が出現し，社会規制の存在が顕著となる。それは定住生活を維持するためや，その地域に欠乏している資源や物資を確保するためには当然必要となる共同性を確立するためだったに違いない。

（2） 縄文時代の共同性

この縄文時代における共同性は，当時の諸技術の発明と文化の飛躍的発展の様相にすでに顕現されている。たとえば弓矢と陥し穴の発明や家犬の飼育などによって，大型獣を的確に捕える共同狩猟を行なっている。はじめて海に挑み，貝類の採捕をはじめヤス・モリ・釣針・網などの発明によって海産資源を開発し，独木舟も発明して，海獣類を捕えるほどの共同狩猟を行なっているのである。

これら数々の発明や発見は，個々の集落において個別に創造されたものではない。一つ一つは，無数の人間が長期にわたって重厚な体験や試行錯誤の結果ようやく体得したもので，その知恵や技術の集積なのである。しかもそれらが，広範囲に伝播している様相をみても，大自然に立ち向う人間同士の地域を越えた共同への志向性が認められる。この共同性をもっともよく物語っているのが，集落の定着性なのである。

（3） 集落の存続形態

従来，縄文集落の定着性についてはきわめて漠然とした捉え方しかされていなかった。そこで筆者は，東京湾東岸地域を中心に縄文遺跡の様相から次のように整理してみた[1]。

まず存続期間については，（a） 短期（土器型式で1〜3型式），（b） 半長期（同じく数型式前後）および（c） 長期（数型式〜10 型式以上）の3種に大分し，さらに集落の存続形態についても次のような3種に大別した。

A．継続的定着……同じ場所に同一の人間集団が間断なく占地する場合。

B．継続的定着……同じ場所に同一または別個の集団が存続するが，その間に何度か不在の時期があり中断している場合。

C．回帰的定着……同じ場所に単独または複数の集団が定期的に去来をくり返す場合。

2 集落の類別と変遷

（1） 東京湾沿岸における類別

以上のような集落の存続形態によって，東京湾東岸における縄文遺跡を概観してみると，とくにこの地域は貝塚がもっとも発達しているので，貝塚との関係によって整理すると次のような4種に大別することができる[2]。

A．貝塚を伴わない集落……短期継続的定着を

示し，住居址も同時に数基程度の小規模な集落で，日常用具のほか特殊な遺物も遺構もほとんど伴わない。

B．小型貝塚を伴う集落……小規模な貝層堆積を数ヵ所に伴い，その貝層下に竪穴住居址を伴うことが多い。これも短期または半長期の継続または断続的定着を示し，一時に数基の住居址を伴う小規模集落で，やはり日常用具のほか特殊な遺物や遺構は乏しい。

C．大型貝塚を伴う遺跡……特定な場所に大量の貝が集中的に投棄されているが，その貝層堆積には土層の間層が何枚も挟まっている。貝殻の成長線分析によるとその採捕はほぼ春に限定されている。長期回帰的な存続を示し，この種の遺跡からは埋葬遺構や特殊遺構，土偶・石棒・装身具などの特殊遺物が集中的に出土する傾向がある。

D．集落を伴わない貝塚……台地の麓部などに大量の貝殻が集中的に投棄されているが，日常用具が乏しく周辺に居住の痕跡もない。貝層堆積は大型貝塚に似ており，半長期回帰的な存続を示している。

（2） 集落の分布と変遷

以上4種の類別によって，貝塚のもっとも発達した千葉市内における縄文遺跡の分布とその時期的な変遷をまとめてみると，下の表のような様相を呈する。

全国でもっとも貝塚の密集した千葉市内においてさえ，貝塚を伴わない集落が全体の約73％を占めている。貝塚を伴う遺跡の中でも，小型貝塚を伴う集落が約74％で，大型貝塚を伴う遺跡は全体のわずか3.8％を占めるにすぎず，特殊な存在であることを示している。

しかも各種遺跡の変遷をみると，その生成—発展—衰退の過程が，貝塚を伴わない集落と小型貝塚を伴う集落とほぼ共通している。しかし大型貝塚を伴う遺跡だけが中期からにわかに発達し，後期にもっとも隆盛をきわめながら，晩期になると急激に消滅してしまう。これは両者の性格の本質的な相違を物語っており，大型貝塚を伴う遺跡が決して一般的ではなく，特殊な存在であることを示している。

この一般集落と特殊遺跡は，一つの遺跡群の中で有機的な関連性をもって存在する。すなわち大型貝塚を伴う特殊遺跡を中心に，その周辺に小型貝塚を伴う（あるいは貝塚を伴わない）一般集落が取り囲むという形である。前者は長期にわたって回帰的に存続し，後者は全体として定着しながら，短期的な移動をしていたものとみられる。

3　特殊遺跡の機能

一般集落と特殊遺跡とがまったく違った様相を呈しながら，密接な関係を有するならば，その相違点は特殊遺跡の特殊な存在意義と機能の中にこそ求めるべきであろう。

（1） 干貝の共同生産

筆者が再三提示してきたように[2]，大型貝塚においては大量の貝殻が集中的に捨てられ，その貝層に大型の焚火址が多数伴っており，貝類採捕もほぼ春先に限られ回帰的な様相を呈している。これらのことから，ここには周辺の集落群が定期的に集合して，共同で大量の貝を土器で煮て身を取り出し，天日に干して「干貝」を加工していた。

すなわち，小型貝塚とは四季を通じて少量ずつの貝が捨てられ，個別的に日常生活で消費された「ゴミ捨て場」であるが，大型貝塚はむしろ共同的な生産の場だったに違いない。

（2） 特殊機能の集中性

さらに大型貝塚を伴う遺跡がその他の集落と大きく異なっている点は，土偶・石棒・装身具などの特殊遺物や埋葬遺構や土壙や異形の竪穴などの特殊遺構が集中していることである。たとえば，土偶は安産祈願の対象として出産儀礼に関係し，石棒は血縁のシンボルとして同族意識を高揚する儀式に用い，装身具は成人式や結婚式などにおいて男女の区別や集落構成員として認定する儀式に伴うものと考えられる。千葉市加曽利貝塚と佐倉市吉見台遺跡から発見された長軸19m，短軸16〜16.5mの巨大な竪穴遺構[3]は，その形態・規模・構造の特殊性ばかりでなく，その床面から土偶・石棒・台付

表　千葉市における縄文時代遺跡の変遷 （1983. K.Goto 作成）

遺跡の実在数／種類別	時期別						時期別累計
		早期	前期	中期	後期	晩期	
貝塚を伴わない集落	485	77	55	266	264	4	666
小型貝塚を伴う集落	71	20	12	29	32	14	107
大型貝塚を伴う遺跡	25	0	0	16	22	0	38
集落を伴わない貝塚	1	0	1	1	1	0	3
その他性格不明の貝塚を伴わない遺跡	91	—	—	—	—	—	91
種類別　計	673	97	68	312	319	18	814\905

異形土器および装身具などの特殊遺物が出土し，生活用具が乏しいことから，共同祭祀的な施設だったことは明らかである。

また埋葬とは，集団構成員の死に対する惜別の儀式ばかりでなく，むしろ構成員の出自や同族意識の再認識のためでもあった。中部地方の前・中期のストーンサークルや配石遺構，関東地方中期の柄鏡形住居址や後期の敷石住居址，東北地方後・晩期のストーンサークルや配石遺構などは，そうした地域の集団的な祭祀や儀礼に伴う施設や共同墓地である。

大型貝塚，あるいは特殊遺跡というべき遺跡における，そうした機能の統合によってこそ，特定な地区内における集落相互間の共同伝的な結束が維持されてきたのであって，特殊遺跡はその結集の場であり求心的な拠点であった。おそらく，集落間や地域間における物々交換を行なう「交易所」でもあったに違いない。

4　基礎的な共同体

（1）　集落の構成員

当時の社会において，集落の構成員を確保し維持するため，適齢男女間の姻婚こそ根源的な条件であり，その配偶者の選定やそれを構成員として認定することはきわめて本質的で重要な問題であったに違いない。

たとえば春成秀爾氏の研究[4]によって，抜歯は同一集落内の成人男女の半数だけにしかみられないことから，これは成人式に伴うものではなく，他の集落から婚入する男女に限って，その婚入儀式として行なわれたものであることが明らかにされた。しかもわざわざ歯を抜くのは，婚入者が生まれ育った土地の祖霊の霊を断ち，新しい土地の祖霊の守護を受けるための一種の Killing であるという。これは，きわめて重要な示唆を含んだ指摘である。

（2）　トーテム社会の存在

抜歯のような苛酷な儀式を伴う以上，当然その根底に何らかの重大な規制があったはずである。たとえば，アメリカ・インディアンにおける Totemism の形態そのものはないとしても，その基盤となっている族内婚禁止制度が存在していた可能性がある。すなわち，抜歯を行なってまで

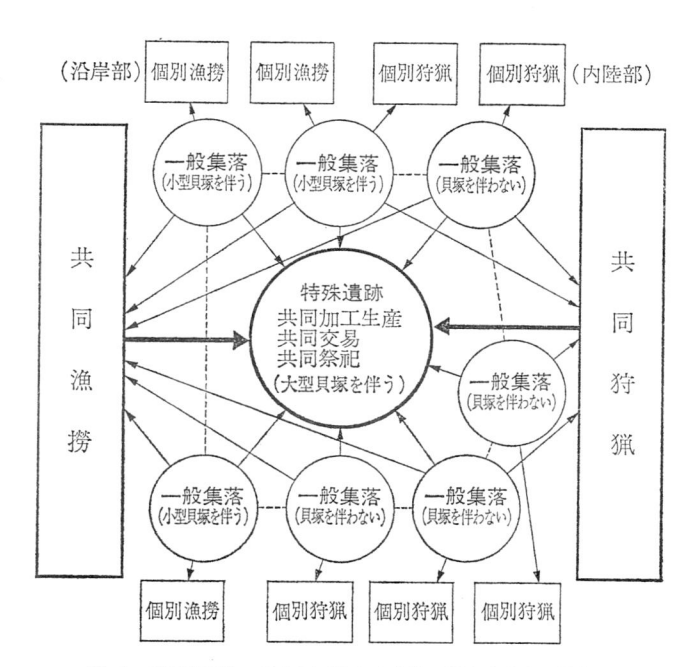

図1　地区共同体の概念図（東京湾東岸，縄文時代中・後期における共同組織）（1985．K. Goto 作成）

配偶者を他の地域から求めなければならなかった理由がそこにあった。

また婚入者たちは，元の土地の祖霊(Totem)を断ち切って，新しい祖霊（Totem）の守護のもとに服するためにこそ抜歯するのであるから，それぞれの集団は Totemism に基づく同族共同体であった可能性が強い。このように，当時のもっとも基礎的な家族や集落そのものが，すでに単純な血縁集団ではなく，幾つかの血縁が複合した共同的集団だったのである。

（3）　地区共同体（図1参照）

まず，そのような Totemism に基づく同族集団が存在したとするならば，具体的にその可能性を示している現象として，一つの特殊遺跡を中心とする集落群があげられる。なぜならば，そのような Totem 集団を結成する必然性は，その集団の生存を保障するために共同生産と共同交易が必要であり，その結束を維持するには共同祭祀が必要であったからである。これを「地区共同体」と呼ぶことにする。

縄文時代における社会組織としては，「草創期」や早期には個別的な自然家族を基礎としており，前期にはそれが集合して集落を構成している。しかし少なくとも中期から後期にかけては，市川市姥山貝塚[5]や千葉市加曽利貝塚[6]などの発見例から，すでに複合的な核家族が出現している。この

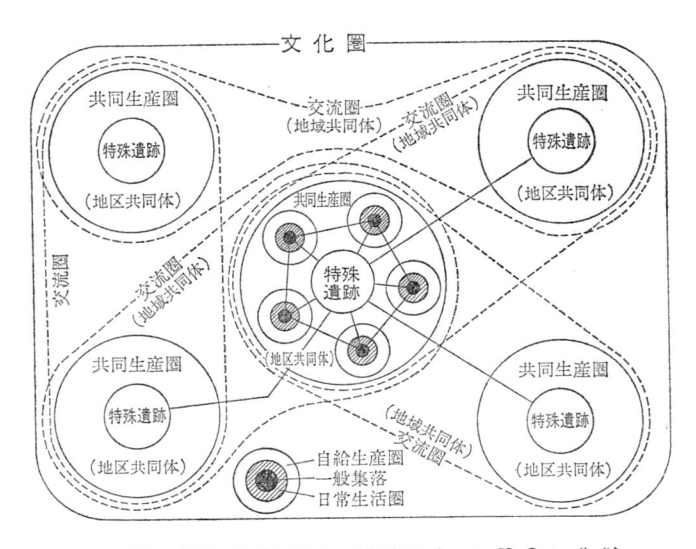

図 2 文化圏の構造（地域共同体）の概念図（1985. K. Goto 作成）

時期に縄文文化のピークを迎えている以上，この地域共同体こそこの時代の象徴的な社会組織であったといえる。

（4） 地域共同体と文化圏

つぎに，そのような地区共同体の間で婚入者を送迎するほどに，友好的な交流をなしうるためには，各地域の間に何らかの相互補完的な関係がなければならない。それもきわめて切実な問題として，各地域における欠乏物資と余剰物資を交換しあうような資源や特産物の相異に求められる。すなわち，物資が交流しあう地域と地域の間における結合であり，これを「地域共同体」と名づける。

しかし，一つの地区共同体は生活や生産のために欠乏した条件を，一つの地域のみによってすべて充当しうるわけではない。その必要に応じて他のいくつかの地域と交流せざるをえない。また周辺のほかの地域からも，その必要に応じて交流を求めて接近してくる。それは，加曽利貝塚における石器・石材の原産地分析[7]によっても，その搬入経路はかなり多地域にわたっていることからも実証できる。これらの地域共同体の相互結合関係を包括すると，そこにはおのずから一つの「文化圏」が捉えられるはずである。

5 文化圏の構造

縄文時代におけるさまざまな文化活動の及ぶ範囲を整理して，当時の社会組織を捉えるための有効な概念として，ここでは次のような図式を示しておきたい（図 1・2）。

A．日常生活圏……個々の集落が日常生活を営むための基盤として必要な範囲

B．個別生産圏……個々の集落がその周辺において自給自足のために個別で行なう生産活動の及ぶ範囲

C．共同生産圏……一定区域内の集落群が共同で生産を行なう範囲

D．交流圏……各地域特産の資源や生産物をもって相互に物々交換をしあう地域

E．文化圏……いくつもの交流圏が錯綜しながら，密接な関連性や共通の文化様相をもった包括的な地域をさす。

この図式に先にあげた基礎的な共同体を当てはめてみると，まず一般集落こそがもっとも基調となる単位集団であるが，それらが特殊遺跡を中心にして結集した地区共同体の基盤が共同生産圏である。この地区共同体と各地域の地区共同体との間で結びついたものが地域共同体で，その基盤が交流圏である。そして，その地域共同体が複合した範囲を包括したものがすなわち文化圏となるのである。

以上，きわめて粗笨ながら，物資の交流を支える基盤としての社会組織について概観してみた。縄文人は自らの生活を維持するため，自然家族から集落へ，集落群から地区共同体へ，さらに地域共同体から文化圏へと結束していった。彼らに必要な物資もまた精神文化も，そのようなネットワークを通じて動き，かつ交流したのである。しかし縄文社会を支える基盤としてのその構造が調和や効果を失った時，交流は中絶し，結束のきずなを失い，縄文社会は終焉を迎えるのである。

註
1) 後藤和民「縄文時代における生産力の発展過程」考古学研究，29—2，1982
2) 後藤和民「縄文時代における東京湾岸の貝塚文化について」房総地方史の研究，雄山閣，1973
3) 後藤和民ほか「昭和 48 年度加曽利貝塚東傾斜面第 5 次発掘調査概報」貝塚博物館紀要，8，千葉市加曽利貝塚博物館，1982
4) 春成秀爾「縄文中・後期の抜歯儀礼と居住規定」鏡山猛先生古稀記念古文化論攷，1980
5) 八幡一郎ほか『下総姥山における石器時代遺跡』1932
6) 『加曽利貝塚III』千葉市加曽利貝塚博物館，1970
7) 『縄文時代の石器—その石材の交流に関する研究』千葉市立加曽利貝塚博物館，1983

縄文文化と海外の交流

富山市考古資料館 藤田富士夫
（ふじた・ふじお）

> 縄文文化の基層的部分には，玦状耳飾や抜歯，打製石斧などアジア諸地域との交流によりもたらされた多くの文化的要素がある

かつて山内清男氏は，縄文「草創期」の矢柄研磨器や植刃，断面三角形の錐などを大陸からの「渡来文物」として注目された[1]。山内氏は，放射性炭素年代は怪しいとして独自の縄文時代の年代確立の必要性もあって，縄文文化の始まりである「草創期」をとくにとりあげられたが，それだけにとどまらず前期の玦状耳飾や，晩期の鉄器模倣の石製刀子についても，「渡来文物」として注意を払っておられる。その視点は縄文文化を「世界文化史」の中でとらえようとするもので，「もともと日本には大陸伝来の文物が少なく，縄文文化は長期にわたって孤立し，発達していたとも考えられていた。ところが，草創期の古い部分に関する研究が開発された近年になって，海外から渡来したと考えられるものが注意されている」との見解を示された。

近年，日本海沿岸の古代遺跡の発掘が進むにつれて，それらの遺跡のいくつかでは少なくとも，東アジア的な視野での検討が必要とされている。縄文文化といえども例外ではない。ここでは主に「草創期」および早期以降の縄文文化の形成に大陸文化がどのように関わっているかについて，その基層となっている文化要素の若干をとりあげて概観し，あわせて問題提起としたい。

1 中国の玦と日本の玦状耳飾

縄文前期を代表する装身具に玦状耳飾がある。山内清男氏は 1964 年の前述論文で「（日本において）最も古い円形のものと似た形の玦状耳飾りは，中国の南京市北陰陽営遺跡に出ている。仰韶および竜山文化の影響を受けた青蓮崗文化に属するといわれており縄紋前期の推定年代 B.C. 2000年前後と一致すると考えられる」とされた。この年代観などについて反論された芹沢長介氏は，その中で玦状耳飾の日本での自生説を発表された[2]。

以来，玦状耳飾はにわかに注目を集め，伝播影響説と自生説，それぞれの視点でいくつかの発表が行なわれている。本誌第5号でも西口陽一氏が，日本と東アジアの玦状耳飾および玦を数多く集成され，日本の玦状耳飾の起源は年代的にも地域的にも中国江南の玦の影響以外ありえないとされている[3]。中国社会科学院の安志敏氏は，この直後に「長江下游史前文化対海東的影響」と題する論文で，玦状耳飾は，中国江南（長江下流域）に発生し，日本に影響を与えたとされた[4]。中国学者による初めての見解として注目される。

このように，中国江南を玦状耳飾の起源地とみる見解が有力になりつつあり，筆者も伝播影響説にたつ一人として幾度か私見を述べてきたところである[5]。少なくとも東アジア的視点で玦状耳飾をみるならば，日本のそれは決して孤立した存在ではない。

日本での玦状耳飾は，縄文早期末葉〜前期初頭に出現し，以後前期を通して盛行し，中期初頭まで若干残るものの，中期に入ると急激に衰退する，きわめて前期的といってよい遺物である。ところで，これの製作は特定の遺跡に顕著に認められる。初期の早期末葉〜前期初頭の攻玉遺跡は，富山湾をめぐる周辺に集中する傾向がある。富山

表　東アジアにおける玦・玦状耳飾編年
（アルファベットは地図と対応する）

¹⁴C年代　B.P. 地域	6000	5000	4000	3000	2000
江南地区（A） （河姆渡～良渚）	◄－－－－－－－－－－		－－－►		
日本（B） （縄文前期）		－－－－－－－	－－►		
長江中流（C） （大渓）			－－－－－－－		
中原地区（D） （龍山～秦）				－－－－－－－►	
南海地区（E） （新石器～戦国）			－－－	－－－－－►	
西南地区（F） （戦国～西漢）					－－►◄－►
東北地区（G） （夏家店下層）			－－－－◄－－► －－－		

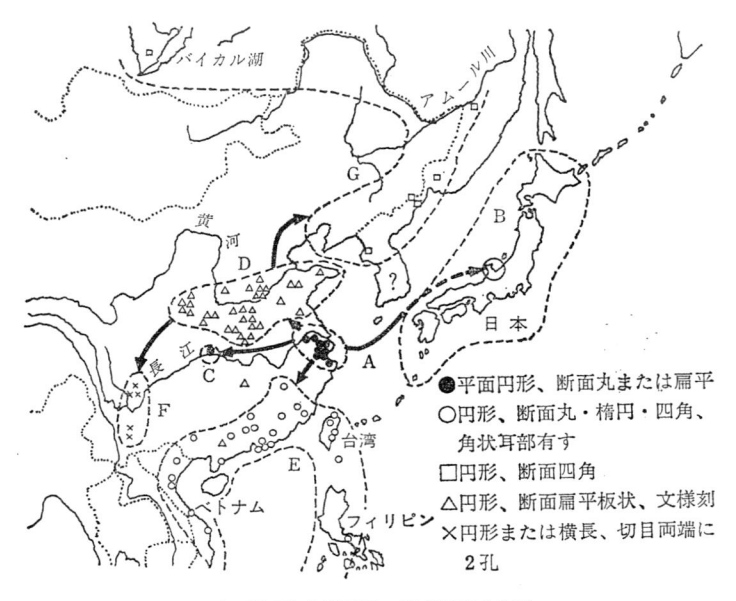

東アジアにおける玦・玦状耳飾分布図
（西口陽一氏資料をもとに作成）

●平面円形、断面丸または扁平
○円形、断面丸・楕円・四角、
　角状耳部有す
□円形、断面四角
△円形、断面扁平板状、文様刻
×円形または横長、切目両端に
　2孔

県上市町極楽寺遺跡，同朝日町明石A遺跡，新潟県糸魚川市川倉A遺跡，石川県穴水町甲・小寺遺跡などがそれである。これらの攻玉遺跡は前期中・後葉になると，長野県白馬村舟山遺跡，同美麻村女犬原（めぬつぱら）遺跡，同松川村有明山社大門北遺跡などといったいわゆる山地帯への拡散現象がみられる。すなわち，海岸から山地への移動である。このように，攻玉遺跡の始まりが，富山湾を巡る周域地に集中的にみられるのは注目される。

ところで，中国で現在最も古い玦は浙江省の河姆渡（か・もと）遺跡で出土しており，放射性炭素年代測定では 6,725±140 年の数値がでている。また，常州市の圩墩遺跡の中層発掘の M53 人骨などでは玦が両耳部から出土し，それが耳飾として使用されていることが明らかである。圩墩遺跡中層墓は，

青蓮崗文化江南類型の第2期に比定されており，日本の縄文前期に対比できよう。

図は，西口陽一氏の資料を基に作成したものだが[6]，日本で玦状耳飾が盛行する縄文前期の中国では江南地域のみその分布がみられる。そして，中国江南の周辺地域に玦が広がっていった段階では，日本でも江南地域でもそれは急速に衰退現象をみせる。玦が周代あるいは漢代に盛行し，しかも佩玉として用いられたのは，この周辺地へ広がった段階のものである。江南では圩墩遺跡あるいは南京市北陰陽営遺跡の人骨耳部からの出土例が示すように，それは耳飾として使用されている。

日本の縄文前期遺跡では，大阪府国府（こう）遺跡発掘の人骨が両耳部に玦状耳飾を有しており，それが耳飾として用いられたことを示す。また，土壙内から1対になって検出され，耳飾であることがわかるものに，神奈川県上浜田遺跡，同金程向原遺跡，山形県長者屋敷遺跡などの例がある。

中国江南の玦と，日本の玦状耳飾が用途を一にし，出現や衰退の時期が共通するのは，両地域間の交流を抜きにしては理解し得ないであろう。江南は，古来水運の発達した地域として知られている。日本での初期の攻玉遺跡が富山湾の周辺に集中するのは，日本海をルートとした両地域間の交流を暗示するところがある。

2　玦状耳飾と抜歯の広がり方

玦状耳飾は，その使用にあたって耳たぶへの穿孔を前提とする。一種の苦痛を伴うもので身体変工の行為でもある。身体変工といえば抜歯の風習がある。縄文時代中期に仙台湾を中心とした地域に広く分布する。中国でも抜歯が認められることから，その風習の日本での自生説と，大陸からの伝播説がある。今は，仙台湾を中心とした地域にそれが発生したと考えられており，自生説が有力である。ただ，春成秀爾氏が指摘されているように熊本県轟遺跡や広島県太田遺跡では縄文前期・中期の抜歯が認められている。仙台湾周辺地域よ

りさかのぼってそれがある。

中国におけるそれは「出現の時期は，大汶口文化早期（約6,000年前）で，中期（5,000年前）までは盛んであるが，晩期（約4,000年前）にはもはや大幅に衰退している。地域的には，黄河下流域と揚子江下流域の間の山東・蘇北の大汶口（青蓮崗）文化圏で発祥し，その後，江漢地区の屈家嶺文化や江蘇地区の馬家浜文化，さらには華南地方の浙江・福建・広東から珠江流域へ伝わり，その過程で台湾へも殷代早期を下らない時期にもたらされた」と指定されている[7]。引用が長くなったが，中国における出現の地域とその拡散の過程が，前述した珙状耳飾のそれと類似するのは注意される。

その出現地にいわゆる長江下流域が関係し，さらには少なくとも大汶口文化中期頃には，まだ類例が少ないけれども抜歯が確認されている。しかも，出現地でそれが衰退した頃に，中国からみていわば周縁地にあたる仙台湾周辺でそれが盛行する。珙状耳飾が中国西南地区や南海地区といった周縁地に伝播した様相と酷似する。彼我別々の偶発的現象とみるか，相互に連関があってのものとみるかはそれぞれの立場で異なるであろうが，珙状耳飾と身体変工は切り離せないと考える私には後者にひかれるものがある。

3 珙状耳飾の装着

大阪府の国府遺跡では，6体の珙状耳飾を装着した女性人骨が発掘されている。全部で80体ほどの人骨が検出されており，時間差を考慮したとしても，珙状耳飾を装着したのは集団の中で限られた人であるといえよう。耳飾を装着した13号人骨や，18号人骨では左右で異なる材質によるそれをもつ。すなわち，原産地が異なるとともに左右で時間差のあることを示す。

私は，別稿で珙状耳飾の編年の目安となる型式率を提唱した[8]。側縁の長さ（a）と，切り目の長さ（b）の比を求める方法で，aを1としてbがどのような数値をもつかというものである。こ

れを行なってみると，縄文前期初頭は0.5〜0.8，前期前葉は0.7〜0.8，前期中・後葉は1.0〜1.3という比率をもつ。古いものほどその数値が小さくなる傾向がある。これを適用して国府遺跡人骨の珙状耳飾をみると，左が右より古相を成すものが6体中4体を占める。また，神奈川県上浜田遺跡では，3つの土壙出土の3対のうち2対までが左が古相を呈する。他の1対は，ほぼ同じ位の型式率で，現状では差を見い出せない。これらから，左耳に古相を成す傾向の存在が認められる。

左右の耳飾で，時間差が予想できるということは生前において，左耳だけの段階があって，後に右耳に追加したことのあったことを示す。長野県のカゴ田遺跡では，334個検出のピット中5個から珙状耳飾の出土がある[9]。このうち，1個だけに1対の珙状耳飾があり，他の4個では1点ずつのそれがあった。1個のみを装着した人が埋葬された可能性を有する。

中国の北陰陽営遺跡では227体の人骨のうち31体が珙を有する[10]。1個を有するのが26体，2個が4体，3個が1体である。報告書では，103号と124号人骨の左耳部に1個の珙の存在が確認できる。また巫山大溪遺跡では，第3次調査の122体の人骨のうち17体が珙を有する。1個を有するのが5体，2個が8体，3個が3体，4個が1体である。2個を有するM161号人骨は左耳に2個装着された状態で検出されている。M128号人骨は，左耳に1個を有する。中国での数多くの資料で，報告書からうかがえる限りでは左耳に着けられたものが目立つ。限られた図版中からは少なくとも右耳にそれをもつものは見い出せない。いくらかの不安は残るが，中国においてのそれも，限られた人が装着するとともに，左耳についての感覚が優性的であるように思われる。

中国と日本では，その使用が集団の中でも限られた人であり，左耳に古相のものを着けるなど意識的なものがうかがえそうである。これらの共通性は，相互の交流性を示すものであろう。

日本の前期にみられるこの「左」感覚は，中期以降の縄文文化の"原理"でもあるらしい。貝輪着装の人骨では中期から左手に多く着ける傾向が顕著となる[11]。これは左手不使用にもつながる。中国でのその後の実例は充分には調べていないが，東アジア世界で「左」優性感覚が共通するらしいとの見通しを述べておきたい。

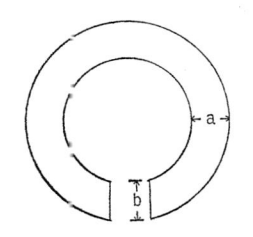

珙状耳飾の型式率の計測模式図
（a＝側縁，　b＝切り目）

$$\frac{b}{a}＝型式率$$

4 落葉広葉樹林と打製石斧

縄文前期の玦状耳飾は，長江下流域の影響を受けて，日本で発生したと考える。それが定着したのは，富山湾周辺域であったらしいことは前述した。ところで，日本海沿岸に位置する福井県鳥浜貝塚ではリョクトウやヒョウタン，さらには漆塗りの櫛などが前期土器に伴出している。これらは，いずれも中国の照葉樹林が広がる地域に源流があるとされる文物である[12]。玦状耳飾もまたしかりである。

ところで，前期後葉になると日本では打製石斧が顕著に表われてくる。麻柄一志氏は，打製石斧を生業の道具と位置づけ，その分布論を発表されている[13]。それによれば，前期後葉では東日本を中心とした落葉広葉樹林帯に集中し，晩期では西日本の照葉樹林帯に集中化がみられる。あわせて，大陸でのそれは，落葉広葉樹林帯にまとまって出土しているとされ，「日本の打製石斧も単に国内での系譜をたどるだけでなく，東アジアの落葉広葉樹林帯の中での出現も考慮すべきである」とされる。日本の前期前葉の打製石斧の出現は，麻柄氏が指摘されたように，大陸の落葉広葉樹林帯の文化を無視しては語れなくなってきた。

日本の前期前葉では打製石斧が稀少で，同じような傾向の中国照葉樹林帯の文化と結びついているのは興味深い現象である。日本の中期文化の展開には，生業基盤を同じくする大陸の落葉広葉樹林帯からの文化刺激があったのではなかろうか。弥生時代には，再び照葉樹林帯域の大陸からの文化伝播がある。日本の文化的な画期は，大陸における照葉樹林と落葉広葉樹林帯それぞれからの刺激や，交流の強弱によって引き起こされている可能性が浮かびあがる。

5 日本海をはさんで

近年，日本海沿岸の遺跡の調査が進むにつれて，縄文文化を国内だけで理解するのではなくて，少なくとも東アジア的視野でみようとする風潮が強くなった。昭和56年から58年まで，3回にわたって富山市で行なわれた「日本海文化を考えるシンポジウム」では，いままでの研究の成果や問題点が明らかになってきた[14]。

従来，とくに縄文文化の研究では，日本海をはさんだ大陸と日本との関係となると，慎重さだけが前面に出て，彼我の関係や交流を無視する傾向が支配的であった。縄文文化は列島として孤立した環境の中で，きわめて独自的に形成・発達をとげた文化だという考えが支配的であったように思う。

縄文時代に何を目的として，どんな手段で，どのような交流が大陸との間に行なわれたかは，具体的には今後明らかにされるべきことである。それにしても縄文文化の基層的部分には，アジア諸地域との交流によってもたらされた数々の文化的要素があるという視点を積極的に持つことは，今後の研究に不可欠なことと考える。

註

1) 山内清男「日本先史時代概説」日本原始美術Ⅰ，講談社，1964
　　山内清男「縄紋草創期の諸問題」ミュージアム，224，1969
2) 芹沢長介「周辺文化との関連」日本の考古学Ⅱ，河出書房，1965
3) 西口陽一「耳飾からみた性別」季刊考古学，5，1983
4) 安志敏「長江下游史前文化対海東的影響」考古，200，1984
5) 藤田富士夫「北陸の玉作りと出雲系文化」シンポジウム古代の日本海諸地域，小学館，1984
　　藤田富士夫「玦状耳飾の起源について」富山史壇，69，1978
6) 1981年9月19日古代学研究会例会で「玦および玦状耳飾の研究」と題して発表された。西口陽一氏の御好意により一部改変して作成使用
7) 春成秀爾「抜歯習俗の成立」季刊考古学，5，1983
8) 藤田富士夫「玦状耳飾の編年に関する一試論」北陸の考古学　石川考古学研究会々誌，26，1983
9) 友野良一ほか『昭和52年度埋蔵文化財緊急発掘報告　カゴ田』飯島町教育委員会，1978
10) 南京博物院「南京市北陰陽営第一，二次的発掘」考古学報，1958—1
11) 片岡由美「貝輪」縄文文化の研究，9，雄山閣出版，1983
12) 安志敏氏は，漆器について中国河姆渡遺跡や圩墩遺跡で出土していることから鳥浜貝塚のそれとの関係を指摘される。「先史時代における海上の中日交流」日本海沿岸における都市文化と交流　環日本海（東海）金沢国際シンポジウムレジメ，1984，および註4）文献。
13) 麻柄一志「縄文時代の石器組成と植生」大境，8，1984
14) 森浩一編『古代日本海文化』小学館，1983，同『古代の日本海諸地域』同，1984，同『東アジアと日本海文化』同，1984

弥生前期～中期の高地性集落——京都府扇谷遺跡

田中光浩　峰山町教育委員会

扇谷遺跡は，昭和 49 年最初の調査を行ない[1]，その後2回の試掘を経て，昭和 56～57 年に都市計画道路の関連で調査を実施，引き続き，昭和 58～60 年まで遺跡の範囲，遺構の残存状況の確認調査を実施している。

本遺跡は，弥生時代前期末から中期初頭にかけての大規模な周壕をめぐらした高地性集落として注目を集め，さらに，遺跡の南に隣接する丘陵上で検出した七尾遺跡[2]の台状墓は，集落に属する墓地と考えられ，両遺跡の重要性は極めて高く評価されている。

1 位 置

扇谷遺跡は，日本海に突出した丹後半島の基部，京都府中郡峰山町字杉谷，丹波，荒山の地区にまたがる丘陵の上にある。この丘陵は，半島を南北に貫流し日本海に注ぐ竹野川の中流域にあり，二つの支流に挟まれて東西に大きく延びる樹枝状丘陵の東端にあり，三支丘で形成されている。

丘陵は 標高 56～66 m，平地部との比高は 30～40 m と低いが 東に竹野川の本流を望み，東北部の下流域につながる峡谷川筋から南東にかけて広がる沖積地のほとんどが眺望できる地点にある。

2 調査の経過

昭和 49 年，文化会館建設のさい，小さな谷間に挟まれた中央支丘の東・北の斜面中腹で自然流出はあるが，約170m にわたって壕状遺構を検出，さらに西方向に向かっていることが確認された。壕は幅 2～3m，深さ 1.5～2m，断面は V・U 字形である。丘陵頂部では住居跡を検出できなかったが，壕内部から大量に出土した遺物によって，弥生時代前期末から中期初頭の比較的短い期間に営まれた集落跡であると考えられた。

その後2回の試掘によって，周壕は丘陵基部に向かい，尾根を越えて南へ大きく方向を変えていることがわかった。また，北支丘に続く尾根筋でも壕を検出し二重構造となっていることが確認された。

3 調査の概要

昭和 56, 57 年，都市計画道路に伴い，周壕延長部の確認調査を実施した結果，南支丘西斜面で内・外壕を検出，共に延長が認められたため，昭和 58～60 年にかけて約2万 m² の地域を対象に調査を実施している。

現在までに検出した遺構は，周壕とピット群である。

周壕 中央支丘の東南部に端を発した周壕は，北斜面をめぐって，西丘陵基部の尾根を越えて南へ方向を変える。南支丘では，西斜面を通り南端部で再び東へ方向を変え，地形にそって北に向かい，南支丘の東端部で尾根を越え谷間に向かって消滅する。谷間に接した斜面では壕を確認できず，谷間からの遺物出土の状況，一部の地形によって崖状，柵列などを想定している。

周壕は，地形によって規模，高低，断面形状が変化し，低い場所には外部に向かって排水溝が掘られており，空壕であったと思われる。一部では，壕の外肩に土を盛り上げて規模を大きくし，最大幅 6m，表土からの深さ 4.2m となっている。周壕は，遺物の出土状況から見て，集落が存在していたときは，堆積物はなく，その機能を果していたと思われる。

内壕は開発による消滅，自然流出はあるが，全長は約830～850m に達する。内壕に平行する外壕の存在も認められ，未確認地区もあるが，その規模は内壕とほぼ同様で，集落をめぐる周壕は二重であったと思われる。

ピット 南支丘・丘陵基部の頂部平坦面で検出した。南支丘では調査面積が少なく，住居跡としてまとめることはできなかったが，焼土を伴う土壙，ピットからの遺物出土などから生活面と考えることができる。

丘陵基部では，浅い土壙，ピット群，砥石，土器片を検出，ピットの中には柱穴と考えられるものもあり，住居跡を想定した。

生活の場として考えられる丘陵尾根部は，自然流出や古墳築造によって地層が乱れ，遺構の検出は困難と考えられるが，出土遺物の分布，量，質によって，同一時期に丘陵全体を使用していたと考えている。

遺物 遺物の出土は全地域に及び，そのほとんどは壕内部からのもので他はわずかである。遺物の大半は，畿内第 I 様式新段階から第 II 様式比定の壺形・甕形・鉢形土器などであるが，大型石鏃，石庖丁，石斧，砥石，土錘，紡錘車，玉類などが出土している。中でも，ガラスの原料，鉄は注目される。土器の文様は三角刺突文を多用し，口縁内外面に加飾しているものも多い。また，同一器体に篦描き，櫛描きを併用し，前期末から中期にかけての移行を示すもの，近江地方から搬入品と考えられる

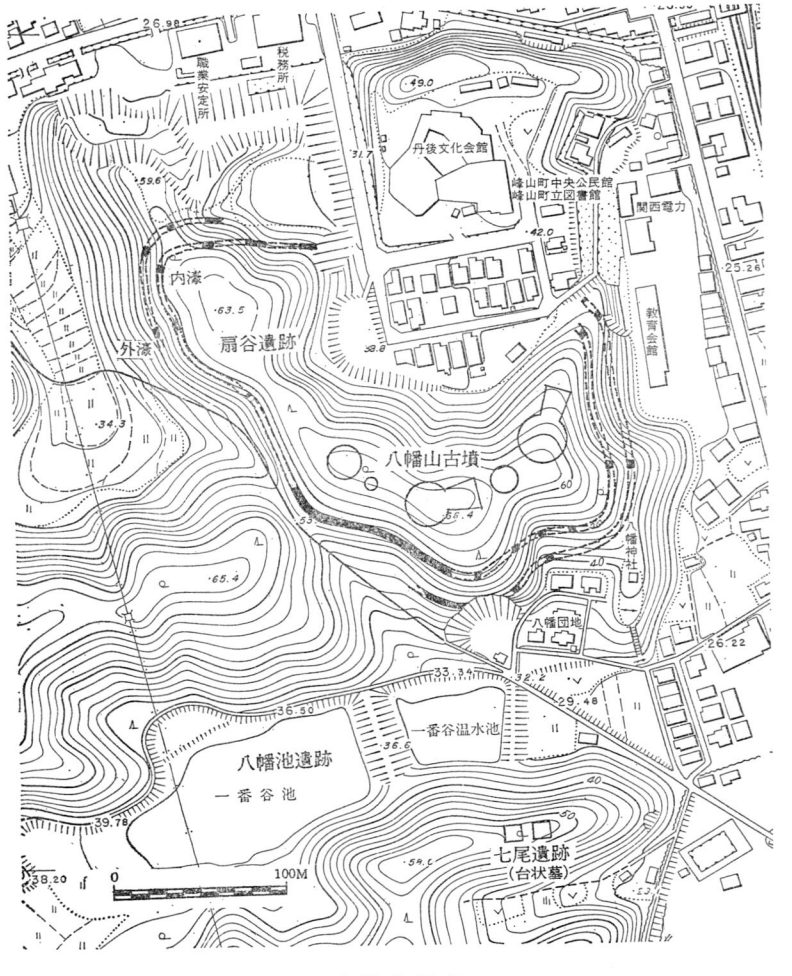

遺構位置図

壺形，甕形土器も出土している。

ガラス[3]は分析によって，珪砂・アルミナ・酸化銅を主成分とする結晶体で，アルカリ原料（K・Na）を加えればガラスになるものであることが判明している。

鉄製品[3]は，鉄斧と鉄滓が出土した。鉄斧は，砂鉄系の鋳造品，鉄滓は谷間トレンチからのもので鍛冶滓と判定された。

磨製石器は，刀子を模したと思われるナイフ状刃器，石剣片，石鏃などがある。

紡錘車は，7.8～70.7ｇまでの大小さまざまなものが32個出土した。

玉類は，丸玉，管玉，未穿孔の柱状品，穿孔中のもの，擦切り溝のある板状品，碧玉，緑色凝灰岩，玉砥石などが広い範囲から出土した。

赤色顔料[3]は，粘土塊に付着した酸化鉄（ベンガラ）および彩文土器片が出土している。

4　むすびにかえて

扇谷遺跡は，二重の大規模な濠をめぐらした高地性集落である。遺物の中には，ガラスの原料，鍛冶滓があり，遺構とともに注目されている。現在調査中であり，今後の調査，研究を待たなければ結論づけることはできないが，若干の推論を試みたい。

扇谷遺跡は，平地部との比高，見晴らしのきく立地，濠の規模，構造から，防禦的な周濠を備えた高地性集落と見ることができる。

高地性集落についてはいろいろの論議があるが，弥生時代中期後半から後期にかけての軍事的緊張の反映と見るとき，中国の史料『後漢書』「東夷伝」光武帝の中元2年（57年）の条に「前漢代に百余国に分立していた倭国が三十ばかりの国になり」の記載があり，倭国大乱以前にも統合の時期があったものと解釈でき，扇谷遺跡においても，大型石鏃，立地，周濠などから前期末における争乱の結果と見ることができる。しかし，遺物の中には，弥生時代を特徴づける，ガラス，鉄，織物（紡錘車）が出土しており，新しい知識・技術が推定できる。ガラス原料だけで即断はできないが，製品を作りだすために，アルカリ原料との調合，高温での熔解，鋳型などの高度の技術が必要であり，この技術は青銅器製造にも共通するものがある。また，高熱を作り出す技術は鍛冶を可能にする。広範囲な地区から出土する玉作り遺材，紡錘車とともに，新しい技術による生産活動が想定され，自衛する生産集団とも解釈できる。新しい技術は，日本海西方沿岸からの文化の伝播，畿内・山陽との交流を推測させる。

扇谷遺跡は，集落をめぐる周濠の規模の大きさなどによって注目を集めたが，遺物の分析によって，新しい事実が判明，弥生文化を考える上に非常に大きな資料と課題を提供した遺跡と言える。

註
1) 峰山町教育委員会『扇谷遺跡発掘調査報告書』第2集，1975
2) 峰山町教育委員会『七尾遺跡発掘調査報告書』第8集，1982
3) 峰山町教育委員会『扇谷遺跡発掘調査報告書』第10集，1984

二重濠をめぐらす高地性集落
京都府扇谷遺跡

京都府中郡峰山町の丘陵上にある扇谷遺跡では、全長830～850mに達する二重の大規模な周濠が発見され、弥生時代前期末から中期初頭にかけての比較的短い期間に営まれた高地性集落跡であることがわかった。遺物の中にはガラス、鉄、織物（紡錘車）などもあり、新しい技術による生産活動の存在がうかがわれ、自衛する生産集団とも解釈できる。

構　成／田中光浩
写真提供／峰山町教育委員会

上：南支丘西斜面の周濠（南から）
下左：周濠下肩に掘られた排水溝
下右：南支丘陵上の焼土が付着した
　　　土壙とピット

玉作り遺材

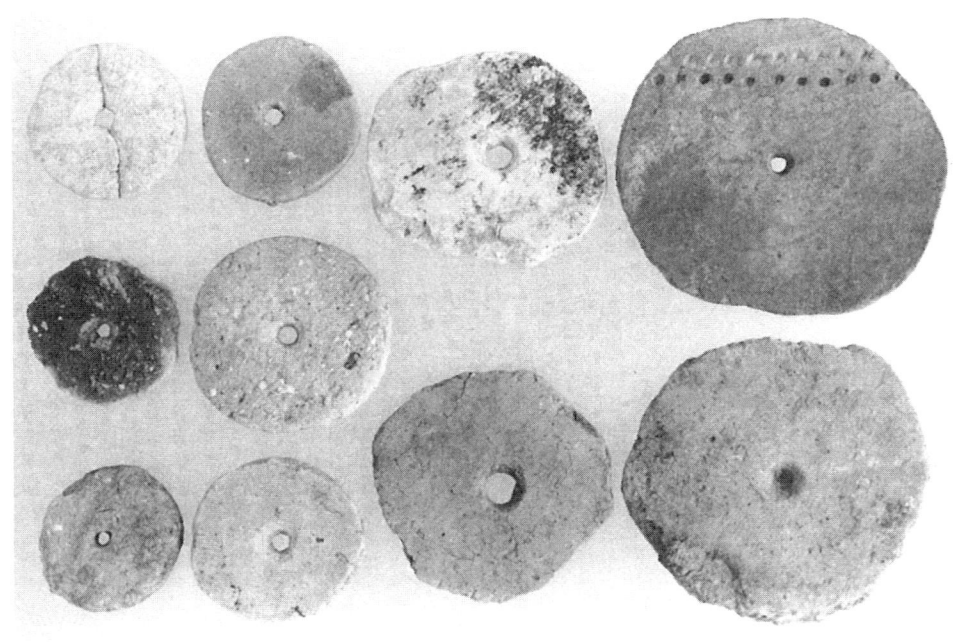

紡錘車

石剣片

鉄鉾（鍛冶鉾）

鉄斧

磨製石鏃

ナイフ状刃器

ガラスの原料

大峯山寺本堂

山岳信仰の起源をさぐる
奈良県大峯山寺

現在もなお多くの修験者の根本道場となっている山上ヶ岳(1719.2m)は大峯山ともよばれ，その頂上には大峯山寺本堂がある。元禄4(1691)年上棟の，現本堂の解体修理にともなってその地下の発掘調査がおこなわれ，護摩壇の遺構などとともに数多くの出土品が得られた。

本堂外陣発掘区

護摩跡

構　成／前園実知雄
写真提供／奈良県立橿原考古学研究所
　　　　　大峯山寺・奈良県文化財保存事務所

（左）
金製阿弥陀如来
坐像（像高2.85cm）
（右）
金製菩薩坐像
（像高3.12cm）

瑞花鴛鴦文八稜鏡（径15.1cm）

花枝喰双鳳鏡（径23.1cm）

銭　貨

平安時代初期〜中期の様式をしめす金製
阿弥陀如来像，金製菩薩像をはじめ，仏
像，仏具，鏡，宝塔，経軸端など技術的
にも美術的にも優れた遺物が出土した。
当時の貴紳たちの〝御嶽精進〟（みたけ
そうじ）の姿を垣間見ることのできる品
品である。

奈良期にさかのぼる山岳信仰——奈良県大峯山寺

前 園 実 知 雄　　橿原考古学研究所

　日本の山岳信仰のひとつの中心でもある吉野大峯山（山上ヶ岳 1,719.2m）の山上には，蔵王権現があらわれたと伝えられる涌出岩や，それをとりまく急峻な岩場には表，裏の行場があり，いまもなお多くの信者によって修行がおこなわれている。

　なかでもその山上の中心となるのはわずかな土地を利用して建立された荘厳な大峯山寺本堂である。蔵王権現を本尊とする現本堂は，元禄年間に再建されたものであるが，わが国でも最も高所に存在する建築物としても貴重なもので，昭和48年重要文化財に指定されている。

1　検出した遺構

　今回大峯山寺では，この本堂を解体修理することになり，それに伴い地下の発掘調査を実施した。調査は昭和58年5月の素屋根建設に伴う発掘につづき，昭和59年8月から10月末日までの約2ヵ月間におよんだ。

　護摩壇　現内陣の南側正面，すなわち外陣のほぼ中央部に位置する一辺約1.2mの石組遺構である。人頭大の平らな石を東西方向に4〜5個並べているが，配列や焼土，炭の状況から少なくとも三度の組みかえのあったことが知られた。この石組の南から西一帯にはおびただしい量の灰　炭，焼土が広がり，護摩修法の際入れられたとみられる多量の黒色土器片が含まれていた。またこれらの中からは，仏像片，仏具，銭貨，本片，紙片，籾粒も検出された。なかでも銭貨は延喜通宝を中心とした平安時代の皇朝銭に限られ，ここで護摩修法がおこなわれていた時期を知る大きな手がかりとなった。

　階段状遺構　外陣内の西側部分にあたる個所で検出された遺構で，自然地形の傾斜面に人頭大の石を階段状に3段，西から東に登るように設置したもので，ある時期の建物の基壇外側の階段とみてほぼ誤りなかろう。

　出土遺物からみて平安時代中〜後期に機能していたとみられる。この時期にはすでに現在の本堂の外陣よりはひとまわり小さい建物の存在が予想される。

　石溝　内陣の南軒より2m内側で軒に平行して検出された，幅，深さともに30cmの両側を石で組んだ溝。総延長は約21mで，西から東へとやや傾斜している。元禄に再建した本堂よりやや規模の小さい前身建物に伴うものであろうか。溝内に埋まった土は，外陣部分の元禄時代の整地土と共通し，さらに溝底部から寛永通宝が

出土すること，また溝東端部から約4m西からは現本堂内の溝に連結させ暗渠として利用していることから，現本堂建立直前まで機能していたものとみてよかろう。

　石垣　内陣西側の地下で南北に遺存しているのを検出。3，4段の自然石を積み上げた石垣で，高さは約60cm。検出範囲が少ないため詳細は明らかにしがたいが，平安時代以降から元禄再建までに存在した施設に伴う遺構であろう。

　以上が検出した主な遺構である。部分的にしか知ることのできない点が多いが，現本堂以前にも数次にわたりこの地に建築物，信仰にかかわる施設の存在することが明らかになった。出土遺物の検討から発掘区内で検出した遺構および土層はおおむね六期に分けることができる。つまり一期は和同開珎や三彩陶器などの奈良時代〜平安時代初期の遺物群で，遺構は検出されていないものの一時期は設定できよう。二期は内々陣の正面で現在の外陣中央を中心として広がる規模の大きい護摩の時期。これはさらに詳かく分かれるが，実年代の上でそれほど大きな差はないものと思われる。三期は内々陣近くに存在していたであろう建築物が火災に会った時期。この時期の資料は火をうけており，焼土と炭，灰を含む土層から出土する。中世においてもこの本堂は何度か改築がおこなわれているが，それに伴う遺物の時期を四期としてかりにまとめておく。元禄4年以降の本堂建立に伴う整地土中に含まれる遺物の時期を五期とする。この遺物群はその内容物からみて経塚関係の遺物とみてほぼまちがいなかろう。すべて二次的に移動されたものである。六期は現在の本堂が完成して以降のもの。

2　出土遺物

　仏像類　二，三，五期の遺構，もしくは土層内から出土したものが多い。

　<金製阿弥陀坐像>　像高2.85cm，重さ32.09gの純金製。定印を結ぶ坐像で，鋳出したもの。小像ではあるが造りは丁寧で，裳，螺髪，面相も力強く表現されている。

　<金製菩薩坐像>　像高3.12cm，重さ25.74gの純金製。火中した際うけたものか顔に損傷がある。鋳造である。

　この2体の像はいずれも三期のもの。このほか二期の

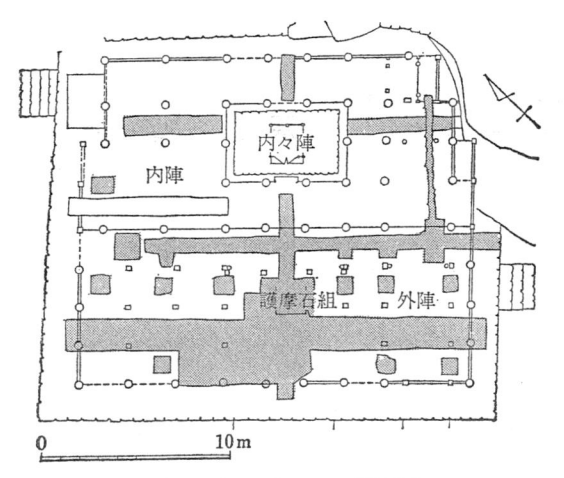

大峯山寺本堂発掘トレンチ位置図

護摩壇の中から出土した総高 9.7cm の銅製菩薩立像，五期の経塚に副葬されたとみられる観音菩薩の水瓶を持つ手などが出土している。大峯山に特徴的な光背形毛彫蔵王権現，金銅製蔵王権現，方形銅板毛彫金精神像のほかいくつかの仏像断片も出土している。

鏡 断片も含んで 30 余面が検出された。第三，五期に出土品は集中している。平安時代前半の瑞花鴛鴦文八稜鏡など唐様式のものと，後半の日本風の淡白な文様をもつ円鏡とに大きく分けられる。菊花双雀鏡，素文鏡，花枝喰双鳳鏡，草花蝶鳥文鏡などがおもで，表面に蔵王権現が毛彫りもしくは鋳出して表現されているものもある。

仏具 金銅製独鈷杵，銅製独鈷杵，銅製三鈷杵の断片や，銅製金剛盤などの密教法具，銅製錫杖頭，銅製香炉の獣脚，六器の盞台などが出土している。

小建築部材 金銅製，銅製，ガラス製の建築物の部材が出土している。大部分は宝塔の残欠である。大小の金銅製風鐸，銅製の扉金具，金銅製相輪，銅製屋根，銅製龍頭，勾欄，蝶番，金銅製・銅製料栱などが出土している。そのほか注目される遺物のひとつにガラス製軒丸瓦がある。文献にみられる瑠璃の宝塔を彷彿とさせるものである。これらの遺物は，五期の経塚に伴うものも含まれているが，三期の土層内から最も多く出土している。火をうけて変形したガラス熔解塊や銅熔解塊も多い。

鈴・飾具など 金銅製・銅製の鈴が大小のもので 20 余点出土している。なかには毛彫りをほどこした精巧なものも含まれている。飾金具には銀製透金具片，金細線付銀製金具片，銅製透金具片をはじめガラス製玉，水晶製玉などがみられる。

経軸端 数多くの経軸端があるが，その出土状況から判断して経塚に埋納されたもの（五期）と，建物内に納められたもの（三期）に分けられる。内々陣近くで焼土とともに一括して出土したのは，堂内に納経されていたものとみられる。水晶製，ガラス製，金銅製，銅製の四種があり，八角形，円柱形，円形の多形式にわたる。金銅製，銅製のものはすべて花文や波文の毛彫りをほどこした精巧なつくりである。木製の経軸の一部，銅製蝶形経帙飾金具なども出土している。

経筒 二次的に移動された（五期）ためすべて断片である。金銅製・銅製いずれも出土し，銅製経蓋に僧銘文のあるもの，法華経の一部を刻んだ銅板経の一部も出土している。

銭貨 奈良・平安時代の皇朝銭，平安〜安土，桃山時代の輸入銭，江戸時代以降の銭貨の三時期に大別される。和同開珎（708 初銭），富寿神宝（818），饒益神宝（859），貞観永宝（870），寛平大宝（890），延喜通宝（907），乾元大宝（958）の 7 種類が現在までに確認され，和同開珎をのぞく他のすべてが護摩跡から出土している。しかもそのうちの大部分が延喜通宝で，それにつづくのが寛平大宝となり，おのずから護摩祈禱の多くおこなわれた時期が限定されてくる。輸入銭には至道元宝（995〜7），皇宋通宝（1038），元祐通宝（1086〜1093），政和通宝（1111），正隆元宝（1157）などがあり，整地層から多くみられる。このなかには経塚に埋納したものも含まれていよう。寛永通宝はその鋳造期間が長いこともあり，出土銭貨中の大部分を占めている。現存する本堂に伴うものである。

土器 出土土器のおおかたを占めるのが護摩跡から出土した平安時代前期〜中期の黒色土器で，護摩を焚く際同時に入れられたものである。また銅経筒の外容器とみられる陶器片や土師器皿，瓦器片も出土している。なかでも注目すべきは奈良〜平安時代にかけての三彩陶，緑釉陶，東海地方の猿投，中国から輸入された青磁，白磁，青白磁の断片がみられることである。

3 ま と め

本堂修理に伴う発掘調査ということで制約はあったものの，数多くの成果をあげることができた。資料は整理中で，現地調査も一部ひきつづきおこなう予定でもあり，将来訂正や追加が出てくるが御寛容願いたい。出土品は多くは断片にはちがいないが，その一つ一つが技術的にもまた美術品としてもきわめて優れたもので，大峯信仰によせられた当時の貴紳の思いのほどがしのばれる。

今回の調査で得た最大の収穫は，この大峯信仰が文献で知りうる最古のものである藤原道長の寛弘 4（1007）年の納経からさらにさかのぼることが明らかになったことである。それは具体的には護摩跡から出土した銭貨や，黒色土器から平安時代初期に大規模な法要が行なわれたことが知られたこと，和同開珎や奈良時代の土器片からすでに当時から山入りがおこなわれていたことが明らかになったことで，なかば霧に包まれていた状態であった山岳信仰の起源を遺物を通してたどる糸口が見つかったことであろう。

連載講座

古墳時代史
11. 反乱伝承と古墳(2)

県立橿原考古学研究所研究部長
石野博信

● 武蔵と上毛野 ●

安閑紀元年 (534), 「武蔵国造笠原直使主と同族小杵と, 国造を相争ひて, 年経るに決め難し。小杵, 性阻くして逆ふこと有り。心高びて順ふこと無し。宻に就きて援を上毛野君小熊に求む。而して使主を殺さむと謀る。使主覚りて走げ出づ。京に詣でて状を言す。朝庭臨断めたまひて, 使主を以て国造とす。小杵を誅す。国造使主, 悚憙懐に交ちて, 黙已あること能はず。謹みて国家の為に, 横渟・橘花・多氷・倉樔, 四處の屯倉を置き奉る」。

これがいわゆる「武蔵国造の反乱」である。記事によれば, 国造職をめぐる同族の争いに上毛野君小熊が介入し, 笠原直使主と大和朝廷側が勝利したという。この記事については, 津田左右吉氏以来, その信憑性に疑問が呈示されていたが, 『横浜市史』[1] と「武蔵国造の反乱」[2] によって, 考古学的にも記事の信憑性が検証しうるものとされ, 稲荷山古墳鉄剣銘文の検出によって, 一層注目されるところとなった。このような趨勢の中で, 金井塚良一[3], 渡辺貞幸[4] 両氏は安閑紀の記載を史実として議論を進めることに疑問を呈示された。以下, 武蔵・上毛野の古墳の消長から, 「争乱」の背景を考えてみたい (図31)[5]。

(1) 武蔵

埼玉古墳群の大型古墳は, 5 世紀後半に丸墓山古墳, あるいは稲荷山古墳の築造によってはじまり, 以下, 二子山・鉄砲山・瓦塚各古墳が6世紀末まで継続する。稲荷山・二子山・鉄砲山各古墳は全長 100m をこえ, 瓦塚古墳はやや縮小するが4基とも前方後円墳で二重の長方形周濠をもち, 中堤に造出しをもつ点で共通しており, 稲荷山古墳系列とよぶことが可能であろう。前方後円墳で盾形周濠をもつのが 6 世紀中葉から 7 世紀前半と考えられている奥の山・中の山・将軍山・愛宕山各古墳であり, 墳丘規模も稲荷山古墳系列に比して小さい。やや離れて, 周濠をもたない若王子山古墳・小見真観寺古墳などが 6 世紀末から 7 世紀前半に築造される。周濠形態を重視すれば, 埼玉古墳群には稲荷山古墳と奥の山古墳の2つの系列が存在し, 前者が優勢を保ちつつ小見真観寺古墳に至る系譜を考えることができる。

荒川をはさんで西方 10km 余の比企丘陵には, 4 世紀後半の山の根古墳 (註 5) h 文献) 以降, 6 世紀後半まで前方後円墳が築造されつづけている。しかし, 墳丘規模は 6 世紀初頭の野本将軍塚古墳が全長 100m をこえるだけで, 他は規模の大きいものでも 60〜70m を前後する程度であり, 周濠をもつものもない。比企丘陵には, 4 世紀後半以降, 埼玉古墳群に先行して在地勢力が存在しており, 6 世紀初頭には稲荷山古墳に匹敵する規模の野本将軍塚古墳が出現する。比企丘陵の古墳が, 5 世紀後半の大型古墳の空白を重くみて, 雷電山古墳までと野本将軍塚古墳以降で系譜が異なる場合があったとしても, 雷電山古墳が帆立貝式古墳であることからして, 埼玉古墳群を生む母胎となったとは考え難い。

同様に, 児玉地方には 4 世紀後半から 5 世紀後半まで, 大型円墳を主流とする古墳が系譜的に築造されており, 在地勢力の存在を示している。

(2) 上毛野

埼玉古墳群 (註5) c 文献) の北西 20km に利根川をはさんで太田古墳群がある。太田古墳群は, 4 世紀末の朝子塚古墳のあと 6 世紀末まで継続して前方後円墳がつくられている。朝子塚古墳

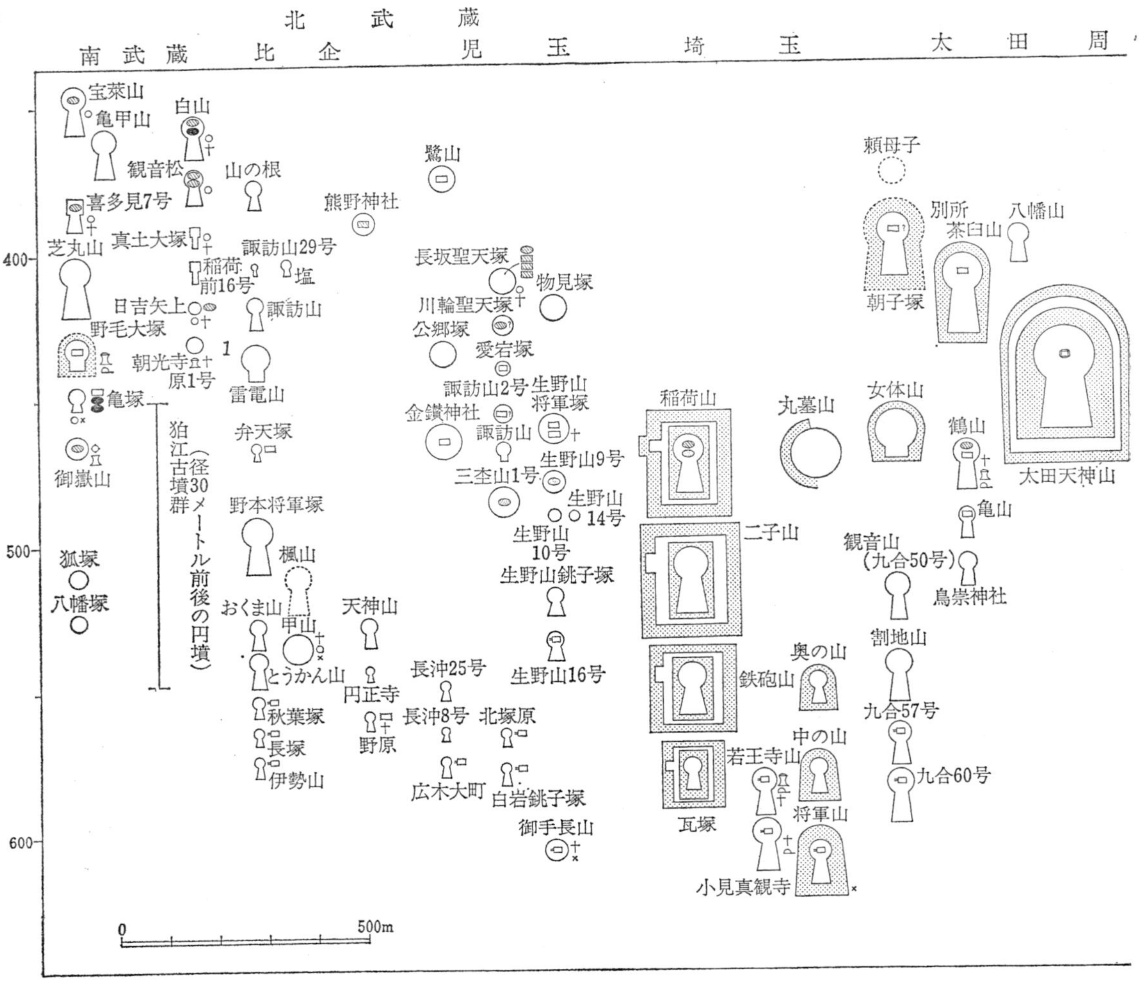
北武蔵
南武蔵
比企
児玉
埼玉
太田周
宝莱山
亀甲山
白山
観音松
山の根
喜多見7号
芝丸山
真土大塚
稲荷前16号
諏訪山29号
塩
日吉矢上
野毛大塚
諏訪山
朝光寺原1号
雷電山
亀塚
狛江古墳群（径30メートル前後の円墳）
弁天塚
御嶽山
野本将軍塚
楓山
狐塚
八幡塚
おくま山
甲山
とうかん山
天神山
円正寺
秋葉塚
長塚
伊勢山
野原
鷲山
熊野神社
長坂聖天塚
物見塚
川輪聖天塚
公郷塚
愛宕塚
諏訪山2号
生野山将軍塚
金鑚神社
諏訪山
生野山9号
三杢山1号
生野山14号
生野山10号
生野山銚子塚
生野山16号
長沖25号
長沖8号
北塚原
広木大町
白岩銚子塚
御手長山
稲荷山
二子山
鉄砲山
瓦塚
丸墓山
女体山
奥の山
中の山
若王寺山
将軍山
小見真観寺
頼母子
別所茶臼山
八幡山
朝子塚
太田天神山
鶴山
亀山
観音山（九合50号）
鳥崇神社
割地山
九合57号
九合60号
400
500
600
0
500m

図 31 武蔵と上毛野の

—別所茶臼山古墳—太田天神山古墳は，全長 124 m—165m—210m と逐次増大するとともに周濠を有し，以降は 100m 前後に縮小し，周濠をもたない。ただし，墳丘全長だけで比較すれば，埼玉古墳群に匹敵する規模を保持しつづけている。

上毛野中部（前橋・伊勢崎地区）にも一つの地域集団が存在したように思われる。4 世紀後半に全長 130m の前方後方墳である八幡山古墳が築造され，ついで全長 129m で周濠をもつ前方後円墳・前橋天神山古墳が登場する。利根川左岸の前方後円墳は，このあと 6 世紀後半の天川二子山古墳まで途絶えるが，伊勢崎周辺のお富士山古墳—丸塚山古墳—華蔵寺古墳が継続し，6 世紀後半以降，北方の前二子・中二子・後二子各古墳と利根川左岸の天川二子山・山王二子山・山王王塚各古墳に分枝するように思われる。分枝した二群のうち，前者には盾形周濠がともない主体的な集団と考えられる。前橋天神山古墳は長大な粘土槨に三角縁四神四獣鏡を含む鏡 6 面をはじめ豊富な副葬品をもち，お富士山古墳は長持型石棺を埋葬施設とするなど，いわゆる畿内色が強い。全長 180m のお富士山古墳を別格とすれば，いずれも全長 100m 前後の前方後円墳が継続しており，首長墓系譜の古墳群と考えることができる。

井野川流域には 6 世紀の顕著な古墳が知られている。中流域の保渡田（ほとだ）愛宕塚・保渡田八幡塚と下流域の綿貫観音山古墳は，いずれも二重周濠をもつ前方後円墳で，5 世紀後半の不動山古墳から 6 世紀末の綿貫観音山古墳まで，地域は異なるものの一つの系譜をたどりうるように思われる。

（3） 武蔵と上毛野の古墳の動向

武蔵と上毛野で 4 世紀の古墳が卓越するのは南

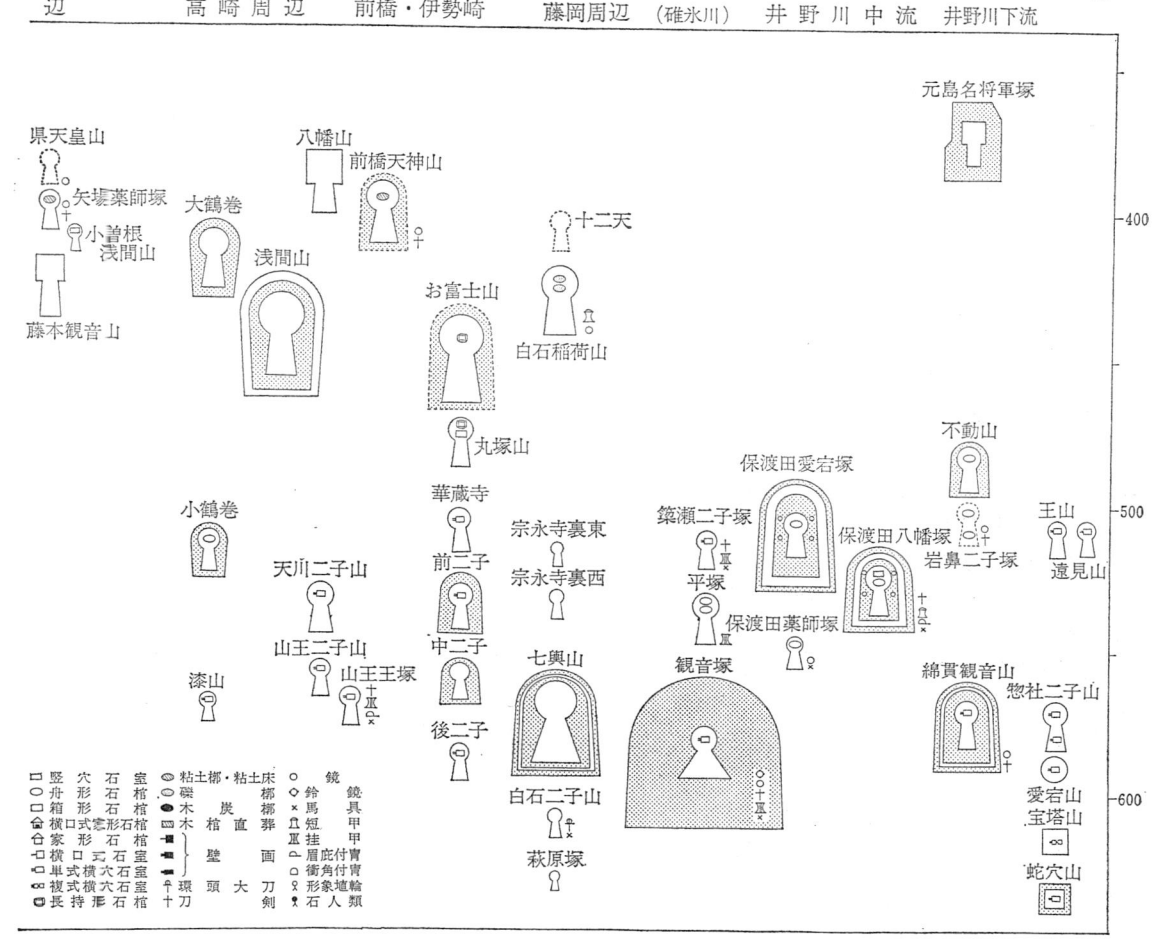

主要古墳

武蔵の多摩川流域である。そこには，全長 100m
の前方後円墳である宝萊山古墳・亀甲山古墳や白
山古墳・観音松古墳などがある。しかし，ほぼ同
じ頃に，北武蔵の比企丘陵には山の根古墳（前方
後円墳）があり，上毛野西部に元島名将軍塚古墳
（前方後方墳），同中部に前橋八幡山古墳（前方後方
墳），同東部に頼母子古墳（円墳）・県天皇山古墳
（前方後方墳）などがあり，中部の前橋天神山古
墳，東部の太田朝子塚古墳が継続する。したがっ
て，4 世紀後半の南武蔵の卓越性は，従来言われ
ているほど顕著なものではなく，少なくとも上毛
野の各地域にはほぼ同等の地域勢力の存在が予想
される。

　5 世紀前半・中葉には，上毛野西部の浅間山古
墳，同中部のお富士山古墳，同東部の太田天神山
古墳・別所茶臼山古墳などがそれぞれの地域の系

譜の中から大型前方後円墳を築造する。とくに，
浅間山古墳と太田天神山古墳は馬蹄形の二重周濠
をもち，お富士山古墳は近畿大王墓と同等の長持
型石棺をもつ。5 世紀の前方後円墳の二重周濠は
特定の近畿大王墓（津堂城山古墳・誉田山古墳・大
山古墳など）がもつ兆域施設であり，兆域全長は
310m（浅間山古墳）から 360m（太田天神山）に達
する。この頃の上毛野の雄族は一つではなく，太
田天神山古墳を要としながらも，高崎，前橋・伊
勢崎，太田の 3 地域に鼎立していたのである。

　5 世紀後半，それまで顕著な古墳がつくられて
いなかった埼玉地域に丸墓山古墳，あるいは稲荷
山古墳が築造される。稲荷山古墳は墳丘全長 120
m の前方後円墳で，長方形の二重周濠をもち，
その規模は 170m×220m に及ぶ。5 世紀後半の
100m クラスの前方後円墳は，上毛野西部の丸塚

89

山古墳・不動山古墳と同東部の鶴山古墳であり，やや年代幅をとれば北武蔵・比企丘陵の野本将軍塚古墳が加わる。これらの中で稲荷山古墳は，墳丘全長はさほど飛びぬけてはいないが，周濠をもつ点で優位にある。上毛野東部の鶴山古墳と亀山古墳は，伝統的な竪穴式石室を埋葬施設とし，同東部の不動山古墳はこのあと卓越する舟形石棺をもつのに対し，稲荷山古墳は粘土槨・礫槨であり，異なった様相をみせている。

6世紀を通じて埼玉古墳群は，稲荷山古墳系列と奥の山古墳系列がそれぞれ独自の周濠をもって継続する。武蔵・上毛野を通じて6世紀の埼玉古墳群に匹敵する古墳群は，上毛野西部，井野川中・下流域の保渡田・綿貫の古墳であろう。5世紀後半に，それまで顕著な古墳がみられなかった地域に全長94mの前方後円墳（不動山古墳）をつくっている点と，6世紀に入って保渡田愛宕塚古墳—保渡田八幡塚古墳—綿貫観音山古墳と二重周濠をもつ100mクラスの前方後円墳が継続する点でも埼玉古墳群と共通している。ただし，周濠形態と埋葬施設に差があり，それぞれ独自の勢力である。

ほかにも，上毛野中部には周濠をもって継続する前二子・中二子両古墳があり，周濠はもたないが墳丘規模では埼玉古墳群に匹敵する上毛野東部の九合50号墳—割地山古墳—九合57号墳—九合60号墳があり，上毛野の各地域集団は6世紀を通じて勢力を保持していることがわかる。だからこそ，6世紀後半の上毛野西部に二重周濠をもち同時期では武蔵・上毛野の中でもっとも規模の大きい七輿山古墳と兆域（周濠）全長315mの観音塚古墳が出現しえたのであろう。

（4）「争乱」の想定

安閑紀元年条の記載が史実であれば，武蔵国造職をめぐる争乱は534年に鎮圧された。前項までに述べたことと図31によって，6世紀前半に古墳群が断絶するか，著しく規模を縮小する例は認められるであろうか。武蔵・上毛野を通じて該当する古墳群は全く認められない。つまり，安閑紀元年の記載は，そのまま史実と認めることはできない。

それでは，いま（記紀編さん時）の武蔵の地域で，かつて争乱があったという伝承が安閑紀元年条に仮託された，とした場合はどうであろうか。5世紀後半段階に注目したい。

大型古墳の築造が認められない地域——上毛野西部（高崎），同（藤岡）。

前代の古墳規模を半減する地域——北武蔵（比企丘陵），上毛野中部（前橋・伊勢崎），同東部（太田）。

はじめて大型古墳を築造する地域——北武蔵（埼玉），上毛野西部（井野川）。

4世紀の大型古墳出現段階と6世紀末，7世紀前半の大型古墳消滅段階を別にすれば，武蔵・上毛野両地域の古墳群の消長を通じて，5世紀後半に古墳営造に影響を及ぼす事件があったことを思わせる。

「争乱」があったとすれば，5世紀後半と考えるのがもっとも妥当である。そこで，各古墳群の消長を安閑紀元年条の記載と結びつけて考えてみよう。

武蔵地方で豪族が相争い，一方が勝利し，一方が敗退した，という。勝利した側には大和政権が，敗退した側には上毛野の豪族が加担していたらしい。

武蔵地方がのちの武蔵国の範囲と一致していたかどうかは明らかではないが，一応その中で勝者と敗者の古墳を探ってみよう。両者とも，事件として伝承されるほどの戦闘を行ないうる武蔵の豪族であれば，乱に先行する継続的な大型古墳の築造が認められねばならない。候補としては，多摩川流域の古墳群，比企丘陵の古墳群，児玉地方の古墳群をあげることができる。

武蔵地方を仮りに北武蔵に限って考えれば，比企と児玉の争いが想定しうる。その場合，勝者は比企であり，敗者は児玉であろう。なぜなら，比企では5世紀末，6世紀初頭に野本将軍塚古墳（前方後円墳，全長115m）が築造されており，その後も前方後円墳が継続し，つねに墳丘規模において児玉に勝っている。児玉では，5世紀を通じて直径50〜70mの大型円墳（前方後円墳にすれば優に100mをこえる）を継起的に築造していた在地豪族であったが，6世紀を境にしてかつての大型円墳の直径程度の前方後円墳に代り，6世紀を通じて規模縮小の方向をたどっている。比企は4，5世紀を通じて前方後円墳の地域であり，児玉は墳丘土量でまさる大型円墳をつくり，弥生時代後期以来，上毛野と共通の土器文化圏にあることも伝承の背景として考えることができる。大和政権は，弱者（比企）を介して強者（児玉）を打倒すべく画策したのかもしれない。

武蔵地方がのちの武蔵国の範囲であれば，従来言われているように多摩川流域の古墳が敗者にふさわしい。4世紀以来つづいた前方後円墳が，5世紀中葉以降とだえ，6世紀になっても復活しないのはきわめて象徴的である。その場合，勝者は比企を前面とする比企・児玉連合と考えることも可能であろう。

いずれにしても，埼玉には氏祖の領域を擁して闘うべき豪族は存在していなかったのである。埼玉古墳群形成者が武蔵のいずれかの地から移動してきたものとすれば，比企・児玉の古墳群は6世紀を通じて継続しているので多摩川流域を故地と想定せざるを得ない。したがって，闘いは多摩川流域と比企か児玉，あるいは比企・児玉連合となり，前者が勝者で後者が敗者となる。この場合，勝者の三族は敗者の領域に移り住み，大古墳群を形成したがかつての本拠地には有力な古墳が認められない（有力氏族を配置しない）という難点がある。さらに，敗者に相当する比企に野本将軍塚古墳以下の古墳が築造されつづけることも矛盾する。伝承によれば，敗者は「誅す」とある。

つぎに，隣接する上毛野からの移動を想定すれば，6世紀代の古墳の継続性が弱い高崎地域——浅間山古墳被葬者の後裔が候補に上る。ただし，上毛野には高崎地域を含め埼玉古墳群の特性である長方形周濠の伝統はないし，埋葬施設の点でも粘土榔・礫榔よりも竪穴式石室が主流をなす地域であって，埼玉古墳群の故地としてはふさわしくない。

埼玉古墳群形成者は武蔵・上毛野地方の豪族でないとすれば，長方形周濠で共通性をもつ大和の豪族がうかびあがってくる[6]。大和の主要大型前期古墳群の一つである萱生古墳群では，盟主墳である西殿塚古墳をはじめ3基の前方後円墳に長方形周濠が認められる。大和には他に馬見丘陵の新山古墳と河合城山古墳にあり，数少ない類例であるが，大和と埼玉古墳群に顕著な周濠形態である。しかし，大和には長方形二重周濠はないし，礫榔も主な埋葬施設ではないのがこの想定を弱めている。しかし，さらにわずかな資料を求めれば埼玉稲荷山古墳出土の鋳帯金具が型式学的には新山古墳の類例に近いということ（註5）e文献所収の町田章論文），埼玉古墳群の周濠中堤の造出しを「別区」とみれば，まだ発掘調査による確認は経ていないが，奈良県香芝町狐井城山古墳にその

可能性が認められることが両者を関連づける傍証となるかもしれない。

稲荷山古墳鉄剣銘文には，世々杖刀人首として奉事したとして乎獲居臣を含む8代の人名を記し，天下を左治したとあるが本貫地は記していない。一つの可能性として，稲荷山古墳被葬者は大和政権が武蔵の争乱に介入したときに派遣された武人であり，その時に辛亥銘鉄剣を携えた，と考えることもできる。

一方の当事者である上毛野君の本貫地はどこに求められるであろうか。前項でみたように上毛野で5世紀前半・中葉に大和政権と対抗しうる勢力を蓄えていたのは，高崎，前橋・伊勢崎，太田の3地域であり，中でも太田天神山古墳がきわ立っている。藤岡を加えて，上毛野4地域の豪族のうち1豪族が事に当ったのではないように思われる。確かに高崎では，6世紀の前方後円墳が継続して築造されていないけれども全長88mで周濠をもつ小鶴巻古墳が存在しており，敗者の地域とは言いきれない。おそらく，太田天神山古墳後裔者を盟主とする上毛野連合が大和政権軍（埼玉古墳群被葬者）と闘い，敗れたのであろう。そして，5世紀後半～6世紀前半には埼玉稲荷山古墳・二子山古墳を凌駕する古墳は上毛野全域で築造されることはなかったけれども，前橋・伊勢崎と太田地域では全長100mを前後する前方後円墳が継続している。とくに井野川流域には，埼玉古墳群に対抗するように二重周濠をもつ前方後円墳が3基連続して築造され（保渡田愛宕塚古墳・保渡田八幡塚古墳・綿貫観音山古墳），前二者は在地性の強い舟形石棺を埋葬施設として採用している。

上毛野と北武蔵は，もともと樽式系土器・石田川式系土器の分布地域として，また前方後方形周溝墓の卓越する地域としての共通の文化圏を形成しており，5世紀には上毛野が古墳規模において圧倒的に優位に立っていた。したがって，「武蔵の争乱」は実質的には上毛野領域内のこととして処理されるはずであったのが，大和政権の武力介入によって上毛野豪族連合は一旦は敗退した。しかし，潜在勢力は保持しつづけ，井野川流域の3古墳をはじめとして，七輿山古墳・観音塚古墳を築造し，7世紀には整美な石室をもつ大型方墳——宝塔山古墳・蛇穴山古墳を出現させている。王墓の方墳への転換は，近畿大王家と共通する行為であり，埼玉古墳群ではなし得なかったことである。

図 32　群馬県お富士山古墳出土の長持型石棺

● ま と め ●

　5 世紀後半から 6 世紀前半にかけて，筑紫・吉備・武蔵で「反乱」があったと伝承されている。「反乱」地域の古墳の消長を検討し，「反乱」の実態と「反乱」したと称されている氏族の姓（かばね）と古墳との相関を追求しようと試みた。ただし，姓については文献に記載されている氏族の現地比定が，つねに確定的でないため多くの検討を行なうことができなかった。

　5 世紀後半から 6 世紀前半という時期は，大和政権内の大王位継承に動揺が続いた段階であり，それにともなって各地の豪族が自己の王国を確固たるものにしようとする闘いであったと思われる。3 地域のうち，争乱後大型古墳の築造がやむのは吉備であり，かつて緊密であった吉備と大和の闘いが政権中枢にかかわるものであり，いかに熾烈であったかを思わせる。

　吉備と異なるのは筑紫と上毛野（武蔵）である。両者とも争乱後も前方後円墳は継続し，大和にとっても筑紫・上毛野（武蔵）にとっても闘いを殲滅的に継続しようとするものではなかった。しかし，両地域とも争乱後に大和派遣軍が駐屯した形跡があり，また文献に記されている屯倉や部の設置が争乱を契機として実質的に進行したように思われる。

　おそらくこの時期，文献に記録されていない各地の争乱が相ついだのではないかと思われる。それを検証するためには，より小地域ごとに，大型古墳だけではなく小古墳の消長を含めて検討すれば，各地の争乱の実態が浮かび上がるであろう。

　各地における後期群集墳は，およそ 6 世紀中葉以降に形成される。後期群集墳の形成は 5 世紀後半から 6 世紀前半にかけての各地の「争乱」のあとの新たな体制の出現を示すものであろう。群集墳のあり方に様々な差異があるのは「争乱」の終結のしかたの差異と対応しているのかもしれない。

　結果として争乱は，大和政権の全国的支配が制度として浸透する契機になったのである。

　註
1)　和島誠一・甘粕　健「武蔵の争乱と屯倉の設置」横浜市史，1，1958
2)　甘粕　健「武蔵国造の反乱」古代の日本，7，角川書店，1970
3)　金井塚良一『吉見百穴横穴墓群の研究』校倉書房，1975
　　金井塚良一「稲荷山古墳と武蔵国造の争乱」歴史と人物，1979—6
4)　渡辺貞幸「辛亥銘鉄剣を出土した稲荷山古墳をめぐって」考古学研究，99，1978
5)　a．梅沢重昭「群馬県地域における初期古墳の成立（1）・（2）」群馬県史研究，2・3，1975・1976
　　b．梅沢重昭「毛野の古墳の系譜」考古学ジャーナル，150，1978
　　c．橋本博文「上野東部における首長墓の変遷」考古学研究，102，1979
　　d．田島桂男『日本の古代遺跡―群馬県西部』保育社，1984
　　e．斎藤　忠・柳田敏司・栗原文蔵ほか『埼玉稲荷山古墳』埼玉県教育委員会，1980
　　f．金井塚良一『古代東国史の研究』埼玉新聞社，1980
　　g．埼玉県『新編埼玉県史　資料編 2』1982
　　h．菅谷浩之『北武蔵における古式古墳の成立』児玉町教育委員会，1984
　　i．大谷　猛「東京の古墳 1〜10」東京の文化財，6〜16，1980〜1983
　　j．甘粕　健・久保哲三「古墳文化の地域的特色―関東」日本の考古学，Ⅳ，河出書房，1966
6)　石野博信「前期古墳周辺区画の系譜」森貞次郎博士古稀記念古文化論集，1982（『古墳文化出現期の研究』学生社，1985 に再録）

民俗学・民具学

民具研究は考古遺物としての存在が困難な竹材，藁材などの素材に対してカバーできる点で，緊密に連携できる分野といえる

長崎県立美術博物館学芸員　立平　進
（たてひら・すすむ）

かつて筆者は考古学と民俗学について，いくつかの論考を記したことがある[1]。直接そのことをテーマに掲げたものもあるが，ほとんどの場合それを念頭に置いて書いたものである。そのいくつかについて大まかに考えてみると，物を対象とした論考と心象表現（心意現象）を対象としたものに分れるような気がする。そしてこれを今日の民俗研究の範疇で考えると，前者は民具学に相当し，後者は従来の日本民俗学と深く関係するものといえそうである。

ところでこの二つの区分は，筆者のみならず，この分野の研究者が少なからず関心を持っており，他の分野と提携するときどのように寄与できるかという点は問題となる。一見すると，考古学は民具との関係がより緊密なように思われがちである。しかし民具研究が当然主体となるにしても，民具に加えて，日本民俗学が伝統的に求めてきた神と人とのかかわりにおける心象表現などきわめて根元的な命題を持つテーマがあり，その知識の集積は関係のある出土遺物を解明する際不可分のものとなる。すなわち，後に記すが，現在の民俗学には二つの流れがあり，それが相まって発展していることによる。さらにこれらの研究分野と学際研究を行なう考古学は，その位置するところを正確に把握しておく必要がある。

そこで本稿では民具研究の歩みと動向を記し，それに日本民俗学の研究史的な面から考古学との関係を探ってみようとしたものである。ただし紙面の関係もあり，民具と民俗の全容を記すことはもとより困難なこととはいえ，筆者としても責任が重すぎるし，その一端を感知していただくということにならざるを得ないのかもしれない。

二つの民俗学

日本民俗学の創始者として柳田国男の名を知らぬ人はいないが，日本民俗学に二つの流れがあるといえば柳田国男・折口信夫の両先達を思い描かれる人も少なくない。いずれもその生涯において，個人の名を冠して「柳田民俗学」とか「折口学」と呼ばれるように，一大研究分野をうちたてた偉人であることに由来している。池田彌三郎によれば，折口学は，「折口民俗学，もしくは，折口学という語は，民俗学とは一線を画していた」といわれる[2]。その理由については，ここで深く触れないが，柳田国男は折口信夫の生存中それをあまり認めたがらなかったといういきさつがあった。したがって，内部的な問題がまずあったということを記すにとどめたい。考古学に対しても，折口は柳田のように積極的にはかかわっていない。

そこで日本民俗学に二つの流れがあるというには，もう一方の相方を設定しなければならないのであるが，筆者はそれを渋沢敬三の人と業績に求めたいと思っている。渋沢敬三については，アチックミューゼアムあるいは日本常民文化研究所の名と共に民俗学研究者や物質文化研究者の間に広く知られている。民俗学のよき理解者として多くの研究者を育てながら，自らも足半草履の研究や漁業史関係の調査報告など，共同研究方式をつくり出してその一員となり，主に民具を中心に研究業績を残した偉大な研究者でもあった。今日渋沢の関係した研究成果は，そのほとんどが現在に耐えうるもので，基礎研究に徹したという点で隣接する研究分野でも大変な恩恵を蒙っている。考古学もまた例外ではない。このことについては後に

記すが，現在の考古学を仮にも膠着状態と指摘する人があるならば，必ずや包括的展開の一助となるはずである。

「民具」という用語を最初に使ったのも渋沢敬三で，昭和8年より後のことであった[3]。それまで渋沢は「民俗品」とか「蒐集物」と言う言葉で呼んでいたのであるが，当時一般には土俗品といわれていた時代のことでもあり，相当進歩した考えを持っていたものと思われる。民具という用語は最近まで辞書類にさえほとんど見かけることがなく，それがため一般的な語義がとらえにくいという面があった。しかし一つの用語が学術的な裏付けを持って社会に通用するまでになるにはかなりの年月を要するものと思われる。「民具とは」，一般に，「伝統的な生活のための日用品や生産・生業のための道具をさし，職人がいて機械で多量生産される以前のモノ」と理解され，民具の中には，土地土地に合うように工夫されたものが多く，また厳しい生活条件の中から少しでも生活をよくしようとする心から，あるいは祖先から伝えられたもっとも適合する生活様式の中で生まれてきたものなどがほとんどである。このような概念を育ててきたのが渋沢敬三を中心とする民具研究のグループであった。いま日本常民文化研究所（昭和56年から神奈川大学へ移設）にその伝統の一部は引き継がれている。次章で民具研究史の一端に触れたいが，もう一方の民俗学を渋沢敬三のそれに比する由縁である。

なお二つの民俗学が拠所となる立場を記したわけであるが，民具学には対柳田国男あるいは対柳田民俗学という感覚は全くない。むしろ渋沢が「自分等が特殊の敬愛と同情とを持つ民俗学に」と記すように[4]，たいへん親近感を持っていたことも理解できる。また今日までその伝統は生かされている。

民具研究の動向

昭和49年10月，日本常民文化研究所の主催する第1回民具研究講座が東京の日本青年館で開催された。これは渋沢敬三が大正14年（1925）にアチックミューゼアムを創設して50年目にあたる記念すべき年であった。その50年目に民具研究を進める全国各地の研究者が東京に集まり，実質は自主研究講座という形で民具学の確立に向けて第一歩を踏み出している。第1回民具研究講座

では，民具研究の方法論として，「民具とは」（宮本常一），「編年」（木下忠）をはじめ，実務では，「調査」（田村善次郎），「収集と整理」（田辺悟），「展示」（神崎宣武），「計測と作図」（潮田鉄雄），各地の実態を，「アイヌの民具」（大塚和義），「沖縄の民具」（上江洲均）ほか，と三部構成で講座がくまれており，受講した研究者は一様にその必要性を再確認している[5]。

さらに翌年，昭和50年には，そのような気運の中から第2回民具研究講座を機に日本民具学会が誕生している。このような前後の状況について宮本常一などは，柳田国男が還暦の記念にと昭和10年7月，同じ日本青年館で計画した民俗学講習会の盛りあがりを思い出すと述懐しているほどであった。その間約40年，遅ればせながら，二つの民俗学はここに一応両輪の一つとして形を整えたともいえる。しかし組織はどうであれ，地道な研究がどれだけこのような会や機関を通して実現していくか，深く反省して見なければならないという提言がなされており，それ以来この提言は民具学会の課題となっている。

このことについて日本民具学会の初代代表幹事であった有賀喜左衛門は，次のように記している。「日本において，民具の研究はまだ極めて未熟であり，—略—民具の研究はなぜ大切であるかということは一般に理解されていないので，—略—これを国民の教育に活用する方法も不十分な状況である。—略—民具に関する正しい理解を啓蒙する仕事に努力しなければならぬ」[6]という発会の起草文がある。

さてこれらの大きな動きは実際にはどのような形で個々の研究へ反映しているのか，あるいは隣接する研究分野へ影響を与えているのか，その動きがやはり気にかかる。その目安として民具学会から発刊されている『民具研究』と常民文化研究所から出されている『民具マンスリー』をあげることができる。

前者においては，昭和60年1月で55号（隔月刊，B5判，10頁）を数え，日本各地で誰がどのような研究を行なっているか，毎号詳しく紹介されている。この中で注意をひくのが，毎回巻頭に掲げられる民具の実測図である。民具学会が発足して昭和59年には10周年を迎え，最大の収穫といわれるのがこの実測図の普及である。これはとくに考古学と関係することであるが，会員の中

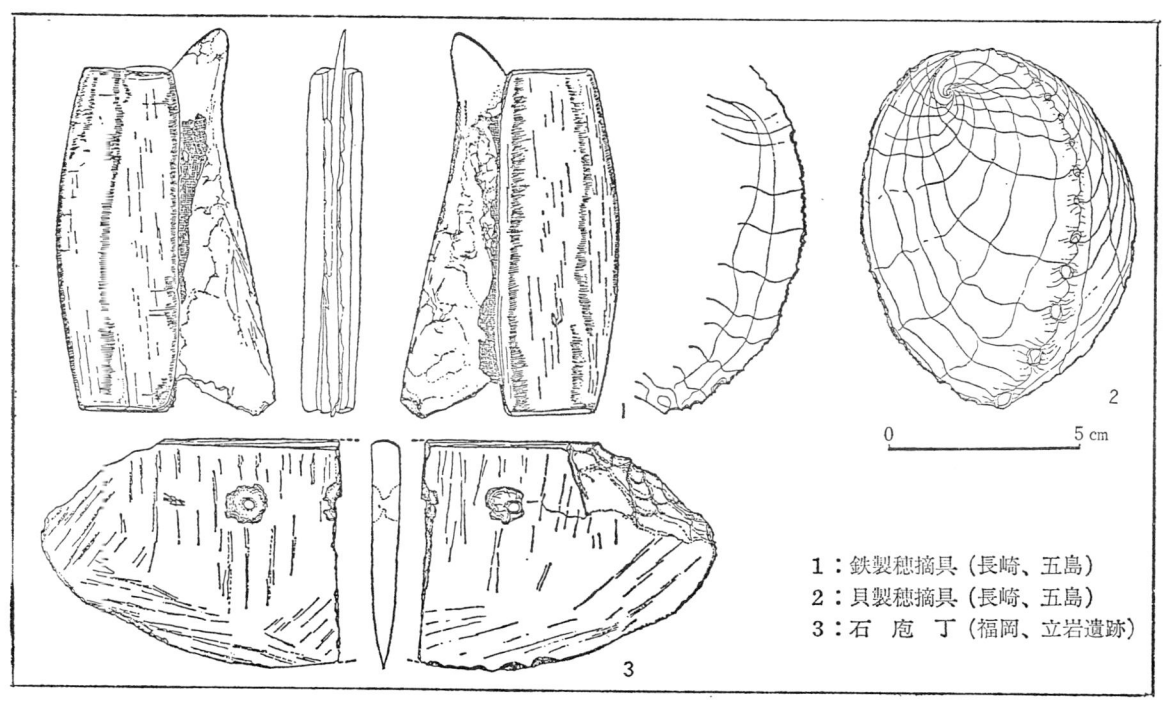

1：鉄製穂摘具（長崎、五島）
2：貝製穂摘具（長崎、五島）
3：石 庖 丁（福岡、立岩遺跡）

民具（1・2）と考古資料（3）

には考古学の研究者が何人もおり，その影響力もかなり強いが，独自の展開をとげているともいえる。また会員の中には考古学とは全く無関係でありながら，4,000 点近くもの民具の実測を行なったという人がいて，学会とは何らかの関係を持ちながら活動している。なお会誌編集の担当者は，伝統的な基礎研究を重んじるため，当初計画した方針をなみなみならぬ決意で遂行している。

なお余談ではあるが，今日の民具研究はモノを中心にすえ，従来行なわれてきた聞き取り調査に文献を加えた形で行なわれることを理想としている。モノはまた形態的立場と機能的立場から見る傾向が定着しつつあり，考古学の方法論と全く重なることになる。しかもその上に聞き取りができることは，民具を生態的にとらえることも可能であり，考古学の何倍もの情報を得ることができるはずである。しかしそうした有利な条件で研究を進めることができる可能性がありながら，一方では着々と実測図を集積していくという傾向も広く行きわたり，考古学とはまさに連携できる条件がそろってきつつある。

宮本常一にいわせると，「民俗学は年代の ない歴史だといわれて来たが，渋沢は年代はあるのだと信じていた。年代のない歴史はない。民衆はちゃんとした歴史を持っている。そしてそれは方法によって発見できるものだと信じていた」[7] という。このことからは多分に考古学を意識したことも推測されるが，大きく見て民俗学は歴史学であるという基本的な考えがうかがわれるところである。考古学もまた同じ立場にある研究分野と確認しておきたい。

研究の歩み

ここではとくに考古学との関係で，どのように基礎的な研究が行なわれてきたかということについて記したい。

まず民具調査法の確立のため，次の三つの論考をあげることができる。渋沢敬三「蒐集物目安」（『アチックミューゼアム』1930），アチックミューゼアム刊『民具蒐集調査要目』（1936），渋沢敬三ほか「民具問答集」（『アチックミューゼアムノート』第1号，1937）。この三つの中で蒐集調査要目は，蒐集要目と調査要目に分れ，前者は民具の全容と用途分類が[8]，後者は調査項目が記されている。これによって民具調査の大枠がほぼ方向づけされており，以後ほとんどの調査は多かれ少なかれこれを基本に考えられていることによる。

そこで考古学との関係であるが，民具の用途別に較べ，出土遺物はまず編年にもとづき時代別に分けられた後，各時代ごとに素材別に分けられる

95

ことが多い。本来ならば，一つの遺跡から出土したものは，民具で分類されたものと同様，時代別に分けられた後，用途別に分類されるのが好ましいのであるが，実際にはその用途が不明確なものが多く，必ずしもその通りにいっていないのが実情である。出土遺物については，用途以前の問題があり，民具と較べると，格段に少ない情報の中で形態や機能の研究に終始することになる。これは遺跡が営まれた当時の遺物がそっくりそのまま残っていないという理由によるもので，土器や石器，鉄器や青銅器のように残るものが限定され，今日民具学が主に対象とする木材，竹材，茅材などは特殊な条件下でしか残らず，考古学にとってこの種の遺物研究はきわめて不利な条件といわなければならない。ここに考古学と民具学の実際上の大きなちがいがあり，逆にいえば今後もっとも緊密に連携できるカギがあるといえる。

ただし，素材別の個別研究が評価されないのではなく，それはそれで今日の考古学を築き上げてきたものとして正当な評価を得たうえでのことであり，民具研究でも竹材や藁材をのみ対象とした研究は多く，今後ともこの方面の研究はもっと推進されることも期している。

ところで調査法の確立前後には，具体的な研究例として足半草履の研究がある（アチックミューゼアム・渋沢ほか「所謂足半に就て」『民族学研究』1—4，2—1，1935，1936）。この研究成果については今日までその影響力は大きく，共同研究の最初の結実であり，民具のこうした技術的，歴史的研究としては日本で最初の試みであったと評価されている（有賀喜左衛門[9]，宮本常一[10]）。さらにこれは渋沢敬三のねらいが民具研究の方法をみつけることにあり，宮本常一はそれを評して次のように記す。

「たかが足半のようなものの調査研究に大ぜいの者が動員されることは，当時としてはいかにも大人気ないことに見えた。しかし渋沢はあえてそれをした。それは民具の研究方法を見つけたいためであった」[10]。そしてその評価について，「試行錯誤の域を出ていない。―略―過去の民具の形態と技術にどのように接近していくべきかが課題として残された」（同書）と記す。宮本常一がこの評を書いたのは昭和 53 年のことであるが，渋沢の反省も宮本ほど具体的ではないにしろその点にあった。宮本は晩年『日本文化の形成』（1979〜80 講述）で考古学資料の操作に強い関心を持ってい

たことにもよろうが。

民具研究が方法的な胎動をしていた時期の日本考古学の状勢は，比較的似たような時代背景のもとで，大躍進のための蓄積の時期でもあった。昭和 10 年頃といえば，甲野勇，山内清男，八幡一郎が土器編年の確立をめざして躍起になっていた頃のことである。山内清男は昭和 12 年に「縄紋土器型式の細別と大別」（『先史考古学』1—1）を，甲野勇は，昭和 10 年に「関東地方に於ける縄文式石器時代文化の変遷」（『史前学雑誌』7—3）を世に送り，その頃から質的に考古学界は変っていくことになる。

民具研究はしかし残念なことに，アチックミューゼアムの研究方式やその成果はあまり一般には広まらず，考古学が戦争で一時暗い時代を過ごしたにもかかわらず，戦後まもなく大きな発展をしていくのとは異なっていた。一方では柳田国男のかかわる日本民俗学の方に流れは傾いており，柳田は昭和 21 年 9 月〜10 月に 3 回日本民俗学講座を開催している（九段旧国防会館）。また翌年 3 月には民俗学研究所を開設して活動する体勢をつくりつつあった。

民具研究がしばらくは一般へ普及しなかった理由の一つに，社会的な動きの中になかったことがあげられる。それは民具が文化財として保存されるという意識があまりにも身近すぎてか養われていなかったためであり，話題になるとしてもそれはあくまでも研究レベルでのことであった。しかし内部で研究保存の努力がなされていなかったわけではない。渋沢自身は，昭和 21 年に民族学協会会長に，のち九学会連合会長を務めるなど，パージ（21 年 5 月〜26 年 8 月）を受けながらも学問研究の近くにいたが，研究所の人々は昭和 7 年以来の水産史研究など基礎研究に力を注ぎ，その傾向はしばらく続いている。

それはそれとして民具にかかわる業績の中から，戦後二つの大きな出版が行なわれている。『日本常民生活絵引』（全 5 巻）が昭和 43 年に，『日本の民具』（全 4 巻）が昭和 39 年から 42 年にかけて出版されている。どちらも民具学はもとより考古学にとってもきわめて貴重な文献である。

渋沢は昭和 38 年になくなっているが，生涯を通して考古学との関係ではあまり発言していない。むしろ民族学的な考え方の中で，かなり考古学的な考えを記していることが多い人であった。

その後，昭和 40 年代の後半あたりから民具の保存が社会的に叫ばれるようになると，考古学の発展もあり，その関係が論じられるようになってきた。その頃発表された木下忠「おおあし」(『民具論集』Ⅰ，1969)，潮田鉄雄「田下駄の変遷」(『民具論集Ⅰ 1969)の両論考はたいへん貴重なもので，今日考古学でこの種の論考にはたいがい参考文献として使用されている。

考古学と民具学および民俗学

本稿では大部分を民具学についやしてしまったが，民俗学の諸々の研究よりは比較的知られていない民具学をという意図があり，かつまた最近研究の広がりと進展が認められる分野ということで，民具の研究をとりあげたものである。そこで結びとして，考古学と民具学および民俗学における位置関係を多少なりとも記しておきたい。

日本民俗学を一身に背負ってきた柳田国男は民俗学研究者の中でもっとも考古学に興味を持ち意識もしていたものと思われるが，考古学を積極的にとりあげ活用しようとした形跡は少なく，自から開いた民俗学によっていろいろな問題解決や説明をつけようとしていた。昭和 10 年頃から 30 年頃まで，それぞれの学問は研究分野の確立に向っている時期であり，柳田自身考古学の中でも大山柏の旦前学は文化人類学に入るものであるとか，民族学は未開民族の研究分野として見ているが，考古学がどの範疇かは物を扱う学問という以外あまり厳密に記してはいない。柳田は，「どうもこれは考古学にたいする陰口になりそうだが，石とか金とかいう永く朽ちないものだけで，いろいろな過去をきめられることは心細い」という感想をもらしている[11]。しかしながら今日では学際研究が盛んになっており，むしろ研究分野の垣根を取り払うことに努力が傾注されている。一方では深化し，他方では総合化への方針が打ち出されており，いわば健全な姿といえる。

例えば，墓制の問題をとりあげて見ても，その関係はたいへん肉迫している。柳田は昭和 4 年に「葬制の沿革について」(『人類学雑誌』500 号，定本 15 巻)を記しているが，考古学研究者のほとんどは今日これをよく読んでいる。そして昭和 56 年には，国分直一が「葬制の沿革」(『東アジアにおける民俗と宗教』1981)を記して，その間の研究の進展と立場の違いを明快に抽出している。両論考

の中で複葬の問題を考えるとき，その立場が明確になる。国分直一は考古学的立場をとり，発掘所見から複葬の起源を縄文時代の後期から晩期に求めている。それに較べて民俗学の立場からは，佐藤米司や竹田聴洲などが両墓制の起源を中世末から近世初頭に置く説を発表しており[12]，複葬の問題は沖縄の洗骨葬や九州の改葬例をその展開要素に入れ複雑な様相を示している。詳しくはこれらの論考を見ていただきたいが，立場を知る上で参考になる。

以上は考古学と民俗学について記したものであるが，本来なら日本民俗学の各分野における具体的な研究例を多く掲げるべきであった。機会があれば稿を改めたい。

註
1) 立平 進「貝庖丁と貝製掻器」考古学ジャーナル，128，1976，立平 進「弥生時代，片刃石器の実態」物質文化，31，1978，立平 進「死者の鳥」考古学ジャーナル，166，1979，など
2) 池田彌三郎「折口学という語」日本民俗文化大系 2—折口信夫，1978
3) 有賀喜左衛門「渋沢敬三と柳田国男・柳宗悦」一つの日本文化論，1975
4) 渋沢敬三『祭魚洞雑録』1933
5) 日本常民文化研究所発行の『民具マンスリー』7—8・9，1974 で，民具研究講座の特集をくんでいる。
6) 有賀喜左衛門「民具学会の創立について」日本民具学会通信，1，1976
7) 宮本常一「はしがき」日本民俗文化大系 3—渋沢敬三，1978，から
8) 民具の用途分類を，1．衣食住に関するもの（細分して 9 項目）から，2．生業，3．通信運搬，4．団体生活，5．儀礼，6．信仰・行事，7．娯楽遊技，8．玩具・縁起物と分類して，それぞれは細分項目を持つ。
9) 註 3) に同じ
10) 註 7) の「所謂足半に就て」から
11) 柳田国男ほか「民俗学について」第二柳田国男対談集，1965，収載の記録から
12) 佐藤米司「両墓制の問題点について」日本民俗社会史研究，1968，竹田聴洲『民俗仏教と祖先信仰』1971，ほか

書評

石野博信著

古墳文化出現期の研究

学生社
A5判　664頁
9,000円

現場と日常的に直面する考古学研究者はややもすると地域に埋没しがちになる。ところが石野博信さんにはそうした殻はなく，神出鬼没，各地に姿を現わし，広い視野と生の資料にもとづく永年の蓄積をもって適切な御教示をいただいている。そうした人柄からことに西日本の若手研究者にとって石野さんはよき兄貴であり，頼もしい存在である。その石野さんが，これまで発表された御論文の中から表題に添う30編をまとめられた。心からお祝いしたい。

本書は前編・古墳出現前史と後編・古墳出現期とに大別され，各々13編・17編の論考によって構成されている。前編は序章および第一〜三章からなり弥生時代の集落が主要な検討の対象となっている。

序章「弥生時代研究の動向」は1969年の研究の動向をうかがう好編である。ただ，以下に紹介するような本書の秀れた論考と必ずしも関連していない。章題を見た読者が期待をしたのはおそらく1983年までの動向を石野さんがどのようにとらえられ，以下の各章でどう展開されているかであったと思う。全体をリードする序章として一考される余地があったのではなかろうか。

第一章「弥生時代の生産と消費」では弥生時代の貯蔵形態とその管理形態を問題とされている。弥生時代の貯蔵形態は前期には集落の一角にいわゆる袋状土坑が集合する例が多いが，中期以降屋内小土坑・屋外土坑・高床倉庫の併用がみられる。こうした三様の貯蔵形態の存在とその変遷から，食糧管理が中期の集落内のいくつかの住居によるものから後期の集落による管理・分配へ変化することを明らかにされている。さらに高床倉庫（高倉）と住居のかかわりを通じて，高倉の共同管理と中期以降の西日本に出現する支配者による管理の二様の管理形態の変遷を整理され，それに反映する政治権力の成長過程の把握を試みられている。

第二章「高地性集落」は高地性集落に資料を求めつつ集落のもつ防禦的機能を検討され，弥生時代の争乱を論じられている。結論として高地性集落に弥生時代中期後半・後期前半・古墳時代前期初頭の3つのピークを認められ，それぞれを2・3・4世紀のこととして，倭国の大乱，畿内を中心とする政権形成にかかわるたたかい，4世紀の政権による全国平定の足跡と規定された。その後石野さんは北部九州の考古資料に裏付けられた実年代観に依拠するという立場をとられており，補記にあるように1世紀ずつ古く考えられ，したがって先の規定を撤回されている。再検討に期待したい。

第三章「地域社会の動態」は近畿弥生時代社会の成立・展開過程を微細な資料をも丹念に蓄積され追究されている。弥生時代のもう一つの中心である北部九州では精緻な分析を可能とする豊富な墳墓資料の陰にあって，こうした丹念な作業による地域研究はまだ未着手の状態にあり，啓発される部分が多い。

前編が集落を主要な検討の対象とされているのに対し，後編は以下の各章のように墳墓・古墳が対象とされている。

第四章「古墳の出現と展開」には12の論考がまとめられている。少ないスペースではとても紹介できないが，弥生・古墳時代の集団墓と高塚古墳との間のヒアタスの解消，前方後円墳の築造が大和政権による身分秩序の表現であるとされていた見解の再検討など，古墳出現期の諸相を追究されている。ことに纒向遺跡の成果を基準に，土師器編年によって古墳を墳丘・埋葬施設・副葬品・墓制の変革など多方面から論じられている。その結果，弥生時代終末に高塚古墳の出現をみておられる。

第五章「農耕と祭祀」は古墳時代の水稲耕作と祭祀形態の問題を論じられている。後者では4・5世紀の祭祀形態を5型に分類され，首長権継承儀礼の場としての古墳で行なわれる墳墓型祭祀が古墳以外に祭天の場を設ける玉手山型祭祀へと展開し，やがては王の居館で行なわれる壇場型祭祀へと向かうであろうと推論されている。

第六章「奈良盆地東南部の前期古墳と集落」では第四章の具体相を大和政権の所在地である奈良盆地に例をとって検討されている。奈良盆地東南部の前期古墳から出土した土師器を纒向の土器編年観にもとづいて整理し，各古墳を編年される。その結果として，纒向一式期に首長墓として石塚古墳，二式・三式前半期に王墓としての典型的な前方後円墳が出現するが，大王墓の出現は三式期の箸墓古墳に始まるなど，その成立過程と構成を述べられている。

以上，大雑把に本書の内容を紹介した。本書におさめられた30編の論考はいずれも学史的評価を得ている。発表後の成果や実年代のような石野さん御自身の見解の変化など，補記で述べられているように問題点を含む論考もあるが，古墳出現期の中心である近畿に腰を据えられつつ全体を見通された本書は今後十分活用されていくであろう。　　（高倉洋彰）

書評

藤本　強著

考古学を考える
—方法論的展望と課題—

雄山閣出版
四六判　241 頁
1,800 円

　考古学に興味をいだくアマチュアの人々にとっ
て，各地域から発掘される考古資料はロマンをあた
えてくれるらしい。そして，より多くの未知のもの
が出土することをのぞんでいる。こうした目で考古
学者を見れば，多くの人々に夢をあたえる役割を果
しているともとれる。また，開発者の側から見れ
ば，埋蔵文化財は莫大な金食い虫で，時には保存を
するなど恐ろしい存在である。遺跡が確認される
と，発掘し記録保存することが前提のため，開発者
は工事の促進という名目で多額の費用を支出してで
も，発掘者に頭を下げる。見方によっては，考古学
者なくして開発ができないのが現状であろう。

　この現状に大半の考古学者は，よき解決策がない
かと苦慮しながら遺跡に立っている。しかし発掘の
9割ちかくが工事によるもので，もはや事前調査が
考古学界に腰をすえてしまい，私もふくめ，埋蔵文
化財の危機を身をもって守る傾向がうすらぎ，時勢
に流されつつある。それは発掘調査団や報告書の内
容，資料の保存活用にも一部あらわれている。い
ま，考古学はあらゆる面で大きな転機をむかえ，私
をふくめ考古学にとりくむ人々の研究姿勢に問題が
ある。著者はこの点を強く指摘している。

　本書は，埋蔵文化財の危機および研究者の主体性
などに焦点をしぼりながら，具体例を提示しつつ著
者の考えをのべている。考古学を学ぶ者や発掘者に
は，かならず追究への目的がなくてはいけない。著
者が問題点をしめされているので，そのいくつかを
紹介するが，それは私と共通するところがある。

　考古学者は，みずからの学問の基礎資料である遺
跡の消滅に加担し，事前調査の報告書は客観的資料
化という名目で，遺構・遺物の資料集である。もっ
と発掘者の主観性を出すようにとの意見には賛成で
ある。詳細な記録による情報がふえても，遺跡・遺
物がどのように使われたかという面の研究が欠けて
いては，人間の生活の復原は不可能で，精神的側面
の追究がおくれる。おそらく，21 世紀の考古学は

この分野を掘り下げるであろうと私は思う。

　文化は価値観と環境との対応を根底とした重層
的・多面的な構造をもつため，技術・社会・思想的
側面からの研究が必要だと強調している。

　本書を貫くものは，発掘した資料はたまたま残っ
た文化の一部で，日に日に実験場（発掘現場）が消
滅するとともに，研究者の問題意識のもちかたや学
問の根本にかかわる方法論の問題についての危惧感
である。その救助策なるものを，著者は語っている。

　著者は内外につうじた考古学の知識と豊富な体
験，前記した課題を意識した調査と研究の成果にも
とづき，人間生活の復原をめざしている。

　本書は，発掘現場で指揮をとる若手研究者やおの
れの研究に自信をもっている人たちにも熟読してほ
しい。各章ごとに，著者の意図するところと自分の
姿勢をくらべてみると，そこに新たな発見があり，
考古資料にむかう心がまえを再認識できる。若手研
究者の学究への柔軟な姿勢と実践が，今日かかえて
いる考古学の危機を救い，あるいは研究体制の転換
に大きな役割を果すので，その担い手になってほし
い。できることなら，著者のような方法論を発表さ
れ，さまざまな意見を交わし，人間の生活の復原へ
前進されることをのぞむ。本書は，そのよきテキス
トである。　　　　　　　　　　　　　（関　俊彦）

木下　忠著

日本農耕技術
の起源と伝統

雄山閣出版
A 5 判　278 頁
3,000 円

　本書の主題は農耕具を通して見た日本農耕技術史
の研究である。まず弥生式土器の発見にはじまる日
本における農耕文化起源論から，近年の縄文農耕論
さらに照葉樹林文化論におよぶ学説史を丁寧に説き
起す。そして 2 章からの本論で，鍬，鋤，掘り棒，
犂，鎌，おおあしといった具体的な農具を，それら
と同定される遺物を通してひとつひとつ検討するこ
とによって農耕技術の起源と発展の跡を追う。

　私が興味深く読み進めたのは，これらの主題はも
ちろんのことながら著者の方法論における次の主張
であった。つまり「原始古代の遺物を解釈するにあ
たって，民俗資料がいかに寄与するかということ」
である。「民俗資料を媒介とすることによって古代
の遺物の機能に対する同定は，単なる憶説の域を脱
して，より真理に近いものとなる」という確信だ。
この方法論は前著『埋甕—古代の出産習俗—』にも
貫かれていた。著者の方法では，まず出土遺物を提
示し，この同定に民俗資料を利用する。今までも遺

物の機能推定に「民俗例」が利用されることがなかったわけではない。しかし、日本の伝統的な技術文化の研究は、ようやくはじまったばかり。従来は一部の研究を除くと、こういう「民俗例」があるという程度の安易な利用のされ方が多かった。しかし民具研究の機運が高まり民具学会設立から10年、ようやく蓄積も多くなってきた現在、遺物の理解にも民具研究の成果から積極的に支持されたり、否定されるものがでてきたのである。著者は遺物の形態から導かれる機能に当てはまる「民俗例」をみつけ出すだけではなく、伝統的な農具の日本における使用状況や歴史的変遷を跡付けたうえでの同定をされている。本書終りの二章に示された「明治の農具絵図」の新「発掘」と紹介とに見られるように、文献による跡付けを強く意識し、「発達変遷の古さの順序を位置づけること」が行なわれている。素朴に見えても意外に近年の変化で生じた用具や技術があることに留意する必要がある。このような方法が、ある程度可能な背景には「基層文化における世代的伝承性」あるいは「基層文化の空間的伝承性」といったものの存在が強く意識されるのである。

民具研究の側も「考古資料を媒介とすることによって、より原初的、より基本的な形式」に接近することが可能になるし、これが考古学と民具研究の提携を強く実現させるだろう。しかし、私などのように民俗、民具研究の立場から伝統的物質文化に関心を持つ者にとって憂慮されることは、著者も指摘するように近年の生活文化の急速な変革で伝統的な生活技術そのものが消滅する危機的状況にあることだ。ここ5年10年の歳月が物質文化研究にとってとりわけ貴重だという言葉が胸を突きさすように感じられる。「わが国の遺跡遺物の研究に対して、効果的な民俗学からの光が永久に照射できなくなる」のではないかという指摘に考古学者も真剣に耳を傾けていただきたい。著者の期待どおり考古学側からも問題が提起され、できれば考古学側からも民俗調査に従事する機運がでてくることを望みたい。考古学民俗学の枠を越え、わが国の物質文化研究の進展に、この書が果す役割は大きいだろう。（神野善治）

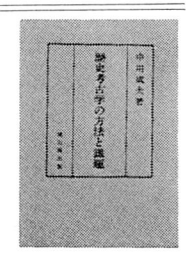

中川成夫著

歴史考古学の
　方法と課題

雄山閣出版
Ａ5判　250頁
3,800円

本書は、1歴史考古学の課題、2考古学と文献、3地域研究、4生産と技術、5先師・先友の5篇から成っている。

本書収録の論文は比較的入手困難なものが少なくない。それらを一本に収められたことは、われわれ後学にとって大変有難いことである。

第1篇では、それぞれの執筆時におけるものをそのまま収めたもので、学史的に高く評価され、今日においても不変のものである。しかし、欲をいえば、旧稿は学史的に重要なもので、そのままで価値高いが、さらに今日の中川教授の民俗学的知見を盛り込んだ深く広い見識のもとに歴史考古学に対する現状と今後への提言を歯に衣きせぬ筆致で御記述いただけたらと……後学として欲求するものである。

第2篇中の中尊寺に関する一連の御研究は、考古資料と文献資料によって展開されたもので、ともに両者の資料は十分であるとはいえないが、双方の資料を存分に批判、吟味した立論、推考は優れた論文としてきわめて重要な研究成果といえる。文書資料の吟味においても、文献史学的立場からでは真実を把握し得られず、考古資料（遺跡・遺物）を加味することによって、文書資料そのものに生命があたえられるもので、古代に比べて文書資料は豊かである。とはいえ、それによって真実を解明し得ないからこそ、中川教授の中尊寺へ取り組む情熱と真摯な学究の面目を強く感ずる。教授にとっては未だ書き加えたいことの多々あろうと思うが、歴史考古学の方法論の一つとして、文献（文書）の吟味と考古成果との合成の成果は、後学にとって一つの師表たるべきもので、その研究の態度において立派なものであり、教授の人間性の故であると思う。

第3篇は、御郷里の古代、中世の諸般にわたって、豊かな広い学識を証する論文をもって地域研究の一篇を構成されている。ことに中世墓の研究は、今後同種の研究に一指針をあたえるものであり、文書資料の扱いにも教授らしい緻密さが窺える。

第4篇は生産と技術に関するもので、ことに狼沢（おおえんざわ）窯跡の研究は、この地域の常滑系譜に属する窯業の存在は、中世領主とのかかわり、さらには経済性の問題、この地域をカバーしている珠洲、越前の窯業商圏との関連の有無など、教授の考察を基底として今後に解明さるべき一つの課題として重要かつ問題とすべき研究成果である。

第5篇は先師・先友に対するものが収められ、人間中川成夫の一面を窺い知ることのできるものである。教授は真実を以って人に接し、人に対し、また真実をもって学芸を批判して来られたから、ともすると毒舌家のレッテルを貼られ、誤解されるのであるが、教授の心底には温かい人間味が満ちていることは、約40年の交友の間に存分に承知していることである。若い学究のみならず、後学の私など、その研究の態度に学ぶべき多くがある。私は本書を座右の一書に加え、学芸のきびしさを常に顧みることとしたい。
（大川　清）

論文展望

選定委員
(五十音順略)(敬称略)
石野博信
岩崎卓也
坂詰秀一
永峯光一

小野正文

縄文時代における猪飼養問題

甲府盆地―その歴史と地域性
p. 47～p. 76

小稿は，(1)はじめに，(2)飼養・非飼養論各説，(3)イノシシについて，(4)年齢構成と飼養，(5)埋置および埋納，(6)造形とモデル，(7)飼養論という構成である。

(1)で山梨県下に多い縄文中期のイノシシ把手を研究の出発点としたと述べ，(2)で先学の飼養・非飼養論を紹介しているが直良信夫氏を除いて骨学や動物学に精通した研究者ほど飼養論に懐疑的である点が特徴的である。(3)では動物学・動物生態学的にイノシシについての知識が必要である点を述べ，イノシシ自体が飼養に適した能力を充分持った動物である諸特徴をあげた。(4)ではイノシシの年齢構成と飼養論について触れ，中国河姆渡遺跡や大阪府池上遺跡の研究成果を紹介して，未成時のイノシシ骨が多い点は，意外にも縄文各期のデータと一致するのではあるまいかと指摘した。ところが縄文晩期は異常に狩猟依存度が高くなった時期であり，比較資料としては問題があると考えた。(5)では人と動物のかかわりあいの結果である埋置および埋納がより重要な論拠となると述べ，全国各地の資料の集成を試みた。

次に(6)では縄文前期諸磯b式の浮縄文土器に縄文土器の中では初めて具象的な造形としてイノシシが採用され，以後中期のイノシシ把手，後晩期のイノシシ形土製品に変化していくと述べた。(7)ではイノシシ飼養の画期を諸磯b式期に求め，それを縄文文化以外の文化との交渉の中で生じたと仮定した。そして，それ以降のイノシシ飼養もまた一貫して未熟な半飼育の段階にあり，野生種と自由に交配していたからこそ，骨学的変化はなかったのである。そしてイノシシ飼養の目的は単なる糧ではなく，獣肉を欠かすことのできない縄文祭祀，呪術のためであったと考えられるとした。　（小野正文）

西田泰民

精製土器と粗製土器

東大考古学研究室紀要　3 号
p. 1～p. 25

縄文土器はとくに後期以降，器種の分化が進むとともに，精製土器，粗製土器とよばれ区別されるものが出てくる。その差については通常，用途の差と説明され，精製土器の方がより広い分布を見せることも指摘されているが，それらの製作技法の差についての検討は十分とは言えない状況である。

土器の用途，器種による製作法の違いについて，民族例では火にかける土器や水甕の製作にあたって，他の土器とは異なる素地を使うことが報告されているものがある。また，考古学的資料についても同様な指摘がいくつかされている。そこで縄文土器についても同様の現象が観察されるか検証するために胎土分析を試みた。

資料は市原市祇園原貝塚出土の加曾利B2式を中心とする土器100片で，プレパラートを製作して，偏光顕微鏡により観察を行なったが，胎土中に含まれる岩石や鉱物にはとくに差は認められなかった。そこでポイントカウンターを用い，胎土中の砂粒の粒度の検討を行なったところ，歴然とした差ではなかったが，精製土器の方がより多くの粗粒の砂を含む傾向があるという予想外の結果を得た。この結果から，民族例に基づき，精製土器が調理や貯水用の容器であったとすることはできない。出土量，器種からみて，精製土器が主体的日常用器であったとは考え難く，また肉眼観察でも粗製土器の方が精製土器より粗い砂粒を含んでいることがわかる地域もあるからである。さらに資料とした土器片には主要な器種が含まれていたが，器種と粒度の有意な関係はつかむことができなかった。つまりこの差は用途の差ではなく，製作時点での何らかの差であると考える方がよさそうである。製作地や製作集団の違い，また異なった素地調整を必要とする粘土の使用といったことが想定できよう。精製・粗製土器には文様にとどまらない違いがあったのは確かなようである。　（西田泰民）

田中良之・松永幸男

広域土器分布圏の諸相

古文化談叢　14 号
p. 81～p. 117

鐘崎式土器は九州のほぼ全域に初めて定着した磨消縄文土器として著明である。従来その成立や評価についてはその在地性が強調されてきたが，われわれは縁帯文土器と総称される類似した土器群が西日本に並立することに着目し，これらを一括して関係の有無を含めた相互関係について分析した。

まず口縁形態・口縁部主文様・施文部位など7属性を抽出し，属性変異の同一個体内共伴関係をもとに2属性ごとの相関表を作製した。つぎにこの操作を各属性すべての組み合わせについて行なうことにより多元的な属性変異の相関を把握し，タイプ群を抽出した。そして先行・後出する土器様式との近縁度や遺構内一括資料，層位的関係などから，これらタイプ群

が大きく2段階に大別され，一部には4小期に分けうるという結果を得た。また各地域における属性変異の出現頻度を求めセリエーショングラムを作製したところ，各属性変異は西日本において広範に共有されていること，その共有状況にも，施文部位など各地域で同様なあり方を示すものと，漸移的な地理勾配を示す胴部文様などの二者が看取された。よって鐘崎式を含めたこれら緑帯文土器は，各々の地域性を示すものの，明瞭な境界を設定し難い一系の土器群であることが明らかとなった。

さらに近似する土器様式の並立について，弥生時代の同様な現象を扱った都出比呂志氏の論と対比しつつ，土器分布圏が通婚圏に規定されるものではなく，むしろ情報伝達を保証する社会関係を背景としたコミュニケーション・システムの範囲として把握すべきであることを論じた。そして土器様式間の類似もしくは隔絶はこのコミュニケーション・システムの開閉によって規定されるものであることをあわせて論じ，中期末〜後期初頭からの動きを経て中葉に至って完成したこの広域コミュニケーション圏は，類縁度の上昇と低下をくり返しながらも弥生時代を迎えるまで継続されていたことを示した。　　（田中良之・松永幸男）

今尾文昭

古墳祭祀の画一性と非画一性

橿原考古学研究所論集　6集
p. 111〜p. 166

前方後円墳は当初から強い画一性をもって出現するといわれてきた。それならば古墳内外で執行された儀礼にも強い画一性があってしかるべきである。つまりより古くより隔絶した内容を持つ古墳での古墳祭祀は，周辺のより新しい時期の古墳において着実に模倣されたであろう。この場合は各地に波及する以前の段階で古墳祭祀が十分に画一化していたという前提

条件が必要であるが，もしそうでないならば事態は別の形で展開したのではなかろうか。そこでこの程度をはかることが本稿の目的であり，手がかりとして前期古墳の副葬品の配列状況を考えてみた。

副葬品の配列行為は1棺内，2棺外，3石室内（粘土槨外）という異なった三つの空間（段階）になされる。主体部構造の検討から1は被葬者が祭祀参加者にみえる状態，2は棺蓋が閉じられ被葬者の姿がみえなくなった後に実施される，3は棺自体が祭祀参加者の大半にはみえない状態となることを明らかにした。ここで重要なことは，被葬者と祭祀主宰者・参加者との関わりであり，段階ごとにそれが変化している点である。視覚上の変化を重視すると，1は被葬者への葬送行為，3は次代の王の存在を喧伝する格好の場，そして2は被葬者への葬送の一定の完了と次代の王の継承を示す儀礼行為がなされたといえよう。

この視点にたつと1の段階で副葬品配列に伴う儀礼行為が完了する古墳と，2や3の段階までなされる古墳では祭祀の意味あいが異なってくる。各古墳の配列状況を整理すると，1は関東・東北地域，3は近畿の古墳に多く，両地域が異質な古墳祭祀圏を形成していた可能性を示すのではなかろうか。また同種の副葬品を二つの段階に反復して配列する状況，棺側左右や棺両小口に対置して配列する状況がある。すなわち古墳上で展開した儀礼は，反復と対置の両要素が基本であり，この点が弥生墓における儀礼行為と根本的に異なる点と考えられる。（今尾文昭）

城ヶ谷和広

七，八世紀における須恵器生産の展開に関する一考察

考古学雑誌　70巻2号
p. 9〜p. 37

5世紀代に始まった須恵器生産は，7世紀になり，供膳形態を中

心に大きく変化した。飛鳥・藤原・平城宮の成果では，新しい土器群の特徴として，「規格性をもった器種分化」が存在することが指摘されているが，どのような規格性をもち，どのように器種分化するのか，明らかにされていない。

窯跡出土資料では，尾張地方においては，7世紀後半のI-17号窯期より口径による器種分化が見られ，8世紀前半のC-2号窯期にピークをむかえる。8世紀中葉のI-25号窯期になると器種が減少し始め，徐々に器種分化が少なくなり，8世紀末のO-10号窯期では，無台杯身の器種分化が見られなくなる。器種分化の方向性として，無台杯身では，径高指数による器種分化，有台杯身では，器高に沿った器種分化が見られる。また，各器種の口径は時代により大きく変化するものではなく，ある程度決まっていたものと想像される。各尺度に換算してみると，基準として唐大尺が存在することがわかった。尾張地方窯跡出土資料で見られた結果は，飛鳥・藤原・平城宮出土須恵器の傾向とも一致する。

この器種分化に関連して注目されるのが韓国雁鴨池の発掘調査である。雁鴨池では大量の椀が出土しており，それらは金属器を模倣した形態で人夫の使ったものと考えられている。この土器群は新たに生み出されたものであるが，須恵器有台杯身とよく似た器種分化が見られるのは興味深い。出土状況などを考えると，この時期に朝鮮半島より，「箸」「匙」「折敷」などを伴った新しい食生活様式が入ったことにより，須恵器に大変革がおきたと考えたい。とくに有台杯身は，それに対応し独自に生み出された新しい形態である。

今後の課題として，消費遺跡，とくに地方の官衙での状況がどうなっているのか，また一般集落遺跡との比較などを，考えていかなければならない。　（城ヶ谷和広）

文献解題

岡本桂典編

◆橿原考古学研究所論集　第6　橿原考古学研究所編　吉川弘文館刊　1984年12月　A5判　530頁

古代刀剣銘と稲荷山鉄剣銘
　　　………岸　俊男
纒向遺跡と初期ヤマト政権
　　　………寺沢　薫
古代仁居の日常容器……石野博信
古墳祭祀の画一性と非画一性―前期古墳の副葬品配列から考える―………今尾文昭
古墳墳丘上祭祀の問題―新沢千塚古墳群の事例を中心として―
　　　………伊達宗泰
築造企画からみた前方後円墳の群的構成の検討―巨大古墳の出現とその背景―………宮川　徏
前方後円墳における築造企画の展開〈その三〉―巨大古墳にみられる吉備と畿内―……上田宏範
日本出土帯金具の系譜…千賀　久
横穴式石室構築技法の一考察―特に大和を中心として―
　　　………北垣聰一郎
横口式石槨の木棺資料―ヒチンジョ池西古墳の場合―…森　浩一
古代における星辰図について―高松塚の星宿図を中心に―
　　　………網干善教
飛鳥京跡小考………亀田　博
松林苑の諸問題………河上邦彦
河内国府の検討………藤井利章
いわゆる民俗資料と「伝承物」
　　　………嶋田　暁

◆橿原考古学研究所論集　第7　1984年12月　A5判　523頁

『周礼』考工記の「面朝後市」の説………福山敏男
南朝都城「建康」の復原序説
　　　………秋山日出雄
蛇行状鉄器考………東　潮
古代日朝の馬冑について
　　　………堀田啓一
社寺伝世馬具の壺鐙について
　　　………山田良三
カリンガ土器のエスノアーケオロジー的考察………西藤清秀

明治期の奈良県考古学界―野淵龍潜をめぐって―………岡幸二郎
チマタと橘―オトタチバナヒメ入水伝承を手掛りに―……和田　萃
平群氏と紀氏………戸田秀典
中臣氏・常陸・鉄・神祇官
　　　………田中久夫
万葉集二題―夜の船出，人麻呂の位階―………直木孝次郎
太安万侶の墓地と墓誌…井上　薫
法隆寺・大安寺・元興寺伽藍縁起幷流記資財帳の同時成立の事情と歴史意識………横田健一
『延喜式』式内社と古代の郡・郷分布との関係について
　　　………藤岡謙二郎
小野皇太后………角田文衞
天保十年　聖護院宮入峰随伴記
　　　………平山敏治郎
樹木と古代の人々…嶋倉巳三郎
大和を中心とした古墳の石室・石槨材………奥田　尚
奈良市高塚古墳（大和第六号墳）出土鉄鋌七点の金属学的調査報告―金属材料としての鉄鋌の品質………久野雄一郎
古代赤色顔料と漆喰の材質ならびに技法の伝流に関する二，三の考察………安田博幸
古代日本人の「呪物」に対する情緒の可能性………池田源太

◆夷王山墳墓群―昭和56～58年度町内遺跡詳細分布調査事業報告書　上ノ国町教育委員会刊　1984年3月　B5判　156頁

北海道の南西部，渡島半島を流れ日本海に注ぐ天ノ川の河口，南西の夷王山山麓98～136mの斜面に位置する遺跡。国史跡の勝山館跡の後方にあたり，墳墓は勝山館から夷王山山麓に分布するもので総数622基余が確認されている。そのうち25基の発掘調査がなされ，土葬墓と火葬墓が検出されている。その構築年代は15～16世紀後半とされる。遺物は宋銭・漆器・硯・小玉・陶磁器類が検出されている。被葬者は勝山館跡に関

係するものであることが考えられている。15・16世紀の葬法の展開を知る貴重な報告である。

◆江刺家遺跡発掘調査報告書　岩手県埋文センター文化財調査報告書　第70集　岩手県埋蔵文化財センター刊　1984年1月　B5判　405頁

岩手県の北部，九戸郡九戸村を北流する瀬月内川の右岸の扇状地扇端部に位置する。10,060m²の調査で，縄文時代中期～晩期の住居跡13棟，平安時代の住居跡32棟，中世の住居跡3棟，住居跡状遺構2棟，掘立柱建物跡3棟，土坑64基，陥し穴遺構，溝跡などが検出されている。遺物は縄文土器・土師器・須恵器・鉄器・木製品・炭化穀類のほか，中・近世の遺物も多く検出されている。また遺構外より石帯が検出されており律令制の浸透がうかがわれる。

◆東京都心部遺跡分布調査報告　都心部の遺跡―貝塚・古墳・江戸―　東京都情報連絡室情報公開部都民情報課刊　1985年3月　B5判　292頁　遺跡地図8葉

東京都心部は急速な時の動きの中で大きく変化を続けている。このような中で，昭和57～59年の3ヵ年の期間で実施した貝塚・古墳・横穴墓・江戸の遺跡，消滅した遺跡も含む都心部の分布調査報告。

◆大橋遺跡―目黒区埋蔵文化財発掘調査報告書第3集　目黒区大橋二丁目遺跡調査会刊　1984年10月　B5判　166頁

武蔵野台地の東南部，目黒川左岸の目黒台地上，標高28～32mに位置する遺跡。縄文時代中期加曾利E期の竪穴住居跡5軒，炉穴3基，土壙3基，埋甕2基が検出されている。遺物は中期阿玉台式・加曾利E式・曾利式土器のほか，石器98点が検出されている。ほかに江戸時代の溝状遺構，明治～昭和20年代の軍隊施設の生活

103

用品・軍用品などが検出されている。

◆武蔵国分寺跡遺物整理報告書一昭和31・33年度一　日本考古学協会刊　1984年3月　B5判　182頁

昭和31・33年に考古学協会仏教遺跡特別委員会が実施した武蔵国分寺跡の発掘調査の資料整理報告。鐙瓦157点・宇瓦148点・男瓦・女瓦・鬼瓦・堤瓦・塼・戯画瓦・人名文字瓦4点・郡、郷名文字瓦409点・土師器・須恵器・土師質土器・灰釉陶器などがあり、昭和31・33年の発掘調査の概要報告を含む。

◆厚木市史　地形地質編・原始編　厚木市刊　1985年3月　A5判　922頁

原始編では先土器時代から弥生時代までをあつかい、林王子遺跡や愛名鳥山遺跡など35遺跡の資料を紹介する。

◆羽咋市気多社僧坊跡群　能登海浜道関係埋蔵文化財調査報告書Ⅳ　石川県立埋蔵文化財センター刊　1984年3月　B5判　124頁

日本海に突出する能登半島の基部、羽咋市寺家町に所在する寺院ブタイ地区・同オオバタケ地区・同ムカイダ地区・同横穴の調査報告。オオバタケ地区では縄文時代前期〜中期の土壙群、平安時代の竪穴状遺構、中世の掘立柱建物跡・溝跡、ムカイダ地区では土壙・掘立柱建物跡、ブタイ地区では中世の溝・掘立柱建物跡・井戸・土壙などが検出されている。ブタイ地区の遺構は、僧坊跡群として推定されている。

◆二上山北麓石器製作遺跡の調査一清風荘第3地点遺跡・滝ヶ谷遺跡一　奈良県文化財調査報告書第42集　奈良県立橿原考古学研究所刊　1984年3月　B5判　114頁

奈良県と大阪府の境に位置する二上山北麓石器時代遺跡群を構成する遺跡。検出された遺物は楔形石器・槍先形尖頭器未成品・石核などで、楔形石器・槍先形尖頭器の製作跡の中心とされる。

◆大安寺史・史料　大安寺刊　1984年11月　A5判　1010頁

南都七大寺の一である大安寺に関する総合研究。史料・論説・発掘調査報告の集大成で、発掘調査関係として次の論考を載せる。
大安寺発掘調査の概要…森　郁夫
大官大寺跡の発掘調査…上野邦一
大安寺の発掘調査………上野邦一
大安寺の屋瓦…………山本忠尚
大安寺の土器類………巽淳一郎
大安寺の金属製品……松村恵司
大安寺伽藍と建築……岡田英男
大安寺周辺の古墳文化…泉森　皎

◆神戸市西区太山寺坊院跡発掘調査報告　阪神高速道路公団・財団法人古代学協会・平安博物館刊　1984年10月　B5判　108頁

神戸市西区伊川谷に所在する。鎌倉時代の密教建築の本堂は国宝として著名な太山寺の坊院跡の調査報告。検出された遺構は溝状遺構・井戸・石垣・暗渠状遺構などである。出土遺物は瓦類・須恵質土器・瓦質土器・陶磁器類など多数に及ぶ。検出された遺構は、室町〜江戸時代の坊と推定されている。平安時代後期の瓦も検出されており、太山寺の創建が平安期であることが確認されている。中世の坊院の実態に一資料を提供するものである。

◆九州横断自動車道関係埋蔵文化財調査報告一5一　福岡県教育委員会刊　1984年6月　B5判　263頁

福岡県甘木市を流れる宝満川東部、小石原川に面する台地縁辺部に位置する。A・D2地区の調査で土壙21基、箱式石棺を主体とする方形周溝墓16基、箱式石棺・竪穴式石室を内蔵する円墳、随葬墓として石蓋土壙墓6基、7〜8世紀の土壙墓65基が検出されている。出土遺物はこれら遺構に伴う土師器・須恵器のほか、方形周溝墓より筒形銅器・重圏文鏡・鉄器などが検出されている。

◆大乗院跡　鹿児島市埋蔵文化財発掘調査報告書（6）　鹿児島市教育委員会刊　1984年3月　B5判　65頁

鹿児島市を流れる稲荷川の左岸、吉野台地の丘陵崖下に位置する遺跡。島津家の祈願所と言われる寺院跡で、築地塀と考えられる石垣遺構が検出されている。遺物は瓦類・陶磁器類などが検出されており、18〜19世紀のものが主体をなす。付として大乗院跡をめぐる歴史的環境、大乗院跡の五輪塔および各輪と磨崖種子・塔婆についてを載せる。

◆札幌学院大学人文学部紀要　第36号　札幌学院大学人文学部学会　1984年12月　B5判　242頁
北海道ニセコ町狩太6遺跡における発掘調査
　………大場利夫・野村　崇

◆まんぎり　第2号　まんぎり会　1984年11月　B5判　84頁
山形県における塚研究の諸問題一置賜盆地を中心として
　………亀田昜明・手塚　孝
置賜地方の経塚………川崎利夫
米沢市上町遺跡出土の独鈷石について……菊地政信

◆東北文化研究所紀要　第16号　東北学院大学東北文化研究所　1984年11月　B5判　205頁
青森県における稲作農耕文化の形成…………………伊東信雄
津軽安東氏「山王坊跡」の調査
　………………………加藤　孝
山王坊遺跡の建築的復元一考察
　………………………坂田　泉

◆土曜考古　第9号　土曜考古学研究会　1984年10月　B5判　131頁
後期古墳が築かれるころ
　…………………岩崎卓也
久ヶ原式から弥生町式へ一壺形土器の文様を中心に一
　…………………笹森紀己子
後期古墳の武器保有と軍事編成に関する一試論（上）
　………………利根川章彦
いわゆる北武蔵系土師器坏の動態一古代武蔵国における土師器生産と交易一…………鈴木徳雄
器種組成の変遷と時期区分一古代北武蔵の例から一……中村倉司
古代北武蔵における供膳器の様相

一需要と供給を中心として一
　　　　……………中村倉司
山西省天鎮県楼子町遺跡発見の細
　石器………陳　哲英・呉　永春
　　　　　　土肥　孝　訳
埼玉県蓮田市大字馬込採集の遺物
　について……………橋本裕行
◆考古学雑誌　第 70 巻第 2 号
日本考古学会　1984 年 12 月
Ｂ5判　144 頁
島根県荒神谷遺跡銅剣発掘調査概
　報…………………足立克巳
七, 八世紀における須恵器生産の
　展開に関する一考察一法量の問
　題を中心に一………城ヶ谷和広
西アジア先史考古学上の過渡期の
　問題　Ⅰ. 前期旧石器時代から
　中期旧石器時代へ……安斎正人
ベトナム・両広地区の青銅提筒と
　その変遷………………新田栄治
元時代の窯業技術……佐々木達夫
佐賀県千代田町姉貝塚出土の銅矛
　銅剣の鋳型…………堤　安信
◆駿台史学　第 62 号　駿台史学
会 1984 年 7 月　Ａ5判 149 頁
有茎尖頭器の型式変遷とその伝播
　・…………………栗島義明
◆地方史研究　第 34 巻第 5 号
地方史研究協議会　1984 年 10 月
Ａ5判　94 頁
近年の発掘調査からみた古代上野
　の様相……………井上唯雄
◆東洋大学文学部紀要　第 38 集
史学科篇Ｘ　東洋大学　1984 年
12 月　Ａ5判　90 頁
墨書二器小考（一）一墨書土器研
　究への一試論一………玉口時雄
◆史館　第 17 号　史館同人 1984
年 12 月　Ａ5判　140 頁
加曽利ＥⅢ式土器断想…堀越正行
石鏃　銅鏃・鉄鏃………大村　直
東国出土の暗文を有する土器（上）
　…………………西山克己
「博士館」墨書土器私考
　・………………佐々木和博
シンポジウム　房総における奈
　良・平安時代の土器
◆長野県考古学会会誌　第 49 号
長野県考古学会　1984 年 10 月
Ｂ5判　64 頁
縄文中期, 勝坂文化における呪性
　をおびたと思われるものについ

ての一考察………御子柴泰正
羽状の沈線文をもつ土器の系統と
　展開………………百瀬長秀
男女倉型ナイフ形石器の削片
　…………………森山公一
伊那谷南部における初期仏教文化
　とその歴史的背景
　………遮那真周・遮那藤麻呂
延喜式以前の東山道の研究法と大
　門峠池の平・赤沼平出土の遺物
　との関係について
　…………………押野谷美智子
◆信濃　第 36 巻第 10 号　信濃
史学会　1984 年 10 月　Ａ5判
70 頁
縄文土器における文様・形態の類
　似と相異一遺跡相互間の関係の
　分析と復元にむけて一
　…………………羽生淳子
◆信濃　第 36 巻第 11 号　1984
年 11 月　Ａ5判　76 頁
千曲川上流域における古墳の実測
　調査………常木　晃・松尾昌彦
　　　　　　桜井達彦
◆信濃　第 36 巻第 12 号　1984
年 12 月　Ａ5判　86 頁
新潟県新井市割石遺跡出土の縄文
　時代中期後半・後期前葉の土器
　群…………小島正己・中島庄一
新潟県北魚沼郡広神村中平遺跡採
　集の尖頭器について…鈴木俊成
◆甲斐考古　21 の 2　山梨県考古
学史資料室　1984 年 11 月　Ｂ5
判　20 頁
八ヶ岳南麓における縄文後・晩期
　の遺跡について………新津　健
空白の部分を埋める義務教育の歴
　史教材（考古）山梨県の例
　…………………山本寿々雄
◆山梨考古　第 14 号　山梨県考
古学協会　1984 年 11 月　Ｂ5判
34 頁
曽利式土器圏縁辺部の様相
　…………………末木　健
山梨県東部（桂川流域）における
　縄文時代遺跡の研究一富士山の
　火山活動と遺跡一……奈良泰史
横根・桜井古墳群について一分布
　調査の結果を中心にして一
　…………………清水　博
甲斐・岡遺跡出土の容器形土偶
　…………………野沢昌康

◆大境　第 8 号　富山考古学会
1984 年 10 月　Ｂ5判　146 頁
白岩藪ノ上遺跡のユニット
　…………………奥村吉信
縄文時代の石器組成と植生一いわ
　ゆる「ナラ林文化論」へのアプ
　ローチとして一………麻柄一志
北陸の縄文時代中期後葉“串田新
　式”に関する編年試案
　…………………森　秀典
墓制構造の変遷を中心とした北陸
　古墳時代移行期の一検討
　…………………駒見和夫
富山県における古代製鉄炉
　…………………関　清
長山遺跡の旧石器について
　…………亀田正夫・西井龍儀
立山町白岩尾掛遺跡一縄文時代草
　創期遺物について一…吉川知明
魚津市黒沢遺跡採集遺物の紹介
　…………………山本正敏
安居・岩木窯跡群における新資料
　の紹介Ⅰ…安念幹倫・林　浩明
八尾町深谷字京ヶ峰発見の中世古
　窯跡一付祇樹寺裏出土の壺一
　………酒井重洋・久々忠義
上市町眼目地内出土の中世遺物
　…………………久々忠義
◆古代文化　第 36 巻第 10 号
古代学協会　1984 年 10 月　Ｂ5
判　48 頁
刀子の持つ鎮魂・辟邪的な性格
　…………………桐原　健
前漢南越王墓出土の金印『文帝行
　璽』に関する一考察…梶山　勝
銅鐸形土製品試考（中）
　…………………神尾健一
◆古代文化　第 36 巻 11 号　1984
年 11 月　Ｂ5判　46 頁
銅鐸形土製品試考（下）
　…………………神尾健一
濃尾平野における弥生遺跡の立地
　について……………北野信彦
◆古代文化　第 36 巻第 12 号
1984 年 12 月　Ｂ5判　50 頁
縄文遺跡における『礫』の考古学
　的位置づけ
　…………阿部祥人
　　　　小薬一夫・小島正裕
韓国・中期古墳の性格に対する若
　干の考察………………崔　鍾圭
◆龍谷史壇　第 85 号　龍谷大学

史学会　1984 年 12 月　Ａ5判　98 頁

河内国府と衣縫廃寺……藤井利章

◆古代学研究　第106号　古代学研究会　1984 年 11 月　Ｂ5判　54 頁

特集・各地域における最後の前方後円墳（東日本Ⅱ）

東京都……………………大谷　猛
千葉県……………………杉山晋作
埼玉県―埼玉古墳群周辺地域―
　………田中正夫・小川良祐
群馬県―金冠塚古墳の検討―
　………………………石塚久則
栃木県……………………大金宣亮
茨城県……………………茂木雅博
福島県……………………目黒吉明
宮城県……………………工藤雅樹
岩手県……………………草間俊一
＜座談会＞　前方後円墳の終末
　………森　浩一・和田　萃
　　　稲本誠一・辰巳和弘

◆史林　第 67 巻第 6 号　京都大学文学部内史学研究会　1984 年 11 月　Ａ5判　144 頁

後半期の須恵器―平安京・京都出土品にみる中世的様相の形成
　………………………宇野隆夫

◆橿原考古学研究所紀要　考古学論攷　第 10 冊　奈良県立橿原考古学研究所　1984 年 11 月　Ｂ5判　74 頁

"鮮卑"遺跡研究の現状と新発見
　……宿　白　前園実知雄 訳
隋唐城址の類型…………宿　白
　　　　　　　　菅谷文則 訳
吉備形器台壺の砂礫観察とその産出地………奥田　尚・米田敏幸
　　　　岩本道昭・狐塚省蔵
奈良県下出土の初期須恵器
　………………………関川尚功

◆関西大学考古学等資料室紀要　第 2 号　関西大学考古学等資料室　1985 年 3 月　Ｂ5判　267 頁

古墳築造よりみた畿内と日向
　………………………網干善教
古代のわが国における銅製錬技術の発展過程について…亀井　清
神田孝平書簡について…角田芳昭
資料紹介『鏡板・杏葉』
　………………………米田文孝
資料紹介『鍬形石』……徳田誠志

馬野繁蔵氏寄贈　瓜破遺跡採集資料報告〔Ⅰ〕……考古学研究室

◆ヒストリア　第 105 号　大阪歴史学会　1984 年 12 月　Ａ5判　142 頁

近畿地方の内陸部より出土の製塩土器………………岡崎晋明
群集墳の成立過程に関する一考察―大和を中心に―……服部聡志

◆考古学研究　第 31 巻第 3 号　考古学研究会　1984 年 12 月　Ａ5判　140 頁

弥生時代集落研究の課題
　………………………田中義昭
前方後円墳の成立をめぐる諸問題
　………………………近藤義郎
特殊器台形埴輪に関する若干の考察………………………宇垣匡雅
木島系土器群の研究……吉田哲夫
元時代の中国国内陶磁器流通
　………………………佐々木達夫

◆内海文化研究紀要　第 12 号　広島大学文学部内海文化研究室　1984 年 9 月　Ｂ5判　138 頁

福山市宇治島北の浜遺跡の第 1 次発掘調査…川越哲志・古瀬清秀
　　小池伸彦・小沢　毅ほか
福山市宇治島の考古資料（2）―瀬戸内海歴史民俗資料館収蔵品―
　………………………松本敏三

◆たたら研究　第 26 号　たたら研究会　1984 年 12 月　Ｂ5判　70 頁

鉄と貨幣………………村上英之助
製鉄理論と古代製鉄復元
　………………………下川義雄
幕末民営佐田反射炉の新資料
　………エーリッヒ・パウアー
広島県カナクロ谷製鉄遺跡のマンガンを多量に含む鉄滓について
…桂　敬・福田豊彦・高塚秀治
スペインの古代製鉄・カタラン法
　………………………窪田徳郎
弥生時代農工具鉄器化の諸段階
　………………………川越哲志

◆古文化談叢　第 14 集　九州古文化研究会　1984 年 10 月　Ｂ5判　275 頁

「北部九州・瀬戸内の瓦器」特集にあたって
　………………九州古文化研究会
瀬戸内・北部九州出土の畿内産瓦

器………………………橋本久和
周防国府跡出土の瓦器
　………………………吉瀬勝康
北九州市域出土の瓦器椀について
　………………………柴尾俊介
大分県中津地域出土の瓦器椀について………………………村上久和
宇佐宮弥勒寺出土の土師器
　………………………宮内克己
宇佐地方の瓦器椀について―型式・編年に関する試案―
　………………………小倉正五
筑前型瓦器椀の成立過程
　………………………森田　勉
広域土器分布圏の諸相―縄文時代後期西日本における類似様式の並立―……田中良之・松永幸男
中国・秦兵馬俑とその関連問題
　………雷　従雲・小田隆夫 訳
韓国初期鉄器時代・土壙墓出土の鉄器遺物の金属的考察
　………尹　東錫・申　環煥
　　　　　　　　　東　潮 訳
北九州市・長行小学校庭の原史墳墓―田頭喬考古資料整理報告 1―………田頭　喬・小田富士雄
鹿児島県荒平須恵器古窯趾群発見の意義とその問題点について
　………………………上村俊雄
ソ連領沿海州に於ける金代城郭についての若干の考察
　………………………高橋学而
百済泗沘都城研究………成　周鐸
　　　　　　　　亀田修一 訳

◆九州考古学　第 59 号　九州考古学会　1984 年 12 月　Ｂ5判　82 頁

鏡山猛先生の思い出
北九州市小倉南区長野Ａ遺跡出土の有舌尖頭器………佐藤浩司
山国川下流域における縄文時代後・晩期の遺跡
　………宮本　工・村上久和
　　　　　　　　城戸　誠
弥生時代前期の刻目突帯文系土器―「亀の甲タイプ」の再検討―
　………………………藤尾慎一郎
豊前地方の 8 世紀代の軒瓦について―上坂廃寺跡出土瓦を中心に―………酒井仁夫・高橋　章
福建過眼録（一）―琉球国人墓地―
　………………………三島　格

学界動向

「季刊 考古学」編集部編

――――――九州地方

対馬から半島との交易品 長崎県対馬・峰町の佐賀貝塚から佐賀県腰岳産の黒曜石製鏃と大陸系の石ノミなどがみつかった。これは縄文時代の対馬の人々が朝鮮半島や北部九州と交易していたことを裏づける貴重な資料とみられる。調査は長崎県教育委員会と峰町教育委員会が行なっていたもので、縄文時代後期の鐘ヶ崎式土器を伴う竪穴建物跡4軒のほか、遺跡の山手側に貝塚、および住居跡の裏側に二壙墓がみつかり、中から成人の男子2体、女子1体と子供1体の人骨が出土した。出土品の中にはイノシシ牙製の釣針や鏃、クジラの歯製の首飾、打製石斧100点余などがある。黒曜石製の長大な鏃一数点が出土しており、九州との交易でもちこまれたものらしい。また片刃の石ノミは大陸系と考えられ、縄文土器に伴った点で珍しく、二枚貝製貝輪の多量共伴例も注目される。

弥生時代の銀製指輪 佐賀県佐賀郡大和町教育委員会が発掘調査を進めている同町久池井の惣座遺跡で、弥生時代後期前半の舶載品とみられる銀製指輪3点がみつかった。指輪はそれぞれ直径1.85cm、1.8cm、1.9cmで、重さ0.7〜0.4g。1点が幅2mmの細平打ち型、他の2点が幅1mmの細打ち型で、保存状態はよく、分析の結果極めて純度の高い銀であることがわかった。3点は2m×4mの石棺墓からビーズ玉14点を伴ってまとまって出土したもので、奈良県新沢千塚出土例を300年以上さかのぼる。同種の指輪は楽浪郡の官人墓の副葬品として多数出土しており、惣座遺跡一帯の弥生人が直接あるいは間接的に楽浪郡を通じて漢と交易を行なっていたことを示している。

三種の神器を納めた木棺墓 福岡市教育委員会が昨年7月から発掘を進めていた福岡市西区吉武の吉武・高木遺跡でカメ棺墓34基（うち金海式カメ棺は17基）と4基の木棺墓が発見され、うち1基には鏡、剣、玉の三種の神器がそろって納められていた（3号墓）。この木棺墓は墓壙が2.8m×3.7mあり、木棺は長さ2.1m、幅0.8mで、北側の頭部に管玉95点、胸に勾玉、右側に多鈕細文鏡、その下に銅剣、さらに下に銅矛が、左側に銅戈と銅剣が併置されていた。青銅器の遺物が集中していることから、伊都国と奴国にはさまれた早良国ともいうべき国の王墓ではないかという説も出ている。さらにカメ棺に2匹のシカを描いた線刻画がみつかったほか、銅矛、銅戈に布が付着していたことがわかった。銅矛には裏面約40cm²にわたって、また銅戈には7cmほどの長さに残っており、いずれも保存のために巻いてあったものらしい。絹織物の可能性もあり、近く鑑定を依頼する。

須恵器の製作工具 福岡県春日市春日の九州大学筑紫地区内遺跡から、6世紀後半の須恵器の製作工具である木製の叩き板や当て具などがみつかった。叩き板は杓子形で全長32.3cm、叩き面が幅9.2cmで木目に直交する40本の平行線を刻む。2点出土した当て具の一つは茸形で全長12.5cm、最大幅7.1cm、他はゴルフのウッドに似た形で全長42cm、2点とも土器に当てる面に同心円文を刻む。これらを使用した須恵器には、外面に格子目文、内面に青海波文が残る。須恵器用の叩き板と当て具としては今回発見されたものが最古で、しかも両者がそろって出土したのは初めて。他に木製鋤の未製品1点、須恵器杯の蓋と身合わせて40点以上が出土。また

付近からはヘラ、きぬた、火切り臼、つちのこなどの木器が出土した。須恵器の工房は未発見であるが、北方50mのところに同時期の灰原が発見されている。

新タイプの銅鐸 福岡市西区の今宿遺跡から円環鈕の無文銅鐸が発見され、福岡市教育委員会が発掘調査を行なった。この銅鐸は高さ13.5cm、側面の鰭がないことや無文であるという朝鮮式小銅鐸の特徴と、型持ちが正面と背面に2個ずつあるという畿内型の特徴を合わせもっている。朝鮮式から国産型への過渡的な存在を示すとみられている。また鈕の両下端が鐸身上部のやや内側にある、鐸身の下部に人為的な三角形の穴がある――などの特徴は朝鮮式小銅鐸の最も新しい型式の韓国大邱市坪里洞遺跡出土例に類似している。このため、朝鮮式小銅鐸の系譜をひく独自の銅鐸文化圏が九州に存在したという意見がある。なお、福岡県朝倉郡夜須町三並の琴の宮遺跡からは長さ3.7cmの土製の銅鐸舌が出土した。この舌には丹の彩色が施された痕跡があった。

後期旧石器時代の住居跡 10年前に鎌倉・室町時代の火葬墓がみつかった北九州市若松区蜑住の椎木山（しいのきやま）遺跡で後期旧石器時代の竪穴住居跡2基が発見された。遺跡一帯が職業訓練校の運動場になるため、北九州市教育文化事業団埋蔵文化財調査室が発掘調査した結果発見されたもので、1号6.5×3.5mの楕円形と2号4×2.6mの変形五角形。1号は中心部に一直線に並んだ柱穴4個と、住居の北側に炉跡があって焼土、炭化物が残され、南側には土壙も掘られていた。土壙の内部や住居跡付近一帯から、ナイフ形石器3点（黒曜石製と碧玉製）をはじめ彫刻刀形石器、敲石、石核などが30点ほど出土、後期旧石

学界動向

器時代の竪穴住居跡に間違いないものとみられている。同時期の住居跡はこれまで鹿児島県上場遺跡などに例があるが，これほどはっきりした形のものは珍しい。

中国地方

木棺と木槨の二重構造墓　出雲市大津町来原の西谷丘陵遺跡を発掘調査していた島根・岡山両大学学術調査団（代表・田中義昭島根大学教授）はこのほど3号墓から木棺と木槨の二重構造をなす主体部を発見した。木槨は幅 1.3 m，長さ 2.6 m の大きさで，この内側に幅 0.85 m，長さ 2.1 m の広さにわたって木棺に敷きつめられていたと思われる朱がみつかった。3号墓は出雲地方でも最大規模の四隅突出型墳丘墓で，一昨年からの調査で墳裾の貼石が確認され，突出を含まない規模は東西 40 m，南北 30 m と推定される。木棺部分からは多量のガラス製小玉・緑色凝灰岩製管玉と青色のガラス製勾玉2点が出土した。主体部の上部には多数の土器が置かれており，その中には吉備地方との交流を裏づける特殊壺も含まれており，またその規模や埋葬施設からみて，弥生時代末期に籤川平野を支配していた首長の墳墓とみられている。

平野部から銅鐸出土　岡山市雄町の水田からほぼ完形の銅鐸が出土し，岡山県教育委員会と岡山市教育委員会が調査を行なった。銅鐸は高さ 31 cm，底部径 20.5 cm で，弥生時代中期後半の扁平鈕式袈裟襷文銅鐸とよばれるもの。現場は弥生時代の集落跡として有名な雄町遺跡から北へ約 100 m で，同遺跡の一角とみられる。銅鐸の平野部からの出土は珍しい。

近畿地方

五色塚古墳の堀の外にも溝　全長 194 m の前方後円墳・五色塚古墳（神戸市垂水区五色山）で神戸市教育委員会が行なった調査で，堀の外側に墓域を示すとみられる溝が発見された。この溝は幅 3〜5 m，深さ 50〜70 cm で，五色塚古墳後円部に沿って巡っていたが，西側では小壺古墳の堀に沿って外側を巡るような形で発見された。墓域を示す溝は6世紀の中小規模の古墳にはみられるが，前期後半〜中期初頭の大型古墳からの発掘例はまだない。また溝の西端は小壺古墳の堀とつながっていた。さらに溝の一部には長さ約13 m，幅 1〜2 m にわたって 20〜30 cm 角，厚さ 1〜7 cm の結晶片岩の板状石を敷きつめた遺構がみつかっているが，何のための遺構かはわかっていない。

弥生中期の木戈やタコ壺　兵庫県教育委員会が発掘調査を進めている神戸市西区玉津町田中の玉津田中遺跡で，祭祀用とみられる弥生時代中期の木戈が出土した。木戈は長さ 22.2 cm，刃先の厚いところで厚さ7 mm あり，刃の両面に樋がある精巧なもの。大阪湾型銅戈を模倣した可能性が強い。鋤，鍬，臼など多くの木製品，未成品および用材，石槍などとともに旧河道の黒色シルト層より出土した。また，居住地の微高地上からは，弥生時代中期のイイダコ壺約 100 個が直径 1 m，深さ 40 cm の土壙からみつかった。タコ壺は高さ 10 cm，口縁部径 5 cm で，いずれも上部に直径 1 cm ほどの孔があいており，縄でつながれた現在のタコ壺漁と同じ方法で行なわれていたであろうことが推定される出土状態であった。

縄文晩期の環状列墓　東大阪市教育委員会が発掘調査を行なった東大阪市日下町7丁目の日下（くさか）遺跡で，人骨を伴った土壙が円周状に並んだ縄文時代晩期の環状列墓が発見された。直径約 6.5 m の円周上に並んだ土壙は7基で，いずれも 1.2〜1.5 m×1.0〜1.2 m，深さは 10〜40 cm。それぞれ1体ずつ人骨が納められ，俯臥屈葬，仰臥屈葬，横臥屈葬がみられた。とくに注目すべきは西半分に女性3体，東半分に男性3体が埋葬されていて，向かい同士が同じ頭の向きで男女のペアを構成していた点。縄文社会の双分性を裏づけるものかもしれない。残る1体は若年者（性別不明）で，そばにカメ棺があった。また周辺部からは別に9体の人骨もみつかったが，環状につらなるものかどうかは確認されていない。ほかにイヌの埋葬，貝塚，方形石囲炉を伴う住居址が検出された。

豊浦宮跡の可能性大　奈良国立文化財研究所飛鳥藤原宮跡発掘調査部は奈良県高市郡明日香村豊浦の向原寺境内にある豊浦寺跡で発掘調査を行なった結果，幅約 4 m の石敷に囲まれた掘立柱建物跡を発見，推古天皇（在位592〜628年）が即位した豊浦宮（とゆらのみや）跡ではないかとみられている。石敷は豊浦寺創建時のものとみられる厚さ約 90 cm 以上の基壇の下からみつかったもので，東西約 6 m あり，南へ直角に約 2 m 折れ曲がった内側から10基の掘立柱の柱穴（直径約 1 m）が検出された。(1)飛鳥時代の遺構で掘立柱建物の周囲に石敷を貼りめぐらせる形式は宮殿以外にない，(2)飛鳥Ⅰ様式（6世紀末〜7世紀初頭）の土師器が出土した，(3)瓦が全く出土せず寺跡とは考えられない，(4)『元興寺伽藍縁起』に等由良（＝豊浦）宮を寺にし，等由良寺と名づけたとの記載がある──ことなどから豊浦宮の一部である可能性は高いとみられている。

大嘗宮跡を発掘　奈良市佐紀町の特別史跡・平城宮跡にある第二

次大極殿跡の南側広場から，奈良時代前半〜後半の5時期にわかれる建物跡19棟分が発掘されたが，このうち第2期に相当する建物群が天皇即位後最初に行なわれる新嘗祭である大嘗祭が行なわれた大嘗宮の跡と推定された。中央の柱を大極殿中軸線に合わせた東西12m，南北6mの細長い掘立柱建物跡や，柴垣に囲まれた建物跡など仮設的な4棟で，建物の周囲には幡を立てる細い柱穴もみつかった。『続日本紀』の記載によると，ここで大嘗祭を行なった可能性があるのは，元正・聖武・称徳の三天皇だけであるが，大嘗宮の遺構が第二次大極殿・朝堂院造営以前の時期にあたることや，柱穴から出土した瓦などからみて，聖武天皇の即位時のものと目されている。

平城京から新羅の陶器 奈良市教育委員会は2年前に奈良市の平城京東市を調査中に運河から出土した遺物を整理中，統一新羅（673〜935年）産とみられる陶器片を発見した。陶器片は幅13cmで，上部に円形スタンプ文を並べ，2本の区画線から下は鋸歯文が施文されている。表面は灰釉らしく，耳か把手の一部が残っており，口径の大きな長頸壺だったとみられる。文様構成は三国時代の新羅土器に多くみられるものであるが，把手を付す器形は珍しく，日本では出土例のないもの。こうした陶器は日常雑器であることから，『続日本紀』などに記された新羅との積極的な交易を裏づけるものとして注目される。

古墳を壊して造られた古墳 二重の周濠をもつ奈良県天理市二階堂上ノ庄町の星塚古墳（6世紀前半）に別の同規模の前方後円墳の前方部を壊して造られていたことが天理市教育委員会の調査でわかった。星塚古墳は前方後円墳とみ

られているが，現在は後円部の墳丘（径約30m）が残るだけ。今回古墳の東側を発掘したところ，前方後円形の周濠（幅5〜8m）を検出，後円部径約27m，全長50mを超える前方後円墳であることがわかった（星塚1号墳）。2つの古墳の年代差は40〜50年くらいで，何らかの理由で古い古墳を削り，新たに星塚古墳を築いたものとみられる。さらに1号墳の後円部わきの周濠から推定高50cmの特異な形をした須恵器がみつかった。直径28cmの大皿に円錐形で中空の胴部がついており，胴周囲には三角形の透し孔が4個ついている。普通器台は胴の上に皿がのる形だが，今回出土の例は皿に径7cmの穴があき，そのまま胴の中空部へつながる珍しい形をしており，加羅地方で出土する筒形器台に酷似している。

唐古・鍵遺跡から卜骨 奈良県磯城郡田原本町の唐古・鍵遺跡で弥生時代中期の土壙から壺に納めた卜骨や，井戸や溝に捨てられた状態の卜骨12点（弥生前期〜中期）が発見された。卜骨はイノシシとシカの肩甲骨で，最も大きいものは長さ19.2cm。卜骨の見つかった井戸からはもみ殻を含む植物遺体や直径30cmをこえる大型の高坏，雑穀を入れた壺なども同時にみつかったことから，儀礼の内容が農耕に結びつく可能性を示している。

近江町から帆立貝式古墳 滋賀県坂田郡近江町高溝の狐塚・法勝寺遺跡を調査していた近江町教育委員会は，古墳時代後期の帆立貝式古墳と家形など多種の形象埴輪片約500点を発見した。古墳の墳丘はすでに削平されていたが，復原規模は全長30.4mで，前方部幅9.4mあり，幅約3m，深さ0.3〜1.5mの周濠をめぐらしていた。また埴輪片は家形，鶏，水鳥，

馬，盾，靫，蓋，山高帽の男性，武装男性，壺をささげた女性などのほか円筒，朝顔形など18種類で，とくに家形埴輪は入母屋造りの屋根部分が完全に復元できる。また，鳥形木製品も出土した。

———————— 中部地方

奈良期の須恵器窯跡 名古屋市見晴台考古資料館が発掘調査を行なっていた市内緑区鳴海町亀ヶ洞の土地区画整理事業造成地で，奈良時代後半の半地下式窖窯がほぼ原形のまま確認された。8世紀後半の須恵器を焼いた窯跡で，灰原からは雑器の杯や長頸瓶などの大量の破片に混じって陶塔の破片約10点が出土した。陶塔は五重塔などを模倣したミニチュアの粘土塔で，破片は大きなものでも7×15cmくらいしかないが，屋根の形ははっきりわかる。

弥生期の環濠集落 新潟県長岡市教育委員会は同市桂町にある横山遺跡の発掘調査を行なっていたが，弥生時代後期の環濠集落であることがわかった。同遺跡ではこれまで弥生土器，土師器，碧玉製勾玉，石鏃などが出土しているが今回遺跡の残存部分を確認し，将来の発掘調査を前にした試掘調査が行なわれたもの。調査の結果，竪穴住居跡1軒と周濠のほか，弥生土器，管玉2点，石鏃1点が発見された。遺跡は沖積地の独立丘陵にあって，平野の中の拠点的集落とみられている。

甲斐国分寺の寺域を確認 山梨県東八代郡一宮町教育委員会が昨年11月から12月にかけて行なった甲斐国分寺跡の調査で，寺域の西と北の境が判明し，その大きさは方2町であったことが確認された。寺域の北西隅から，南北に走る溝と東西に走る溝が発見されたもので，とくに北境の発見によって寺域がこれまでより20m南に

学界動向

ずれていることがわかった。寺域内からは平安時代末期の竪穴住居跡が7軒みつかったが、これは当時すでに国分寺が衰退してきたことを示すものとして注目される。また墨書土器が50点余りみつかり、「講院」や「万」「東」「西」「靭」などのほか、「世稔」という僧名と思われるものもあった。これらの土器はいずれも平安時代初期から中期にかけてのもの。

——————— 関東地方

縄文後期の丸木舟 昨年1月に丸木舟がみつかったばかりの千葉県八日市場市でまた1隻の丸木舟が発見された。今回みつかったのは同市吉田字宮田下の借当川流域で、借当川遺跡調査会が発掘を行なった。その結果、長さ3.5〜3.8m、幅50cmの丸木舟に伴って縄文後期土器、鹿角、木製の櫂の先端部、弓、ヘアーピンが出土したほか、古墳時代の土玉も出土した。また泥炭層中からはクリの実、ドングリ、ヒシなどの植物遺体がみつかった。さらに十数本の杭が打ち込まれており、舟は2本の杭に挟まれたような形だった。

4世紀中葉の前方後方墳 埼玉古式古墳研究会（柳田敏司会長）は『埼玉県史通史編』の刊行に備えて県内の代表的な古式古墳7基を調査していたが、最終調査として児玉郡児玉町下浅見にある鷲山古墳を調べた結果、4世紀中葉に築かれた前方後方墳であることがわかった。調査前には円墳とみられていたもので、全長60m、後方部幅は35mあり、前方部はバチ型の膨らみをもつ。供献土器として底部穿孔の坩形土器と壺形土器が1点ずつ出土、いずれも赤彩が施されていた。また壺形土器には口縁部に直径約1cmの円孔8個が配置されていた。

中世館跡と寺院跡 熊谷市教育委員会は三尻遺跡群に含まれる黒沢遺跡と若松遺跡の発掘調査を進めていたが、先ごろ終了した。黒沢遺跡は鎌倉時代末の関東武者、黒沢武蔵守平貞時の居館・黒沢館跡の南側にあたり、鎌倉時代から室町時代にかけての柱穴110基、江戸時代の土葬墓36基がみつかった。また若松遺跡からは鎌倉〜室町時代の集石遺構と、江戸時代の火葬墓20基、土葬墓1基が発見された。集石遺構は東西23.7m、南北6.6mの長方形で、集石列がコの字状にあり、板碑、石臼、瓦器、陶器、古銭などが出土した。火葬墓は19世紀初頭と推定され、人骨、炭化物、焼土などが多量に検出された。若松遺跡は般若寺跡と伝えられているが、黒沢館跡とともに渡辺崋山が記した『訪甕録』に地図などの記載がある。

千網谷戸から配石遺構 桐生市教育委員会は市内川内町3丁目の千網谷戸（ちあみがいど）遺跡で第25次の発掘調査を行なっていたが、縄文時代後期の環状配石遺構の一部が発見された。今回の調査は渡良瀬川左岸の河岸段丘台地に位置する同遺跡の西端部分で行なわれたもので、直径20〜30cm大の川原石が幅2mの帯状に長さ約7mにわたって配列され、その両端は調査区外に続いていた。全体の大きさは直径20mから30mくらいと推定される。また出土品としては同遺跡を特徴づける耳飾が破片を含めて約100点にのぼり、赤の顔料着色が施された環状のものや裏側に模様のあるものも含まれている。また8.5×5.5cmの土板が発見されたが、表には人の顔が描かれていた。

——————— 東北地方

大湯環状列石は墳墓？ 鹿角市教育委員会は昨年夏から秋にかけて市内十和田大湯にある大湯環状列石周辺遺跡を発掘調査していたが、野中堂遺跡の北東約300mの畑地で直径70〜90mの規模とみられる第三の配石遺構群が確認されたほか、墓地説をさらに裏づけるデータがえられた。発掘された9基の組石遺構のうち保存状態のよい3基の下部を調べたところ、人体を埋葬できる程度の土壙がみつかり、またこの土壌を採取して帯広畜産大学の中野益男助教授に残存脂肪分析を依頼したところ、高等動物に属する遺体が埋葬されていた可能性が極めて高いとの結果をえた。これらのことから、第三の配石遺構群は縄文時代後期の墓地であろうと推定される。

胆沢城跡から戸番文書 水沢市佐倉河にある国指定史跡・胆沢城跡の第45次調査で、平安時代前期の住民管理を示す戸番を記した漆紙文書が発見された。戸番文書は胆沢城の東方官衙跡から出土した5点のうちの1点で、24cm×15cmの大きさの紙に書かれた160字が確認された。「部国益 年卌二 駒椅郷 卅一 戸主丈部犬麿 戸口」など、氏名、年齢、出身郷名、戸番号、戸主の名称・氏名、戸籍構成が順序に定まって書かれている。郷名は宮城県南地方の柴田郡内の旧郷名。古代律令制では五十戸をもって一郷を構成していたが、戸番は徴税のためだけでなく、同時に兵士の調達にも使われていたのではないかとみられている。

——————— 学会・研究会ほか

日本考古学協会第51回総会 4月28日、29日の両日、日本大学文理学部を会場に開催された。第1日目は総会のあと、午後より公開講演会、第2日目は研究発表が行なわれた。

＜公開講演＞

日本における稲作の起源ー「穂

切り』農耕の背景………賀川光夫
学史をまなんで………斎藤　忠

＜研究発表＞

北海道北見市広郷8遺跡の調査
………宮　宏明
秋田県河辺町七曲台遺跡群出土の台形様石器について
………大野憲司・高橋忠彦
青竜山B遺跡の調査成果
…須藤　洋・梶原　洋・佐川正敏
長野県野尻湖底立が鼻遺跡の骨角器………小野　昭
長野県野沢温泉村岡の峯遺跡
………檀原長則
縄文時代遺跡出土の鯨類骨についての評価………平口哲夫
縄文時代の「陥穴」と呼ばれる土壙の調査方法について
………土井義夫・沼崎　陽
東北地方の石包丁について
………須藤　隆・阿子島香
大阪市加美遺跡の弥生中期大型墳丘墓について
………永島暉臣慎・田中清美ほか
長野県大室古墳群村東支群の群構成について………大塚初重
小林三郎・石川日出志
愛知県地方における4・5世紀の土師器………森田勝三
岡山県総社市江崎古墳の発掘調査………近藤義郎
藤田憲司・新納　泉
平田古墳群の発掘調査
…松尾隆治・伊藤英晃・竹内英昭
初期横穴式石室の系譜―福岡市鋤崎古墳の調査から……柳沢一男
奈良県飛鳥地域の発掘調査（山田寺第6次・石神遺跡第4次）
………安田龍太郎
薬師寺南面回廊の発掘調査
………山本忠尚・杉山　洋
平城宮第二次朝堂院の調査（第161・163次）
………工楽善通・巽淳一郎
奈良県藤原宮東方官衙の調査
………田辺征夫
史跡払田柵跡の政庁と変遷
………船木義勝・山崎文幸
下野国府跡の発掘調査成果
………大金宣亮・田熊清彦
木村　等・大橋泰夫
岐阜県恵那市正家廃寺の発掘調査………西部良治
五連罐と装飾付壺……岡内三真
早期銅鼓の変遷と展開
………新田栄治
愛知県豊明市沓掛城址の発掘調査………伊藤秋男・木村光一
豊臣時代大阪城本丸の石垣調査
…中尾芳治・長山雅一・鈴木秀典
貝層の季節推定と貝塚調査法について………小池裕子・小林達雄
沢　四郎・金子浩昌・米田耕之助
車輪石・石釧の類例検索
………杉山晋作・八重樫純樹
なお，昭和60年度秋季大会は10月26日，27日の両日，奈良市奈良史跡文化センターを会場に開催される予定。

アジア民族造形文化研究所講座

アジア民族造形文化研究所（横浜市旭区万騎原100　金子量重方）は第二期講座として「土器の世界」を国立教育会館（東京・虎ノ門）において開催する（会費予約制）。この講座は暮らしの器としての立場に立って古代から現代までの土器について解説するもの。期間は昭和60年10月2日より61年3月まで。問い合わせは 03-501-3381 金沢工業大学ＬＣ東京分室まで。

①暮らしの器………金子量重
②東北アジアを中心として
………加藤晋平
③朝鮮半島………田村晃一
④縄文土器………鈴木公雄
⑤土師器の系統………岩崎卓也
⑥中国の土器文化……量　博満
⑦施釉陶器について
………長谷部楽爾
⑧東南アジアの土器文化
………今村啓爾
⑨南アジアの土器文化
………小西正捷
⑩西アジアの土器文化（Ⅰ）
………増田精一
⑪西アジアの土器文化（Ⅱ）
………大村幸弘
⑫比較文化論"土器"（パネルディスカッション）

　◇　　　◇

藤井　功氏　昭和60年4月19日脳溢血のため死去された。53歳。九州歴史資料館副館長。昭和6年山形県生まれ。東京教育大学文学部卒業。著書に『西都大宰府』（共，ＮＨＫブックス）『日本の原始美術―装飾古墳』（共，講談社）などがある。長く福岡県教育委員会文化課課長をつとめ，大宰府の保存と九州地方の文化財保護行政の指導的立場にあった。

西　弘海氏　昭和60年5月22日胃がんのため，天理市の天理よろづ相談所病院で死去された。38歳。奈良国立文化財研究所平城宮跡発掘調査部主任研究官。昭和22年鹿児島県生まれ。京都大学文学部卒業。飛鳥〜奈良時代の土器研究に多くの功績があった。「奈良時代の食器類の器名とその用途」（奈良国立文化財研究所研究論集6）などの論文がある。

原田大六氏　昭和60年5月27日脳梗塞のため福岡市の西福岡病院で死去された。68歳。大正6年福岡県生まれ。福岡県立（旧制）糸島中学卒業。中山平次郎に師事し在野の考古学者として活躍した。とくに氏が伊都国王の墓と推定した平原遺跡の発掘は有名。著書に『日本古墳文化』（東大出版会）『磐井の叛乱』（三一書房）『実在した神話』（学生社）『邪馬台国論争』（三一書房）など。

◉

特集　江戸時代を掘る

1985年10月25日発売
総108頁　1,500円

江戸時代の考古学…………加藤晋平・古泉弘
江戸の街を掘る
　大名屋敷…………………………小林　克
　鷹匠屋敷…………………………芹沢広衛
　寺　　院…………………………荒木伸介
　港区内の江戸の遺跡…………鈴木公雄ほか
　物資の流れ―焼塩壺……………渡辺　誠
　　　　　陶磁器…………………佐々木達夫
　江戸を賑わせた日常用具…………古泉　弘
江戸時代の遺跡を掘る
　城………………………………塚田順正
　陣　　屋………………長沼　孝・三浦正人
　宿　場　町…………………………伊藤隆三
　たたら跡………………………穴沢義功

沈　没　船………………………………藤島一巳
江戸近郊の江戸時代遺跡…………土井義夫
肥前磁器の流れ…………………………大橋康二
江戸時代人の骨…………………………森本岩太郎

＜講　　　座＞　古墳時代史12―対外交渉史
　　　　　　　　　　　　　　　　　…………石野博信
＜調査報告＞　福岡市吉武・高木遺跡ほか
＜書　　評＞
＜論文展望＞
＜文献解題＞
＜学界動向＞

編集室より

◆本企画の基本的な発想は縄文社会の文化相を描いてみることであった。たとえ小社会であったとしても，そこには共同体の生存の方法が工夫される。今日までのさまざまな発掘成果は，発掘されたものの究明により多くの時間が費やされているようにみえた。いや，それは当然のことである。ものの性質を知らずして，ものを再生させることはできない。そうした多くの再生されたものが，それぞれ息吹きはじめ，この特集を作らせたといえる。ことに本号で生存を支える生産と流通に焦点をあてたのは，これもまた現代人の意識の対応において当然なことと納得されよう。一つのものがどんなひろがりをもって他のものとの関係をひきおこすか，興味のつきることはないようである。（芳賀）

◆「交易」はそれが本来証拠の残らない人間の行動であるだけに，考古学的に解明することはかなりむずかしい。今回はあえてこの困難な課題に挑戦してみたのだが，その孕む意義は大きいようにみえる。つい最近も対馬から大陸，九州本土，沖縄各地からもたらされた石器が，また山陰からは南九州の早期土器が発見されるなど，縄文人の活躍は想像以上である。（宮島）

本号の編集協力者――戸沢充則　（明治大学教授）
1932年長野県生まれ，明治大学大学院博士課程修了。「日本考古学を学ぶ」「報告　野辺山シンポジウム」「探訪縄文の遺跡」「遺跡が語る東京の三万年」「縄文人は生きている」「縄文文化の研究7―道具と技術」などの編著がある。

■ 本号の表紙 ■
縄文の道

深いシワのように刻まれた日本列島の大地を，縄文時代の道は，谷を通り，尾根を伝い，峠を越えて，おそらく網の目のようにつながっていたにちがいない。その道の一筋一筋を考古学的に実証したいという，郷愁に似た夢を考古学者のだれもが抱く。

そうした中で，大きな河は，人が動き，物が運ばれ，文化が流れる，最も確かな道筋を示してくれている。北アルプスの東に大きな谷を作る姫川は，信濃へ，関東へとヒスイの玉を運んだ「ジェイド・ロード」のメインルートの一つであったろう。

写真は長野県側の上空から見た姫川流域で遠方に日本海が見える（信濃航空提供）。硬玉製大珠は栃木県湯津上村出土例（東京国立博物館所蔵）。（戸沢充則）

▶本誌直接購読のご案内◀

『季刊考古学』は一般書店の店頭で販売しております。なるべくお近くの書店で予約購読なさることをおすすめしますが，とくに手に入りにくいときには当社へ直接お申し込み下さい。その場合，1年分6,000円（4冊，送料は当社負担）を郵便振替（東京3-1685）または現金書留にて，住所，氏名および『季刊考古学』第何号より第何号までと明記の上当社営業部までご送金下さい。

季刊 考古学　第12号　　　　1985年8月1日発行
ARCHAEOLOGY　QUARTERLY　　定価1,500円

編集人　芳賀章内
発行人　長坂一雄
印刷所　新日本印刷株式会社
発行所　雄山閣出版株式会社
　　　　〒102　東京都千代田区富士見2-6-9
　　　　電話 03-262-3231　　振替　東京 3-1685

◆本誌記事の無断転載は固くおことわりします。
ISBN 4-639-00499-0　printed in Japan

季刊 考古学 オンデマンド版　第 12 号　1985 年 7 月 1 日　初版発行
ARCHAEOROGY　QUARTERLY　　　　　　　　　　2018 年 6 月 10 日　オンデマンド版発行

定価（本体 2,400 円＋税）

編集人　　芳賀章内
発行人　　宮田哲男
印刷所　　石川特殊特急製本株式会社
発行所　　株式会社　雄山閣　http://www.yuzankaku.co.jp
　　　　　〒102-0071　東京都千代田区富士見 2-6-9
　　　　　電話 03-3262-3231　FAX 03-3262-6938　振替　00130-5-1685

初期バックナンバー、待望の復刻 !!

季刊 考古学 OD　創刊号〜第 50 号〈第一期〉

全 50 冊セット定価（本体 120,000 円＋税）　セット ISBN：978-4-639-10532-9

各巻分売可　各巻定価（本体 2,400 円＋税）

号　数	刊行年	特　集　名	編　者	ISBN（978-4-639-）
創刊号	1982 年 10 月	縄文人は何を食べたか	渡辺 誠	13001-7
第 2 号	1983 年 1 月	神々と仏を考古学する	坂詰 秀一	13002-4
第 3 号	1983 年 4 月	古墳の謎を解剖する	大塚 初重	13003-1
第 4 号	1983 年 7 月	日本旧石器人の生活と技術	加藤 晋平	13004-8
第 5 号	1983 年 10 月	装身の考古学	町田 章・春成秀爾	13005-5
第 6 号	1984 年 1 月	邪馬台国を考古学する	西谷 正	13006-2
第 7 号	1984 年 4 月	縄文人のムラとくらし	林 謙作	13007-9
第 8 号	1984 年 7 月	古代日本の鉄を科学する	佐々木 稔	13008-6
第 9 号	1984 年 10 月	墳墓の形態とその思想	坂詰 秀一	13009-3
第 10 号	1985 年 1 月	古墳の編年を総括する	石野 博信	13010-9
第 11 号	1985 年 4 月	動物の骨が語る世界	金子 浩昌	13011-6
第 12 号	1985 年 7 月	縄文時代のものと文化の交流	戸沢 充則	13012-3
第 13 号	1985 年 10 月	江戸時代を掘る	加藤 晋平・古泉 弘	13013-0
第 14 号	1986 年 1 月	弥生人は何を食べたか	甲元 真之	13014-7
第 15 号	1986 年 4 月	日本海をめぐる環境と考古学	安田 喜憲	13015-4
第 16 号	1986 年 7 月	古墳時代の社会と変革	岩崎 卓也	13016-1
第 17 号	1986 年 10 月	縄文土器の編年	小林 達雄	13017-8
第 18 号	1987 年 1 月	考古学と出土文字	坂詰 秀一	13018-5
第 19 号	1987 年 4 月	弥生土器は語る	工楽 善通	13019-2
第 20 号	1987 年 7 月	埴輪をめぐる古墳社会	水野 正好	13020-8
第 21 号	1987 年 10 月	縄文文化の地域性	林 謙作	13021-5
第 22 号	1988 年 1 月	古代の都城—飛鳥から平安京まで	町田 章	13022-2
第 23 号	1988 年 4 月	縄文と弥生を比較する	乙益 重隆	13023-9
第 24 号	1988 年 7 月	土器からよむ古墳社会	中村 浩・望月幹夫	13024-6
第 25 号	1988 年 10 月	縄文・弥生の漁撈文化	渡辺 誠	13025-3
第 26 号	1989 年 1 月	戦国考古学のイメージ	坂詰 秀一	13026-0
第 27 号	1989 年 4 月	青銅器と弥生社会	西谷 正	13027-7
第 28 号	1989 年 7 月	古墳には何が副葬されたか	泉森 皎	13028-4
第 29 号	1989 年 10 月	旧石器時代の東アジアと日本	加藤 晋平	13029-1
第 30 号	1990 年 1 月	縄文土偶の世界	小林 達雄	13030-7
第 31 号	1990 年 4 月	環濠集落とクニのおこり	原口 正三	13031-4
第 32 号	1990 年 7 月	古代の住居—縄文から古墳へ	宮本 長二郎・工楽 善通	13032-1
第 33 号	1990 年 10 月	古墳時代の日本と中国・朝鮮	岩崎 卓也・中山 清隆	13033-8
第 34 号	1991 年 1 月	古代仏教の考古学	坂詰 秀一・森 郁夫	13034-5
第 35 号	1991 年 4 月	石器と人類の歴史	戸沢 充則	13035-2
第 36 号	1991 年 7 月	古代の豪族居館	小笠原 好彦・阿部 義平	13036-9
第 37 号	1991 年 10 月	稲作農耕と弥生文化	工楽 善通	13037-6
第 38 号	1992 年 1 月	アジアのなかの縄文文化	西谷 正・木村 幾多郎	13038-3
第 39 号	1992 年 4 月	中世を考古学する	坂詰 秀一	13039-0
第 40 号	1992 年 7 月	古墳の形の謎を解く	石野 博信	13040-6
第 41 号	1992 年 10 月	貝塚が語る縄文文化	岡村 道雄	13041-3
第 42 号	1993 年 1 月	須恵器の編年とその時代	中村 浩	13042-0
第 43 号	1993 年 4 月	鏡の語る古代史	高倉 洋彰・車崎 正彦	13043-7
第 44 号	1993 年 7 月	縄文時代の家と集落	小林 達雄	13044-4
第 45 号	1993 年 10 月	横穴式石室の世界	河上 邦彦	13045-1
第 46 号	1994 年 1 月	古代の道と考古学	木下 良・坂詰 秀一	13046-8
第 47 号	1994 年 4 月	先史時代の木工文化	工楽 善通・黒崎 直	13047-5
第 48 号	1994 年 7 月	縄文社会と土器	小林 達雄	13048-2
第 49 号	1994 年 10 月	平安京跡発掘	江谷 寛・坂詰 秀一	13049-9
第 50 号	1995 年 1 月	縄文時代の新展開	渡辺 誠	13050-5

※ 「季刊 考古学 OD」は初版を底本とし、広告頁のみを除いてその他は原本そのままに復刻しております。初版との内容の差違は
　 ございません。

「季刊 考古学　OD」は全国の一般書店にて販売しております。なるべくお近くの書店でご注文なさることをおすすめしますが、とくに手に入り
にくいときには当社へ直接お申込みください。